认罪认罚案件实务40讲

钱龙明　刘华杰
——
著

法律出版社
LAW PRESS·CHINA
北京

图书在版编目（CIP）数据

认罪认罚案件实务 40 讲 / 钱龙明，刘华杰著．
北京：法律出版社，2024．-- ISBN 978-7-5197-9340-1

Ⅰ．D925．218．4

中国国家版本馆 CIP 数据核字第 20243YF572 号

认罪认罚案件实务 40 讲
RENZUI RENFA ANJIAN SHIWU 40 JIANG

钱龙明　刘华杰 著

责任编辑 翁潇潇
装帧设计 李　瞻

出版发行 法律出版社
编辑统筹 法规出版分社
责任校对 王晓萍
责任印制 耿润瑜
经　　销 新华书店

开本 710 毫米×1000 毫米　1/16
印张 16．75　　**字数** 249 千
版本 2024 年 8 月第 1 版
印次 2024 年 8 月第 1 次印刷
印刷 天津嘉恒印务有限公司

地址：北京市丰台区莲花池西里 7 号（100073）
网址：www．lawpress．com．cn
投稿邮箱：info@ lawpress．com．cn
举报盗版邮箱：jbwq@ lawpress．com．cn

销售电话：010-83938349
客服电话：010-83938350
咨询电话：010-63939796

书号：ISBN 978-7- 5197-9340-1
定价：68．00 元

凡购买本社图书，如有印装错误，我社负责退换。电话：010-83938349

目　录

Contents

第1讲　认罪认罚从宽制度的适用范围

一、问题引入：认罪认罚从宽制度的适用范围是什么？

这是两个问题，第一个问题是认罪认罚适用的案件、程序。

《最高人民法院、最高人民检察院、公安部、国家安全部、司法部关于适用认罪认罚从宽制度的指导意见》（以下简称《认罪认罚指导意见》）对认罪认罚从宽制度没有适用罪名和可能判处刑罚的限定，所有刑事案件都可以适用，不能因罪轻、罪重或者罪名特殊等原因而剥夺犯罪嫌疑人、被告人自愿认罪认罚获得从宽处理的机会。所以，从理论上看认罪认罚制度可以适用所有案件和案件的所有阶段。

认罪认罚的适用范围是诉讼的全过程，诉讼的全过程包括诉讼的侦查、诉讼的起诉、诉讼的审判，即诉讼的各阶段都可以适用认罪认罚制度，可以对被告人进行从宽处罚。

第二个问题是在认罪认罚的刑事案件中，从宽制度的适用范围。

《认罪认罚指导意见》对认罪认罚的适用虽无案件性质和程序类型的限制，但同时明确指出“可以”适用认罪认罚从宽制度，不等同于“一律适用”，故犯罪嫌疑人、被告人认罪认罚后是否从宽处理，由司法机关根据案件具体情况决定。

二、规范依据

《最高人民法院、最高人民检察院、公安部、国家安全部、司法部关于适用认罪认罚从宽制度的指导意见》（2019）

5. 适用阶段和适用案件范围。认罪认罚从宽制度贯穿刑事诉讼全过程，适用于侦查、起诉、审判各个阶段。

认罪认罚从宽制度没有适用罪名和可能判处刑罚的限定，所有刑事案件都可以适用，不能因罪轻、罪重或者罪名特殊等原因而剥夺犯罪嫌疑人、被告人自愿认罪认罚获得从宽处理的机会。但“可以”适用不是一律适用，犯罪嫌疑人、被告人认罪认罚后是否从宽，由司法机关根据案件具体情况决定。

三、实务案例

检例第84号｜林某彬等人组织、领导、参加黑社会性质组织案

（一）关键词

认罪认罚　黑社会性质组织犯罪　宽严相济　追赃挽损

（二）要旨

认罪认罚从宽制度可以适用于所有刑事案件，没有适用罪名和可能判处刑罚的限定，涉黑涉恶犯罪案件依法可以适用该制度。认罪认罚从宽制度贯穿刑事诉讼全过程，适用于侦查、起诉、审判各个阶段。检察机关办理涉黑涉恶犯罪案件，要积极履行主导责任，发挥认罪认罚从宽制度在查明案件事实、提升指控效果、有效追赃挽损等方面的作用。

（三）基本案情

被告人林某彬，男，1983年8月生，北京某投资有限公司法定代表人，某金融服务外包（北京）有限公司实际控制人。

胡某某等 51 名被告人基本情况略。

被告人林某彬自 2013 年 9 月至 2018 年 10 月，通过实际控制的北京某投资有限公司、某金融服务外包（北京）有限公司，以招募股东、吸收业务员的方式，逐步形成了以林某彬为核心，被告人增某、胡某凯等 9 人为骨干，被告人林某强、杨某明等 9 人为成员的黑社会性质组织。该组织以老年人群体为主要目标，专门针对房产实施系列“套路贷”犯罪活动，勾结个别公安民警、公证员、律师以及暴力清房团伙，先后实施了诈骗、敲诈勒索、寻衅滋事、虚假诉讼等违法犯罪活动，涉及北京市朝阳区、海淀区等 11 个区、72 名被害人、74 套房产，造成被害人经济损失人民币 1.8 亿余元。

林某彬黑社会性质组织拉拢公安民警被告人庞某天入股，利用其身份查询被害人信息，利用其专业知识为暴力清房人员谋划支招。拉拢律师被告人李某杰以法律顾问身份帮助林某彬犯罪组织修改“套路贷”合同模板、代为应诉，并实施虚假诉讼处置房产。被告人公证员王某等人为获得费用提成或收受林某彬黑社会性质组织给予的财物，出具虚假公证文书。

本案办案中，检察机关认真履职，依法适用认罪认罚制度，通过部分被告人认罪认罚，进一步查清案件事实，教育转化同案犯。在案件侦查过程中，检察机关在梳理全案证据基础上，引导侦查机关根据先认罪的胡某凯负责公司财务、熟悉公司全部运作的情况，向其讲明认罪认罚的法律规定，促使其全面供述，查清了林某彬黑社会性质组织诈骗被害人房产所实施的多个步骤，证实了林某彬等人以房产抵押借款并非民间借贷，而是为骗取被害人房产所实施的“套路贷”犯罪行为，推动了全案取证工作。审查起诉阶段，通过胡某凯认罪认罚以及根据其供述调取的微信股东群聊天记录等客观证据，对股东韩某军、庞某天等被告人进行教育转化。同时对公司业务人员开展教育转化工作，后业务人员白某金、吴某等被告人认罪认罚。审查起诉阶段共有 12 名被告人签署了认罪认罚具结书。通过被告人的供述及据此补充完善的相关证据，林某彬黑社会性质组织的人员结构、运作模式、资金分配等事实更加清晰。庭前会议阶段，围绕定罪量刑重点，展示全案证据，释明认定犯罪依据，促成14名被告人认罪认罚，在庭前会议结束后签署了认罪认罚具结书。开庭前，又有10名被告人表示愿意认罪认罚，签署了认罪认罚具结书。

本案在北京市人民检察院第三分院主持下，全案52名被告人中先后有36名签署了认罪认罚具结书。

（四）裁判结果

2019年12月30日，北京市第三中级人民法院依法判决，全部采纳检察机关量刑建议。

林某彬等人上诉后，2020年7月16日，北京市高级人民法院二审裁定驳回上诉，维持原判。

判决依据的法条：

《刑法》第266条、第274条、第293条、第294条、第307条之一；

《刑事诉讼法》第15条、第173条、第174条、第176条。

四、律师分析

《认罪认罚指导意见》明确规定，认罪认罚从宽制度适用于所有刑事案件，无论是在侦查、起诉还是审判阶段，均可以适用。这一规定体现了法律对于犯罪嫌疑人、被告人自愿认罪认罚的尊重，以及对司法公正和效率的追求。检例第84号案件中，检察机关在积极适用认罪认罚从宽制度，通过教育转化同案犯，查清案件事实，有效追赃挽损，展示了认罪认罚从宽制度在实务中的有效运用。

但“可以”适用认罪认罚从宽制度并不意味着“一律适用”，犯罪嫌疑人或被告人认罪认罚后是否从宽以及从宽的幅度，仍需要司法机关根据案件性质、情节和对社会造成的危害后果等具体情况综合确定。这要求律师在实务操作中，充分了解案件细节，参与到与司法机关的量刑协商中，提供有利于犯罪嫌疑人或辩护人的材料或意见，为其争取最大利益。

第2讲　认罪认罚案件坚持证据裁判原则

一、问题引入：认罪认罚案件如何坚持证据裁判原则?

《认罪认罚指导意见》规定，“坚持证据裁判原则。办理认罪认罚案件，应当以事实为根据，以法律为准绳，严格按照证据裁判要求，全面收集、固定、审查和认定证据。坚持法定证明标准，侦查终结、提起公诉、作出有罪裁判应当做到犯罪事实清楚，证据确实、充分，防止因犯罪嫌疑人、被告人认罪而降低证据要求和证明标准。对犯罪嫌疑人、被告人认罪认罚，但证据不足，不能认定其有罪的，依法作出撤销案件、不起诉决定或者宣告无罪”。

党的十八届四中全会指出推进以审判为中心的诉讼制度改革，其中一项核心要求就是全面贯彻证据裁判规则。根据中央改革要求，为在刑事诉讼全过程全面贯彻证据裁判原则，关键在于完善证据规则，为法官审查判断证据提供明确具体的规范指引，并促使办案人员按照裁判的要求和标准收集、固定、审查、运用证据。着眼于法庭审判的证据规则，主要是指证据能力层面的排除规则，即从反面规定哪些证据不具有证据能力，不能作为诉讼证据使用，最具代表性的是非法证据排除规则。在认罪认罚案件中坚持证据裁判规则，不仅要求人民法院在审理案件中，全面审查全案证据，依法排除非法证据，而且人民法院必须坚持遵守法定证明标准，依法认定证据的证明效力，坚决防止因犯罪嫌疑人、被告人认罪认罚而降低证据要求和证明标准，对于犯罪嫌疑人、被告人虽已认罪认罚，但证据不足，不能认定其有罪的，侦查机关、检察机关和人民法院应当依法作出撤销案件、不起诉决定或者宣告无罪。

在司法实践中，证据对于被告人有罪无罪、罪轻罪重的认定至关重要，律师应熟悉刑事证据规则，牢牢把握证据裁判原则，全面检视侦查机关和检察机关收集的证据，结合相关法律法规，为犯罪嫌疑人、被告人选择合适的辩护策略。

二、规范依据

《最高人民法院、最高人民检察院、公安部、国家安全部、司法部关于适用认罪认罚从宽制度的指导意见》（2019）

3. 坚持证据裁判原则。办理认罪认罚案件，应当以事实为根据，以法律为准绳，严格按照证据裁判要求，全面收集、固定、审查和认定证据。坚持法定证明标准，侦查终结、提起公诉、作出有罪裁判应当做到犯罪事实清楚，证据确实、充分，防止因犯罪嫌疑人、被告人认罪而降低证据要求和证明标准。对犯罪嫌疑人、被告人认罪认罚，但证据不足，不能认定其有罪的，依法作出撤销案件、不起诉决定或者宣告无罪。

三、实务案例

检例第 216 号 | 付某盗窃侦查活动监督案

（一）关键词

轻微刑事案件　防范冤错案件

（二）要旨

犯罪嫌疑人认罪认罚的轻微刑事案件，应坚持证据裁判原则，避免因虚假认罪认罚导致冤错案件发生。发现犯罪嫌疑人无罪、罪轻证据线索的，应当坚持客观公正立场，自行或督促公安机关全面客观收集证据，综合审查认定案件事实。

（三）基本案情

被不起诉人付某，男，2000 年 3 月出生，无业。

2019 年 11 月 10 日 6 时许，被害人时某某放在某快餐店收银台的一部手机被盗，价值 1722 元。四川省绵阳市公安局涪城区分局接到被害人报案后，于当日以“时某某被盗窃案”立案侦查。经调取快餐店监控视频发现，一用餐男子在店内盗窃手机后进入附近一网吧上网至 11 时，登记身份信息为“付某”。

2020 年 5 月 8 日晚，付某在绵阳市一网吧被公安机关抓获，并在当日接受讯问时表示认罪认罚。5 月 9 日，付某因涉嫌盗窃罪被公安机关取保候审。6 月 15 日，公安机关以付某涉嫌盗窃罪向绵阳市涪城区人民检察院移送审查起诉。

涪城区人民检察院在审查起诉时发现，在案有付某有罪供述、上网登记身份证信息、指认现场笔录等证据，证明付某有盗窃嫌疑。2020 年 6 月 22 日，涪城区人民检察院在对付某进行第一次讯问时，付某也表示认罪认罚，并于次日主动赔偿了被害人损失。但同时，在案证据也存在疑点，如案发现场监控视频中犯罪嫌疑人头戴帽子、面部特征不清晰，体型与付某存在一定差异；付某关于在案发快餐店购买的食物种类、所盗手机摆放位置以及是否处于充电状态等供述，与被害人陈述不一致等。此外，付某还在讯问后多次以电话形式向承办检察官了解被定罪处罚的法律后果，表现不同于一般的认罪认罚犯罪嫌疑人。

针对上述问题，涪城区人民检察院于 6 月 24 日再次讯问付某，在重新核实作案细节的同时，详细向其释明了盗窃犯罪的刑罚责任、认罪认罚的性质和法律后果。经释法说理，付某改变了原有罪供述，称其未实施盗窃行为，案发时自己不在案发城市，且曾经丢失过身份证；侦查阶段的有罪供述系在侦查人员称其不认罪将被关押，以及“事情不严重、赔钱就可以回家”的诱导下，按照侦查人员出示的快餐店监控视频供述了“盗窃”“销赃”的全部过程，有罪供述不真实，认罪认罚非自愿。综合在案证据，涪城区人民检察院认为付某认罪认罚的自愿性、真实性、合法性存疑，侦查人员可能存在未客观、全面收集、调取证明犯罪嫌疑人无罪证据的情形。

（四）监督意见

围绕问题线索，涪城区人民检察院组织开展了调查核实、督促取证工作。综合调查核实情况以及其他在案证据材料，涪城区人民检察院查明，在案发时段内，付某不在案发城市，盗窃行为非其所为；公安机关仅以网吧登录身份信息认定付某为犯罪嫌疑人错误。2020 年 7 月 29 日，检察机关依法对付某作出不起诉决定，并要求公安机关对“时某某被盗窃案”继续侦查。8 月 6 日，就侦查人员未收集调取明显可以收集调取的无罪证据等怠于侦查行为，涪城区人民检察院向公安机关制发《纠正违法通知书》，同时将涉嫌失职的案件线索移送相关部门。

福建省人民检察院发布首批适用认罪认罚从宽制度典型案例之三：高某某等六人寻衅滋事案①

（一）关键词

恶势力犯罪　严格证明标准　从宽处理

（二）要旨

适用认罪认罚从宽制度应严格遵循证据裁判原则。办理恶势力犯罪案件，对犯罪嫌疑人笼统表示认罪认罚，但证据尚未达到证明标准的，检察

① 为进一步推进刑事案件认罪认罚从宽制度正确有效实施，2020 年 3 月，福建省人民检察院在印发《关于刑事案件适用认罪认罚从宽制度若干实务问题的意见（试行）》的同时，发布首批四件检察机关适用认罪认罚从宽制度典型案例，涉及非法占用农用地、挪用公款、寻衅滋事，组织、领导、参加黑社会性质组织等四类犯罪，分别体现在检察官主导责任、职务犯罪的适用、严格证据标准、涉黑恶共同犯罪的适用等方面。本案为该批典型案例之三。

机关应恪守客观公正立场，积极补充证据。在案件事实清楚，证据确实、充分的基础上，依法适用认罪认罚从宽制度提起公诉。

（三）基本案情

2013 年 2 月至 2015 年年底，犯罪嫌疑人高某某等六人经事先预谋，结伙在石狮市闽南理工学院宝盖校区西门等地采取言语威胁、围堵、扎破轮胎、推搡、殴打等手段阻止外来车辆在此载客，长期霸占载客市场，严重扰乱社会秩序，形成较为固定的恶势力团伙。该团伙先后实施 11 起犯罪，严重扰乱市场秩序。

检察机关履职过程：

本案移送审查起诉后，承办检察官审查发现，犯罪嫌疑人虽均承认罪行，但对每次参与的经过供述不够详细，且其他能够证明犯罪行为的证据也较为薄弱，构成涉恶犯罪的证据未达到法定证明标准。遂引导公安机关继续对被害人补充取证，详细询问被害人每次被驱赶、阻挠、殴打的经过，包括对方的相貌、行为特征及双方纠纷细节。同时自行开展补充侦查，提取了被害人所驾驶的车辆照片、车牌信息、被害人案发期间的相片，并结合被害人补充询问中提到的细节，多次讯问犯罪嫌疑人，进一步查清犯罪事实。同时，主动与辩护人、值班律师沟通协商，向犯罪嫌疑人释明认罪认罚从宽制度的适用条件、法律后果，充分释法说理，促使犯罪嫌疑人详细供述了全部罪行，并供述了部分事先未供述的犯罪事实及同案犯犯罪事实，从而充分证明犯罪嫌疑人在现场所实施的具体行为。承办检察官在分析同类案件判决情况的基础上，针对量刑问题听取辩方意见，综合考虑犯罪事实、性质、情节和社会危害程度，依法提出从宽量刑建议，最终六名犯罪嫌疑人均表示自愿认罪认罚，同意检察机关的量刑建议并签署认罪认罚具结书。

（四）裁判结果

2019 年 7 月 9 日，石狮市人民检察院以被告人高某某等六人涉嫌寻衅滋事罪提起公诉，并建议法院适用简易程序。石狮市人民法院庭审用时不到 2 个小时，全部采纳检察机关指控的犯罪事实、罪名及量刑建议，以寻衅滋事罪分别判处六名被告人有期徒刑一年至两年两个月不等刑罚。

被告人均当庭表示不上诉，认罪服法。

四、律师解析

认罪认罚从宽制度旨在鼓励犯罪嫌疑人或被告人自愿如实供述自己的罪行，对检察机关指控的事实供认不讳，并甘愿受法律惩罚。但这并不代表刑事判决由此可以不适用证据规则，审判仍然应该以事实为依据，以法律为准绳。若是被告人对于判决不服，认为判决和事实不相符合，仍然可以根据法律规定提起上诉，二审法院根据证据和法律作出是否维持判决的裁判。

付某盗窃侦查活动监督案反映出，办理犯罪嫌疑人认罪认罚的轻微刑事案件，检察机关也应坚持证据裁判原则，强化对证据体系的审查与完善。加强对书证、物证等客观性证据与案件事实之间的关联性以及犯罪主体的同一性审查；重视言辞证据之间的细节差异，确保全案证据相互印证且形成完整的证据链条，做到事实清楚，证据确实、充分。对于犯罪嫌疑人作出的无罪、罪轻辩解，或者审查发现犯罪嫌疑人无罪、罪轻证据线索的，检察机关应当坚持客观公正立场，通过自行补充侦查调取证据材料，或者督促公安机关继续侦查、补充侦查等方式，全面客观收集无罪、罪轻的证据。

律师作为辩护人办理认罪认罚案件，同样也需重视对证据的分析，通过与犯罪嫌疑人或被告人核对证据，有效地对侦查机关或检察机关收集的证据进行质疑和反驳；必要时，应积极行使辩护人调查取证的权利，自行调查取证或申请人民检察院、人民法院收集、调取证据，以维护犯罪嫌疑人、被告人的合法权益。

第3讲 认罪认罚案件体现“宽严相济”的刑事政策

一、问题引入：认罪认罚案件如何体现“宽严相济”的刑事政策？

《认罪认罚指导意见》规定，“落实认罪认罚从宽制度，应当根据犯罪的具体情况，区分案件性质、情节和对社会的危害程度，实行区别对待，做到该宽则宽，当严则严，宽严相济，罚当其罪。对可能判处三年有期徒刑以下刑罚的认罪认罚案件，要尽量依法从简从快从宽办理，探索相适应的处理原则和办案方式；对因民间矛盾引发的犯罪，犯罪嫌疑人、被告人自愿认罪、真诚悔罪并取得谅解、达成和解、尚未严重影响人民群众安全感的，要积极适用认罪认罚从宽制度，特别是对其中社会危害不大的初犯、偶犯、过失犯、未成年犯，一般应当体现从宽；对严重危害国家安全、公共安全犯罪，严重暴力犯罪，以及社会普遍关注的重大敏感案件，应当慎重把握从宽，避免案件处理明显违背人民群众的公平正义观念”。

认罪认罚制度给检察官工作提出了更高要求，为切实体现宽严相济的刑事政策，检察官要与犯罪嫌疑人面对面交流，全面充分把握案件事实、有效运用证据和典型案例等；也要细致做好被害方工作，维护好被害方合法权益，让被害方感受到能认同、愿接受被告人的认罪悔罪；还必须与律师深入沟通，听取意见，达成一致；更要对法院同类案件的裁判了然于胸，准确把握定罪量刑标准，确保指控和量刑建议获得庭审采纳、社会认可。同时，法院对认罪认罚案件的量刑建议以及协商过程仍要严格审查，发现量刑建议存在明显违反罪责刑相适应原则、违反类案同判和法律统一适用、背离司法公正或者人民群众公平正义观念、违背一般司法认知等明显不当情形的，要告知人民检察院调整量刑建议并说明理由，检察机关不调整或者调整后的量刑建议，法院仍认为不适当的，应当依法作出公正判决。

在司法实践中，律师也应当积极就有关犯罪嫌疑人、被告人的惯常表现，到案后的态度以及其他的酌定量刑情节积极与检察机关沟通，更好地在具体案件中体现宽严相济的刑事政策。

二、规范依据

《最高人民法院、最高人民检察院、公安部、国家安全部、司法部关于适用认罪认罚从宽制度的指导意见》（2019）

1. 贯彻宽严相济刑事政策。落实认罪认罚从宽制度，应当根据犯罪的具体情况，区分案件性质、情节和对社会的危害程度，实行区别对待，做到该宽则宽，当严则严，宽严相济，罚当其罪。对可能判处三年有期徒刑以下刑罚的认罪认罚案件，要尽量依法从简从快从宽办理，探索相适应的处理原则和办案方式；对因民间矛盾引发的犯罪，犯罪嫌疑人、被告人自愿认罪、真诚悔罪并取得谅解、达成和解、尚未严重影响人民群众安全感的，要积极适用认罪认罚从宽制度，特别是对其中社会危害不大的初犯、偶犯、过失犯、未成年犯，一般应当体现从宽；对严重危害国家安全、公共安全犯罪，严重暴力犯罪，以及社会普遍关注的重大敏感案件，应当慎重把握从宽，避免案件处理明显违背人民群众的公平正义观念。

三、实务案例

检例第92号｜甲公司、吕某拒不执行案

（一）关键词

拒不执行判决　调查核实　应当立案而不立案　监督立案

（二）要旨

负有执行义务的单位和个人以更换企业名称、隐瞒到期收入等方式妨害执行，致使已经发生法律效力的判决、裁定无法执行，情节严重的，应当以拒不执行判决、裁定罪予以追诉。申请执行人认为公安机关对拒不执行判决、裁定的行为应当立案侦查而不立案侦查，向检察机关提出监督申请的，检察机关应当要求公安机关说明不立案的理由。经调查核实，认为公安机关不立案理由不能成立的，应当通知公安机关立案。对于通知立案的涉企业犯罪案件，应当依法适用认罪认罚从宽制度。

（三）基本案情

2017年8月，经青浦区人民法院一审、上海市第二中级人民法院二审，判决上海甲建筑装饰有限公司（以下简称甲公司）向上海乙实业有限公司（以下简称乙公司）支付合同违约赔偿款人民币3250995.5元及相关利息，事后乙公司向青浦区人民法院申请执行。青浦区人民法院调查发现，被执行人甲公司经营地不明，无可供执行的财产，经乙公司确认并同意后，于2018年2月27日裁定终结本次执行程序。

2018年5月9日，青浦区人民法院恢复执行程序，组织乙公司、甲公司达成执行和解协议，但甲公司经多次催讨仍拒绝履行协议。2019年5月6日，乙公司以甲公司拒不执行判决为由，向上海市公安局青浦分局（以下简称青浦公安分局）报案，青浦公安分局决定不予立案。

2018年6月3日，乙公司向上海市青浦区人民检察院提出监督申请，认为甲公司拒不执行法院生效判决，已构成犯罪，但公安机关不予立案，请求检察机关监督立案。青浦区人民检察院经审查，决定予以受理。经调查，甲公司实际经营人吕某在与乙公司诉讼过程中，将甲公司更名并变更法定代表人为马某某，以致法院判决甲公司败诉后，在执行阶段无法找到甲公司资产。

2018年5月至2019年1月，在甲公司银行账户被法院冻结的情况下，吕某要求丙控股集团江西南昌房地产事业部（以下简称丙集团）将甲公司应收工程款人民币2506.99万元以银行汇票形式支付，其后吕某将该银行汇票背书转让给由其实际经营的上海丁装饰工程有限公司，该笔资金用于甲公司日常经营活动，其目的就是利用汇票背书形式规避法院的执行。因此，甲公司存在隐藏、转移财产，致使法院生效判决无法执行的行为，已符合《刑法》第313条规定的“有能力执行而拒不执行，情节严重”的情形，公安机关的不立案理由不能成立。2019年8月6日，青浦区人民检察院向青浦公安分局发出通知立案书，并将调查获取的证据一并移送公安机关。

2019年8月11日，青浦公安分局决定对甲公司以涉嫌拒不执行判决罪立案侦查，2019年9月4日将甲公司实际经营人吕某传唤到案并刑事拘留。2019年9月6日，甲公司向乙公司支付了全部执行款项人民币371万元，次日，公安机关对吕某变更强制措施为取保候审。案件移送起诉后，经依法告知诉讼权利和认罪认罚的法律规定，甲公司和吕某自愿认罪认罚。

2019年11月28日，青浦区人民检察院以甲公司、吕某犯拒不执行判决罪向青浦区人民法院提起公诉，并提出对甲公司判处罚金人民币15万元，对吕某判处有期徒刑10个月、缓刑1年的量刑建议。

（四）裁判结果

2019年12月10日，青浦区人民法院判决甲公司、吕某犯拒不执行判决罪，并全部采纳了检察机关的量刑建议。

一审宣判后，被告单位和被告人均未提出上诉，判决已生效。

检例第81号｜无锡F警用器材公司虚开增值税专用发票案

（一）关键词

单位认罪认罚　不起诉　移送行政处罚　合规经营

（二）要旨

民营企业违规经营触犯刑法情节较轻、认罪认罚的，对单位和直接责任人员依法能不捕的不捕，能不诉的不诉。检察机关应当督促认罪认罚的民营企业合法规范经营。拟对企业作出不起诉处理的，可以通过公开听证听取意见。对被不起诉人（单位）需要给予行政处罚、处分或者需要没收其违法所得的，应当依法提出检察意见，移送有关主管机关处理。

（三）基本案情

被不起诉单位，无锡 F 警用器材新技术有限公司（以下简称 F 警用器材公司），住所地江苏省无锡市。

被不起诉人乌某某，男，F 警用器材公司董事长。

被不起诉人陈某某，女，F 警用器材公司总监。

被不起诉人倪某，男，F 警用器材公司采购员。

被不起诉人杜某某，女，无锡 B 科技有限公司法定代表人。

2015 年 12 月，乌某某、陈某某为了让 F 警用器材公司少缴税款，商议在没有货物实际交易的情况下，从其他公司虚开增值税专用发票抵扣税款，并指使倪某通过公司供应商杜某某等人介绍，采用伪造合同、虚构交易、支付开票费等手段，从王某某（另案处理）实际控制的商贸公司、电子科技公司虚开增值税专用发票 24 份，税额计人民币 377344. 79 元，后 F 警用器材公司从税务机关抵扣了税款。

乌某某、陈某某、倪某、杜某某分别于 2018 年 11 月 22 日、23 日至公安机关投案，均如实供述犯罪事实。11 月 23 日，公安机关对乌某某等四人依法取保候审。案发后，F 警用器材公司补缴全部税款并缴纳滞纳金。

2019 年 11 月 8 日，无锡市公安局新吴分局以 F 警用器材公司及乌某某等人涉嫌虚开增值税专用发票罪移送检察机关审查起诉。

检察机关在履职过程中开展释法说理，促使被不起诉单位和被不起诉人认罪认罚。新吴区人民检察院受理案件后，向 F 警用器材公司及乌某某等四人送达认罪认罚从宽制度告知书，结合案情进行释法说理，并依法听取意见。乌某某等四人均表示认罪认罚，该公司提交了书面意见，表示对本案事实及罪名不持异议，愿意认罪认罚，请求检察机关从宽处理。

检察机关经审查，综合案件情况拟作出不起诉处理，举行了公开听证。该公司及乌某某等人均自愿认罪认罚，在律师的见证下签署了认罪认罚具结书。

（四）裁判结果

2020 年 3 月 6 日，无锡市新吴区人民检察院依据《刑事诉讼法》第 177 条第 2 款规定，对该公司及乌某某等四人作出不起诉决定，就没收被不起诉人违法所得及对被不起诉单位予以行政处罚向公安机关和税务机关分别提出检察意见。后公安机关对倪某、杜某某没收违法所得共计人民币 45503 元，税务机关对该公司处以行政罚款人民币 466131.8 元。

（2020）皖刑终 181 号丨范某某等贩卖毒品案

（一）关键词

刑事　毒品　新类型　认罪认罚　刑罚适用

（二）要旨

对新类型液态毒品犯罪，除了司法解释另有规定或者为了隐蔽运输而临时改变毒品常规形态的情形外，均应将查证属实的毒品数量认定为毒品犯罪的数量。对毒品纯度的审查，应当结合滥用方式在同类毒品含量中作出判断，不能仅简单地进行数值比较。被告人认罪认罚的，应严格把握从宽处罚的幅度；人民检察院提出的量刑建议明显不当，且不调整量刑建议的，人民法院应当依法作出判决。

（三）基本案情

公诉机关安徽省铜陵市人民检察院指控：2019 年 1 月，被告人范某某向张某某、陈某某（另案处理）购买含有 γ-羟基丁酸（γ-羟丁酸）成分的“啪啪水”821 箱（每箱 24 瓶），贩卖给刘某、严某、葛某、叶某（另案处理）等人。经称量，扣押在案的瓶装“啪啪水”的单瓶净重最低为 265g。范某某贩卖“啪啪水”821 箱，共计 19704 瓶，重量为 5200 余 kg。经抽样鉴定，涉案“啪啪水”含有 γ-羟基丁酸成分，平均浓度为 2.86mg/mL。

公诉机关认为：被告人范某某以牟利为目的，贩卖含有 γ-羟基丁酸毒品成分的“啪啪水”821 箱，共计 5221.56kg，其行为触犯了《刑法》第 347 条第 1 款、第 2 款第 1 项、第 7 款，应当以贩卖毒品罪追究其刑事责任。鉴于范某某自愿认罪认罚，建议对范某某判处有期徒刑 15 年，并处罚金。

被告人范某某当庭表示认罪认罚，其辩护人提出：公诉机关指控范某某贩卖毒品的数量中有 30 箱“啪啪水”被他们自己喝掉，应从犯罪数量中扣除。范某某认罪认罚，应从轻处罚。

安徽省铜陵市中级人民法院经审理查明：2019 年 1 月至 3 月，被告人范某某通过张某某以每箱 300 元至 380 元不等的价格向陈某某购买含有 γ-羟基丁酸成分的“啪啪水”共计 16 单 821 箱（每箱 24 瓶），通过物流从广东省佛山市寄送至铜陵市。范某某将购买的“啪啪水”以每箱 500 元至 1000 元不等的价格贩卖给刘某、严某、葛某、叶某（另案处理）等人，其中 30 箱被范某某等人服用。经称量，单瓶“啪啪水”的净重最低为 265g。范某某贩卖“啪啪水”791 箱，共计 18984 瓶，重量为 5000 余 kg。经抽样鉴定，“啪啪水”含有 γ-羟基丁酸成分，平均浓度为 2.86mg/mL。

（四）裁判结果

安徽省铜陵市中级人民法院于 2020 年 8 月 20 日作出（2020）皖 07 刑初 1 号刑事判决：被告人范某某犯贩卖毒品罪，判处无期徒刑，剥夺政治权利终身，并处没收个人全部财产。

宣判后，被告人范某某上诉及其辩护人主要提出：范某某贩卖含有 γ-羟基丁酸成分的“啪啪水”毒品纯度明显偏低，社会危害性小，认定范某某毒品犯罪数量应当考虑其毒品纯度低的具体情况。公诉机关根据本案具体情况和范某某具备的认罪认罚情节，所提量刑建议适当，原审对量刑建议不予采纳的判决不符合相关法律和司法文件的规定，应依法从轻改判。

安徽省高级人民法院于2020年11月20日作出（2020）皖刑终181号刑事裁定：驳回上诉，维持原判。

四、律师解析

宽严相济，不是卖人情，更不是认罪认罚后的不处罚，当然也不是不考量认罪认罚的情节。而是基于犯罪行为以及犯罪造成的社会危害等事实，结合认罪态度作出的客观判断。上述案例充分表现了检察机关和法院在认罪认罚案件中如何宽严相济地作出判决的理念和裁判规则：

1. 认罪认罚从宽制度，张弛有度，需要法律依据，并非一味从宽。上述三个案例对比便可发现，检例第92号甲公司、吕某拒不执行案和检例第81号无锡F警用器材公司虚开增值税专用发票案，最终均结合现实情况，对于当事人从宽处理。而在（2020）皖刑终181号范某某等贩卖毒品案中，虽然被告也有认罪认罚情节，检察机关量刑建议已经考虑了该情节，但其贩卖毒品的犯罪行为仍然需要根据法律作出判决，故被告的上诉理由未被采纳，二审维持原判。

2. 宽严相济原则和保护市场主体合法利益相结合。检例第92号甲公司、吕某拒不执行案中反映检察机关办理涉企业犯罪案件，依法适用认罪认罚从宽制度。检察机关坚持惩治犯罪与保护市场主体合法权益、引导企业守法经营并重。对于拒不执行判决、裁定的案件，应当积极促使涉案企业执行判决、裁定，向被害方履行赔偿义务、赔礼道歉。涉案企业及其直接负责的主管人员和其他直接责任人员自愿如实供述自己的罪行，承认指控的犯罪事实，愿意接受处罚的，对涉案企业和个人可以提出依法从宽处理的确定刑量刑建议。

3. 从严从宽决定小心谨慎。比如检例第81号无锡F警用器材公司虚开增值税专用发票案中，检察机关举行公开听证，听取各方意见后作出不起诉决定，并提出检察意见。考虑到本案犯罪情节较轻且涉罪企业和直接责任人员认罪认罚，检察机关拟对涉罪企业及有关人员作出不起诉处理。为提升不起诉决定的公信力和公正性，新吴区人民检察院举行公开听证会，邀请侦查机关代表、人民监督员、特约检察员参加听证，通知涉罪企业法定代表人、犯罪嫌疑人、辩护人到场听证。经听取各方意见，新吴区人民检察院依法作出不起诉决定，同时依法向公安机关、税务机关提出行政处罚的检察意见。公安机关、税务机关对该公司作出相应行政处罚，并没收违法所得。

4. 处罚不是刑事案件的目的，从各方面纠正犯罪行为并警示社会才是根本目的。检例第 81 号无锡 F 警用器材公司虚开增值税专用发票案，检察机关提出检察建议，考察涉罪企业改进合规经营情况。该企业发案前有基本的经营管理制度，但公司治理制度尚不健全。在评估案件情况后，检察机关围绕如何推动企业合法规范经营提出具体的检察建议，督促涉罪企业健全完善公司管理制度。该公司根据检察机关建议，制定合规经营方案，修订公司规章制度，明确岗位职责，对员工开展合法合规管理培训，并努力完善公司治理结构。结合该企业上述改进情况，根据单位犯罪特点，在检察机关主持下，由单位诉讼代表人签字、企业盖章，在律师见证下签署认罪认罚具结书。

5. 刑事从宽，不影响行政处罚。检例第 81 号无锡 F 警用器材公司虚开增值税专用发票案中，检察机关依法做好刑事不起诉与行政处罚、处分的有效衔接。检察机关依法作出不起诉决定的案件，要执行好《刑事诉讼法》第 177 条第 3 款的规定，对被不起诉人需要给予行政处罚、处分或者需要没收其违法所得的，应当提出检察意见，移送有关主管机关处理。有关主管机关应当将处理结果及时通知人民检察院。有关主管机关未及时通知处理结果的，人民检察院应当依法予以督促。

第4讲 认罪认罚从宽制度中的"认罪"

一、问题引入：如何理解认罪认罚从宽制度中的"认罪"?

《最高人民法院关于适用〈中华人民共和国刑事诉讼法〉的解释》第347条明确指出了《刑事诉讼法》第15条规定的"认罪"，是指犯罪嫌疑人、被告人自愿如实供述自己的罪行，对指控的犯罪事实没有异议。同时《认罪认罚指导意见》第6条具体规定"认罪认罚从宽制度中的'认罪'，是指犯罪嫌疑人、被告人自愿如实供述自己的罪行，对指控的犯罪事实没有异议。承认指控的主要犯罪事实，仅对个别事实情节提出异议，或者虽然对行为性质提出辩解但表示接受司法机关认定意见的，不影响'认罪'的认定"。

上述规定明确规定了在认罪认罚从宽制度中，犯罪嫌疑人、被告人的"认罪"是指对于指控的犯罪事实没有异议，这里的犯罪事实是指主要犯罪事实，参考《最高人民法院关于处理自首和立功若干具体问题的意见》中关于"如实供述自己的罪行"的具体认定，供述自己的主要犯罪事实中，若犯罪嫌疑人、被告人多次实施同种罪行的，应当综合考虑已交代的犯罪事实与未交代的犯罪事实的危害程度，决定是否认定为如实供述主要犯罪事实。

从司法实践来看，犯罪嫌疑人、被告人在公安机关、检察院释明认罪认罚从宽制度后，一般会签署认罪认罚具结书，被告人虽表示认罪认罚，庭审中亦口头表示认罪认罚、认可主要犯罪事实，但回答问题时仍辩解主观上没有犯罪故意，客观上没有实施指控犯罪事实的行为，或者对于犯罪的数额不认可，不符合自愿如实供述犯罪行为、对指控的犯罪事实没有异议的规定，亦非真心悔罪，不属于《刑事诉讼法》第15条规定可以从宽处理的情形。

二、规范依据

《中华人民共和国刑事诉讼法》（2018修正）

第十五条　犯罪嫌疑人、被告人自愿如实供述自己的罪行，承认指控的犯罪事实，愿意接受处罚的，可以依法从宽处理。

《最高人民法院关于适用〈中华人民共和国刑事诉讼法〉的解释》（2021）

第三百四十七条　刑事诉讼法第十五条规定的“认罪”，是指犯罪嫌疑人、被告人自愿如实供述自己的罪行，对指控的犯罪事实没有异议。

刑事诉讼法第十五条规定的“认罚”，是指犯罪嫌疑人、被告人真诚悔罪，愿意接受处罚。

被告人认罪认罚的，可以依照刑事诉讼法第十五条的规定，在程序上从简、实体上从宽处理。

《最高人民法院、最高人民检察院、公安部、国家安全部、司法部关于适用认罪认罚从宽制度的指导意见》（2019）

6.“认罪”的把握。认罪认罚从宽制度中的“认罪”，是指犯罪嫌疑人、被告人自愿如实供述自己的罪行，对指控的犯罪事实没有异议。承认指控的主要犯罪事实，仅对个别事实情节提出异议，或者虽然对行为性质提出辩解但表示接受司法机关认定意见的，不影响“认罪”的认定。犯罪嫌疑人、被告人犯数罪，仅如实供述其中一罪或部分罪名事实的，全案不作“认罪”的认定，不适用认罪认罚从宽制度，但对如实供述的部分，人民检察院可以提出从宽处罚的建议，人民法院可以从宽处罚。

《浙江省刑事案件适用认罪认罚从宽制度实施细则》（2020）

第9条 【不适用的情形】犯罪嫌疑人、被告人有下列情形之一的，不适用认罪认罚从宽制度：

（一）不构成犯罪或者不应当追究其刑事责任的；

（二）违背意愿认罪认罚的；

（三）否认指控的犯罪事实的；

（四）犯数罪，仅如实供述其中一罪或部分罪名事实的；

（五）对行为性质提出辩解且不接受司法机关认定意见的；

（六）虽然表示"认罚"，却暗中串供、干扰证人作证、毁灭、伪造证据或者隐匿、转移财产，有赔偿能力而不赔偿损失的。

对于符合第（四）项情形的，全案不适用认罪认罚从宽制度，但对如实供述的部分，人民检察院可以提出从宽处罚的建议，人民法院可以从宽处罚。

三、实务案例

（2022）闽刑终51号｜刘某甲等12人走私贵重金属、骗取出口退税案

（一）关键词

技术型认罪认罚　事实辩解　量刑建议撤回

（二）要旨

已在审查起诉阶段认罪认罚的被告人在庭审中对指控事实提出辩解的，应从程序、实体两个层面，定性、定量两个维度，综合认定被告人是否成立认罪认罚、认罪认罚的成立阶段、价值意义及从宽处罚的幅度，切实保障被告人的辩护权，避免对技术型认罪认罚的被告人错误地予以从宽处罚。

（三）基本案情

2016年年底，被告人刘某甲经被告人李某某提议，得知可以利用国家

出口退税的相关政策骗取出口退税，即以贵金属为部分原材料，且贵金属在产品原材料成本占比不超过 80% 即可享受出口退税，进而通过将黄金夹藏在“高性能导线”等产品内部向海关申报出口的方式走私出境，在境外拆卸产品、销售黄金的同时，再以高科技产品名义骗取出口退税。

审理过程中，已在审查起诉阶段认罪认罚的被告人刘某甲、朱某某、李某某、王某甲等 6 人在庭审中对公诉机关指控事实或量刑建议提出异议，公诉机关认为前述人员不再具备认罪认罚的事实基础，撤回相应量刑建议并提请法庭依法判处刑罚。

（四）裁判结果

福州市中级人民法院于 2021 年 12 月 7 日作出（2021）闽 01 刑初 14 号刑事判决，对被告人刘某甲以走私贵重金属罪判处无期徒刑，剥夺政治权利终身，并处没收个人财产人民币 300 万元；以骗取出口退税罪判处有期徒刑 15 年，并处没收个人财产人民币 6000 万元；决定执行无期徒刑，剥夺政治权利终身，并处没收个人财产人民币 6300 万元。对朱某某、李某某、张某甲、周某某、刘某乙、刘某丁等 6 名被告人（股东或关键员工）以走私贵重金属罪、骗取出口退税罪数罪并罚，分别判处 19 年至 8 年不等的有期徒刑，并处没收个人财产或罚金；对刘某丙、张某乙、霍某某、王某甲、王某乙等 5 名被告人（主要员工）以走私贵重金属罪分别判处 8 年 8 个月至 5 年不等的有期徒刑，并处罚金；继续追缴各被告人的违法所得。

一审宣判后，部分被告人不服，提起上诉。福建省高级人民法院于 2022 年 10 月 17 日作出（2022）闽刑终 51 号刑事裁定，驳回上诉，维持原判。

（2020）赣 01 刑终 469 号｜余某甲等寻衅滋事案

（一）关键词

认罪认罚从宽　宣告式认罪表示　不予从宽

（二）要旨

1. 仅作宣告式认罪表示不适用认罪认罚从宽制度。行为人既没有如实供述自己的罪行，也没有供述同案人的犯罪事实，其相关供述明显具有避重就轻、推卸责任、隐瞒事实的故意，对自己的犯罪行为没有实质性的认识，也没有悔罪认错表现的，其认罪属于宣告式的认罪表示，没有自愿性和真实性，不符合认罪认罚从宽处罚制度的相关要求，对行为人不适用认罪认罚从宽处罚制度。

2. 根据《认罪认罚指导意见》关于“认罪”的规定，“如实供述”是指对主要客观犯罪事实予以供述，所供述内容应足以查清全部案件事实。宣告式认罪表示是指行为人主观上虽然对所指控的犯罪事实表示认同，且认可检察机关的量刑建议，但是客观上缺乏有效供述，对自己的犯罪行为没有实质性的认识，缺乏自愿性与真实性，不符合认罪认罚从宽制度的“认罪”要求，因此不应适用认罪认罚从宽制度。

（三）基本案情

2010年11月，某村村民代表余某丙召集被害人余某乙等村民代表和部分村民讨论制定了一份土地补偿款分配方案（以下简称方案）并召集村民签字。但被告人余某甲因不满该方案而伺机阻止方案实行。2010年11月20日8时许，被告人余某甲、杨某甲、杨某乙与刘某为抢夺余某乙持有的方案，对余某乙进行撕扯殴打，对阻止殴打的余某乙母亲魏某甲进行撕扯殴打。其间，方案被4被告人抢走并撕毁。案发当日，余某乙报警，经法医活体检验，余某乙、魏某甲、杨某乙均为轻微伤。

余某甲等4被告人抢走方案后，余某甲另行制定一份土地补偿款分配方案，并由其实际控制。为报复制定原方案的召集人余某丙，余某甲故意截留余某丙的土地补偿款，并将此款挪用。余某丙家人多次催要未果，直至2017年，余某甲因犯挪用资金罪被追究刑事责任而退赃后，余某丙一家才领取土地补偿款。

2017 年 10 月，魏某乙因个人建房想移栽屋后樟树，为办理审批，支付 2 万元给余某甲。余某甲以该樟树是其私产为由将 2 万元占为已有。

2019 年 11 月 18 日，余某甲、杨某乙、杨某甲、刘某分别被传唤归案。

法院审理认为，被告人杨某乙在侦查机关第一次讯问时，没有供述自己任何犯罪事实，后在侦查机关第二次、第三次讯问及庭审时才供述，表示认罪认罚，签署了认罪认罚具结书。其在庭审过程中，虽然再次表示认罪认罚，但又明确表示自己不得不认罪。被告人杨某甲在侦查阶段供述了杨某乙、刘某动手打架、拉扯的事实，但没有供述其与余某甲参与殴打他人的事实，向检察机关签署了认罪认罚具结书，并当庭供述其参与了殴打余某乙、魏某甲，但余某甲不在场，表示认罪认罚。被告人刘某在侦查阶段及当庭供述并签署了认罪认罚具结书，但不具有自愿性。

杨某乙、刘某在本案既没有如实供述自己的罪行，也没有供述同案人余某甲、杨某甲的犯罪事实，其相关供述明显具有避重就轻、推卸责任、隐瞒事实的故意，对自己的犯罪行为没有实质性的认识，也没有任何悔罪认错表现，其认罪仅属宣告性的认罪表示，没有自愿性和真实性。因此，2 被告人不符合认罪认罚从宽制度的相关要求，对 2 被告人不适用认罪认罚从宽制度。被告人杨某甲虽供述了自己参与殴打他人的事实，具有一定的悔罪表现，但没有如实供述同案人余某甲参与殴打他人的犯罪事实，也不应适用认罪认罚从宽处罚制度，但对其如实供述自己犯罪事实和具有一定悔罪表现的情节，可作为量刑情节予以评价。因此，3 被告人不可适用认罪认罚从宽制度。

（四）裁判结果

江西省安义县人民法院于 2020 年 8 月 12 日作出（2020）赣 0123 刑初 42 号刑事判决：（1）被告人余某甲犯寻衅滋事罪，判处有期徒刑 4 年；犯盗窃罪，判处有期徒刑 2 年，并处罚金人民币 2 万元；决定执行有期徒刑 5 年 6 个月，并处罚金人民币 2 万元。（2）被告人杨某乙犯寻衅滋事罪，判处有期徒刑 1 年 2 个月。（3）被告人杨某甲犯寻衅滋事罪，判处有期徒刑 1

年。(4) 被告人刘某犯寻衅滋事罪，判处有期徒刑10个月。(5) 责令被告人余某甲退赔违法所得人民币31000元，发还被害人魏某乙人民币2万元，发还被害单位安义县石鼻镇联合村冷溪村小组、杨家村小组、安义县石鼻镇向坊村李家村小组、安义县黄洲镇圳溪村山下村小组人民币11000元。

宣判后，余某甲、杨某乙提出上诉，江西省南昌市中级人民法院于2020年10月22日作出（2020）赣01刑终469号刑事裁定：驳回上诉，维持原判。

四、律师解析

法律虽对“认罪”规定明确，但由于实际情况更为复杂，存在难以认清的情形。法院对于“认罪”有独立的判断标准，与检察机关相比，更值得律师们关注。根据以上案例，实务中需要关注具体情况，确定被告是否有认罪的情形。

1. 被告人的辩解成立，不影响其“认罪”的认定。认罪认罚的成立，以被告人如实供述自己的罪行、承认指控的主要犯罪事实为前提，法院应当结合在案证据审查被告人的辩解能否成立。一方面，其辩解能够成立的，仍然属于如实供述自己的罪行，不影响“认罪”的认定，进而继续成立原先审查起诉阶段的认罪认罚。另一方面，其辩解不能成立的，如果是对关键（主要）事实辩解，则不能成立如实供述主要犯罪事实，进而不成立认罪认罚；如若是对边际（次要）事实进行辩解，不影响定罪量刑的，则不再成立审查起诉阶段的认罪认罚，但可以认定为审判阶段的认罪认罚，并根据认罪认罚成立的诉讼阶段、对查明案件事实的价值和意义等情况，一般较之于审查起诉阶段认罪认罚的从宽处罚幅度予以从严掌握。

2. “认罪”是“到案后如实供述犯罪事实”，不是对检察机关已经掌握的犯罪事实无异议。其认定有四个构成要件：(1) 时间为到案后；(2) 主观态度上是主动供述；(3) 客观行为上要供述犯罪事实；(4) 结果上供述的“事实”具有真实性。

3. 在数罪并罚案件中，厘清法律适用关系，准确把握罪数认定，做到罚当其罪。一罪的“认”，另一罪的“不认”，是否就无法构成认罪？从刑事案件每一罪具有构成要件的情况看，认罪也仅从对一罪的主要犯罪事实是否坦白，是否具有悔改的表现。罪与罪之间无法打通。当然，数罪并罚，意味着刑罚是合并的，法院有权总体考量被告的认罪态度，最终决定是否从轻处罚。

4. “认罪”虽与自首、坦白等有重合，但其具有独立的量刑价值，不是自首、坦白等制度的“翻版”。

第5讲 认罪认罚从宽制度中的“认罚”

一、问题引入：如何理解认罪认罚从宽制度中的“认罚”？

《最高人民法院关于适用〈中华人民共和国刑事诉讼法〉的解释》第347条第2款明确指出了《刑事诉讼法》第15条规定的“认罚”，是指犯罪嫌疑人、被告人真诚悔罪，愿意接受处罚。《认罪认罚指导意见》第7条具体规定“认罪认罚从宽制度中的‘认罚’，是指犯罪嫌疑人、被告人真诚悔罪，愿意接受处罚。‘认罚’，在侦查阶段表现为表示愿意接受处罚；在审查起诉阶段表现为接受人民检察院拟作出的起诉或不起诉决定，认可人民检察院的量刑建议，签署认罪认罚具结书；在审判阶段表现为当庭确认自愿签署具结书，愿意接受刑罚处罚”。

此外，《认罪认罚指导意见》还规定了“认罚”考察的重点是犯罪嫌疑人、被告人的悔罪态度和悔罪表现，应当结合退赃退赔、赔偿损失、赔礼道歉等因素来考量。犯罪嫌疑人、被告人虽然表示“认罚”，却暗中串供、干扰证人作证、毁灭、伪造证据或者隐匿、转移财产，有赔偿能力而不赔偿损失，则不能适用认罪认罚从宽制度。犯罪嫌疑人、被告人享有程序选择权，不同意适用速裁程序、简易程序的，不影响“认罚”的认定。

有人认为，认罚首先是指自愿接受所认之罪带来的刑罚后果，而后，其内容随着刑事诉讼程序的推进而逐步具体、明晰。也有人认为，在实体上，认罚应当包括被追诉人对自愿认罪后将判处的刑罚后果以及检察机关提出的量刑建议的认同；在程序上，应当包括在检察环节对适用相对简化程序的认可，从悔罪态度方面考虑，被追诉人自愿退赃退赔也应当是认罚的应有之义。还有人认为，在审查起诉阶段，认罚是指犯罪嫌疑人对检察机关建议判处的刑罚种类、幅度及刑罚执行方式没有异议，同意量刑建议、签署具结书的行为，而在侦查阶段，由于侦查机关不能提出从宽意见，不存在认罚的基础。认罚要体现出悔罪态度和悔罪表现。对于犯罪嫌疑人不同意适用速裁程序、简易程序的，是其在行使程序选择权，不影响对认罚的认定。此外，更有人认为，狭义的认罚，不必获得过多的量刑减让，甚至不必单独给予量刑减让；广义的认罚，由不同形式、不同程度的民事赔偿和解构成。具有实现案结事了的功能，对从简程序的适用和从宽幅度的选择具有决定性影响。

从司法实践来看，犯罪嫌疑人、被告人在公安机关、检察院释明认罪认罚从宽制度、最终法院审判过程中，针对给国家、社会以及他人带来财产损失的案件，注重于审查其退赃退赔、赔偿损失的情况，并以此作为认定是否“认罚”；在针对侵犯人身利益的案件中，则注重审查是否赔偿损失、赔礼道歉和是否获得被害人谅解。因此，“认罚”是指行为人对其供认为有罪的行为所预期的和被建议的法律后果的认可和书面保证。

二、规范依据

《最高人民法院关于适用〈中华人民共和国刑事诉讼法〉的解释》(2021)

第三百四十七条　刑事诉讼法第十五条规定的“认罪”，是指犯罪嫌疑人、被告人自愿如实供述自己的罪行，对指控的犯罪事实没有异议。

刑事诉讼法第十五条规定的“认罚”，是指犯罪嫌疑人、被告人真诚悔罪，愿意接受处罚。

被告人认罪认罚的，可以依照刑事诉讼法第十五条的规定，在程序上从简、实体上从宽处理。

《最高人民法院、最高人民检察院、公安部、国家安全部、司法部关于适用认罪认罚从宽制度的指导意见》(2019)

7.“认罚”的把握。认罪认罚从宽制度中的“认罚”，是指犯罪嫌疑人、被告人真诚悔罪，愿意接受处罚。“认罚”，在侦查阶段表现为表示愿意接受处罚；在审查起诉阶段表现为接受人民检察院拟作出的起诉或不起诉决定，认可人民检察院的量刑建议，签署认罪认罚具结书；在审判阶段表现为当庭确认自愿签署具结书，愿意接受刑罚处罚。

“认罚”考察的重点是犯罪嫌疑人、被告人的悔罪态度和悔罪表现，应当结合退赃退赔、赔偿损失、赔礼道歉等因素来考量。犯罪嫌疑人、被告人虽然表示“认罚”，却暗中串供、干扰证人作证、毁灭、伪造证据或者隐匿、转移财产，有赔偿能力而不赔偿损失，则不能适用认罪认罚从宽制度。犯罪嫌疑人、被告人享有程序选择权，不同意适用速裁程序、简易程序的，不影响“认罚”的认定。

三、实务案例

检例第75号｜金某某受贿案

(一) 关键词

职务犯罪　认罪认罚　确定刑量刑建议

(二) 要旨

对于犯罪嫌疑人自愿认罪认罚的职务犯罪案件，应当依法适用认罪认罚从宽制度。在适用认罪认罚从宽制度办理职务犯罪案件过程中，检察机关应切实履行主导责任，与监察机关、审判机关互相配合，互相制约，充分保障犯罪嫌疑人、被告人的程序选择权，要坚持罪刑法定和罪责刑相适应原则，对符合有关规定条件的，一般应当就主刑、附加刑、是否适用缓刑等提出确定刑量刑建议。

（三）基本案情

被告人金某某，女，安徽省某医院原党委书记、院长。

2007 年至 2018 年，被告人金某某在担任安徽省某医院党委书记、院长期间，利用职务上的便利，为请托人在承建工程项目、销售医疗设备、销售药品、支付货款、结算工程款、职务晋升等事项上提供帮助，非法收受他人财物共计人民币 1161.1 万元、4000 欧元。

检察机关提前介入全面掌握案情，充分了解被调查人的认罪悔罪情况。安徽省检察机关在提前介入金某某案件过程中，通过对安徽省监察委员会调查的证据材料进行初步审查，认为金某某涉嫌受贿犯罪的基本事实清楚，基本证据确实充分。同时注意到，金某某到案后，不仅如实交代了监察机关已经掌握的受贿 170 余万元的犯罪事实，还主动交代了监察机关尚未掌握的受贿 980 余万元的犯罪事实，真诚认罪悔罪，表示愿意接受处罚，并已积极退缴全部赃款。初步判定本案具备适用认罪认罚从宽制度的条件。

2019 年 3 月 13 日，淮北市人民检察院以被告人金某某犯受贿罪，向淮北市中级人民法院提起公诉，建议判处金某某有期徒刑 10 年，处罚金人民币 50 万元，并建议适用普通程序简化审理。

（四）裁判结果

2019 年 4 月 10 日，淮北市中级人民法院公开开庭，适用普通程序简化审理本案。经过庭审，认定起诉书指控被告人金某某犯受贿罪事实清楚、证据确实充分，采纳淮北市人民检察院提出的量刑建议并当庭宣判，金某某当庭表示服判不上诉。

（2021）赣 08 刑终 36 号 | 魏某盗窃案

（一）关键词

刑事　盗窃罪　认罪认罚　附加刑罚金　无正当理由上诉　抗诉　取消从宽处罚

（二）要旨

检察机关以盗窃惯犯签订认罪认罚具结书自愿认罚了附加刑罚金后，未主动全部履行附加刑罚金而以量刑过重提出上诉违背了认罪认罚承诺，并非真诚认罪悔罪为由，请求撤销适用认罪认罚从宽量刑建议的，人民法院应当予以支持。

（三）基本案情

公诉机关指控：2020年9月13日10时许，被告人魏某窜至吉安市青原区文天祥大道国光超市，扒窃了被害人谢某挎包内的一部苹果手机（经鉴定，价值为2978元）。魏某在刑满释放5年以内再犯应当判处有期徒刑以上刑罚之罪，系累犯。魏某到案后如实供述了自己的罪行，系坦白。公安机关将被盗手机发还给了谢某，魏某家属赔偿了谢某1500元，谢某对魏某表示谅解。

被告人魏某辩称：对起诉书的指控无异议，当庭认罪。

法院经审理查明：被告人魏某因犯盗窃罪分别于1995年11月2日、2002年1月14日、2007年7月24日、2013年6月21日、2017年5月5日、2019年12月26日被判处有期徒刑1年6个月、2年6个月、1年、10个月、1年8个月、1年6个月。2020年9月13日10时许，魏某窜至吉安市青原区文天祥大道国光超市，扒窃了被害人谢某挎包内的一部苹果手机，价值2978元。后魏某以1050元的价格将盗窃的手机卖给了曹某某。魏某被抓后，如实供述了盗窃的犯罪事实，通过亲属赔偿了被害人谢某1500元，取得了被害人谢某的谅解。审查起诉阶段，魏某与公诉机关进行了量刑协商，魏某对公诉机关指控的事实、罪名及量刑建议（有期徒刑7个月，并处罚金人民币5000元）无异议，自愿签署了认罪认罚具结书。一审庭审前，魏某通过其家属预缴了罚金1000元。2020年12月10日江西省青原区人民法院根据公诉机关的量刑建议判决魏某犯盗窃罪，有期徒刑7个月，并处罚金5000元。判决送达后，魏某未主动缴纳剩余罚金，于2020年12月21日以量刑过重为由提起上诉。吉安市青原区人民检察院遂以魏某违背认罪认罚承诺提出抗诉。

（四）裁判结果

江西省青原区人民法院于 2020 年 12 月 10 日作出（2020）赣 0803 刑初 172 号刑事判决：魏某犯盗窃罪，判处有期徒刑 7 个月，并处罚金 5000 元。宣判后，魏某以量刑过重为由上诉，吉安市青原区人民检察院以魏某违背认罪认罚承诺提起抗诉。2021 年 1 月 26 日，吉安市中级人民法院作出（2021）赣 08 刑终 36 号刑事判决，撤销一审判决对魏某的主刑部分，改判魏某有期徒刑 10 个月。

检例第 92 号 | 甲公司、吕某拒不执行案

案件详情请见第 3 讲中实务案例，不再赘述。

四、律师解析

从上述案例中发现检察机关和法院对“认罚”的把握，主要体现在对构成要件的把控上，且在不同案件中能做到具体案件具体分析。

1. “认罚”是犯罪嫌疑人、被告人真诚悔罪，愿意接受处罚，“认罚”的认定有两个构成要件：第一，主观上有真诚悔罪的意思。在侦查阶段表现为表示愿意接受处罚，审查起诉阶段表现为接受人民检察院拟作出的起诉或不起诉决定，认可人民检察院的量刑建议，签署认罪认罚具结书，在审判阶段则表现为当庭确认自愿签署具结书，愿意接受刑罚处罚。第二，客观上有履行“认罚”中的罚的行为。这两个要件缺一不可。前者主要体现在认罪认罚具结书中的签字，比较好确认，无太大争议。但关于认罚的客观行为存在一定的难度，上述案例中可以看到，检察机关和法院对“认罚”考察的重点是犯罪嫌疑人、被告人的悔罪态度和悔罪表现，主要结合退赃退赔、赔偿损失、赔礼道歉等因素来考量。犯罪嫌疑人、被告人虽然表示“认罚”，但是暗中串供、干扰证人作证、毁灭、伪造证据或者隐匿、转移财产，有赔偿能力而不赔偿损失，则不能适用认罪认罚从宽制度。当然，犯罪嫌疑人、被告人享有程序选择权，不同意适用速裁程序、简易程

序的，不影响“认罚”的认定。金某某受贿案和甲公司、吕某拒不执行案中，被告既有“认罚”的意思表示，又有“认罚”的实际行动，最终取得了从宽的结果。相反，魏某盗窃案中，因其最后无认罚的实际行动，即使有“认罚”的意思表示，最后也无“从宽”的后果。

2. 检察机关并非被动地接受“认罚”，在具体案件中仍然能够依法确保认罪认罚的真实性、自愿性、合法性。在金某某受贿案中，检察机关严格按照认罪认罚制度履职：一是及时告知权利。案件移送起诉后，淮北市人民检察院在第一次讯问时，告知金某某享有的诉讼权利和认罪认罚相关法律规定，加强释法说理，充分保障其程序选择权和认罪认罚的真实性、自愿性。二是充分听取意见。切实保障金某某辩护律师的阅卷权、会见权，就金某某涉嫌的犯罪事实、罪名及适用的法律规定，从轻处罚建议，认罪认罚后案件审理适用的程序等，充分听取金某某及其辩护律师的意见，记录在案并附卷。三是提出确定刑量刑建议。虽然金某某犯罪持续时间长、犯罪数额特别巨大，但其自监察委员会调查阶段即自愿如实供述自己的罪行，尤其是主动交代了监察机关尚未掌握的大部分犯罪事实，具有法定从轻处罚的坦白情节，且真诚悔罪，认罪彻底稳定，全部退赃，自愿表示认罪认罚，应当在法定刑幅度内相应从宽，检察机关综合上述情况，提出确定刑量刑建议。四是签署具结书。金某某及其辩护律师同意检察机关的量刑建议，并同意适用普通程序简化审理，在辩护律师见证下，金某某自愿签署了认罪认罚具结书。

3. “真诚悔罪”的认罪认罚，在重大犯罪案件尤其是反腐背景下的职务犯罪处理中仍然能够取得从宽的结果，比较有利于被告。金某某受贿案由检察长直接承办，积极推动认罪认罚从宽制度的适用。该案经全面审查认定，金某某受贿案数额特别巨大，在安徽省医疗卫生系统有重大影响，但其自愿如实供述自己的罪行，真诚悔罪，愿意接受处罚，全部退赃，符合刑事诉讼法规定的认罪认罚从宽制度适用条件，检察机关经慎重研究，依法决定适用认罪认罚从宽制度办理。

第6讲 认罪认罚从宽制度中的“从宽”

一、问题引入：如何理解认罪认罚从宽制度中的“从宽”？

《认罪认罚指导意见》规定“从宽处理既包括实体上从宽处罚，也包括程序上从简处理。‘可以从宽’，是指一般应当体现法律规定和政策精神，予以从宽处理。但可以从宽不是一律从宽，对犯罪性质和危害后果特别严重、犯罪手段特别残忍、社会影响特别恶劣的犯罪嫌疑人、被告人，认罪认罚不足以从轻处罚的，依法不予从宽处罚”。对于认罪认罚的犯罪嫌疑人、被告人从宽是从预防犯罪的角度出发，已认罪认罚的可以认定其主观恶性有所降低，行为人犯罪后的态度体现了其人身危险性的大小，以及对其改造的难易程度，所以，在量刑时必须考虑行为人的这一事实情况，有助于刑罚目的的实现。

同时《认罪认罚指导意见》第8条、第9条对认罪认罚的犯罪嫌疑人、被告人从宽的认识、幅度作出了总括性的规定，对于司法实践具有指导意义。从宽包括实体与程序两个方面，则其正当性基础也应分而论之。概言之，实体从宽的根据在于，由于被追诉人认罪悔罪，刑罚对其特殊预防的需要也就相应降低，这为刑罚轻缓提供了空间；程序从简的根据在于，由于被追诉人作了有罪供述，降低了案件的证明难度，只要适用相对简化的程序就能达到法定证明标准。

从司法实践来看，从宽处理是吸引犯罪嫌疑人、被告人认罪认罚最优机制，认罪认罚从宽制度可以促进非羁押强制措施的适用，在这个过程中，人民检察院将发挥主导作用，即在审查批准逮捕时，以不予逮捕为原则；在审查起诉时，可以酌定不起诉或者附条件不起诉；决定起诉的，建议人民法院适用简易程序、速裁程序。这种程序上的从简实质上是一种从宽处置，符合新时代司法改革少捕慎诉慎押的要求和方向。

二、规范依据

《最高人民法院、最高人民检察院、公安部、国家安全部、司法部关于适用认罪认罚从宽制度的指导意见》(2019)

8. “从宽”的理解。从宽处理既包括实体上从宽处罚，也包括程序上从简处理。“可以从宽”，是指一般应当体现法律规定和政策精神，予以从宽处理。但可以从宽不是一律从宽，对犯罪性质和危害后果特别严重、犯罪手段特别残忍、社会影响特别恶劣的犯罪嫌疑人、被告人，认罪认罚不足以从轻处罚的，依法不予从宽处罚。

办理认罪认罚案件，应当依照刑法、刑事诉讼法的基本原则，根据犯罪的事实、性质、情节和对社会的危害程度，结合法定、酌定的量刑情节，综合考虑认罪认罚的具体情况，依法决定是否从宽、如何从宽。对于减轻、免除处罚，应当于法有据；不具备减轻处罚情节的，应当在法定幅度以内提出从轻处罚的量刑建议和量刑；对其中犯罪情节轻微不需要判处刑罚的，可以依法作出不起诉决定或者判决免予刑事处罚。

9. 从宽幅度的把握。办理认罪认罚案件，应当区别认罪认罚的不同诉讼阶段、对查明案件事实的价值和意义、是否确有悔罪表现，以及罪行严重程度等，综合考量确定从宽的限度和幅度。在刑罚评价上，主动认罪优于被动认罪，早认罪优于晚认罪，彻底认罪优于不彻底认罪，稳定认罪优于不稳定认罪。

认罪认罚的从宽幅度一般应当大于仅有坦白，或者虽认罪但不认罚的从宽幅度。对犯罪嫌疑人、被告人具有自首、坦白情节，同时认罪认罚的，应当在法定刑幅度内给予相对更大的从宽幅度。认罪认罚与自首、坦白不作重复评价。

对罪行较轻、人身危险性较小的，特别是初犯、偶犯，从宽幅度可以大一些；罪行较重、人身危险性较大的，以及累犯、再犯，从宽幅度应当从严把握。

三、实务案例

检例第 75 号｜金某某受贿案

具体案例情况见第 5 讲中实务案例介绍，不再赘述。

检例第 92 号｜甲公司、吕某拒不执行案

具体案例情况见第 3 讲中实务案例介绍，不再赘述。

检例第 81 号｜无锡 F 警用器材公司虚开增值税专用发票案

具体案例情况见第 3 讲中实务案例介绍，不再赘述。

（2020）皖刑终 181 号｜范某某等贩卖毒品案

具体案例情况见第 3 讲中实务案例介绍，不再赘述。

四、律师解析

"从宽"在具体案件中是综合各方因素考量，上述四个案例均在坚持宽严相济原则下依法进行从宽。

从检例 81 号检察机关对无锡 F 警用器材公司虚开增值税专用发票案最终作出不起诉决定中，律师办案时可以参考检察机关的思路：

1. 对犯罪情节较轻且认罪认罚的涉罪民营企业及其有关责任人员依法从宽处理。检察机关办理涉罪民营企业刑事案件，充分考虑促进经济发展，促进职工就业，维护国家和社会公共利益的需要，积极做好涉罪企业及其有关责任人员的认罪认罚工作，促使涉罪企业退缴违法所得、赔偿损失、

修复损害、挽回影响，从而将犯罪所造成的危害降到最低。对犯罪情节较轻且认罪认罚、积极整改的企业及其相关责任人员，符合不捕、不诉条件的，坚持能不捕的不捕，能不诉的不诉，符合判处缓刑条件的要提出适用缓刑的建议。

2. 从宽在实务中还表现为对被告具体情况的全面了解。检察机关为全面评估案件的处理对企业生产经营的影响，通过实地走访、调查，查明该公司成立于1997年，系科技创新型民营企业，无违法经营处罚记录，近3年销售额人民币7000余万元，纳税额人民币692万余元。该公司拥有数10项专利技术、计算机软件著作权和省级以上科学技术成果，曾参与制定10项公共安全行业标准，在业内有较好的技术创新影响力。审查起诉期间，该公司参与研发的项目获某创新大赛金奖。

3. 把建章立制落实合法规范经营要求，作为悔罪表现和从宽处罚的考量因素。检察机关在办理企业涉罪案件过程中，通过对自愿认罪认罚的民营企业进行走访、调查，查明企业犯罪的诱发因素、制度漏洞、刑事风险等，提出检察建议。企业通过主动整改、建章立制落实合法规范经营要求体现悔罪表现。检察机关协助和督促企业执行，帮助企业增强风险意识，规范经营行为，有效预防犯罪并据此作为从宽处罚的考量因素。

4. 关于“从宽”可否跨档减刑或者免刑问题。“从宽”除包括从轻外，是否包括减轻和免除处罚也是实践中遇到的问题。有观点认为，《刑事诉讼法》第15条是认罪认罚从宽的法律依据，与坦白、自首等规定具有同等意义。部分案件基准刑在跨档临界点，不减轻处罚则无法兑现从宽承诺，故“从宽”应当包括减轻和免除在内。具体从轻、减轻或免除处罚幅度，可以根据量刑指导意见计算后综合权衡决定。相反意见认为，从宽处理应在刑法量刑情节条款范围内依法从宽。根据刑法规定，自首可以从轻或者减轻处罚，坦白一般也只从轻处罚，认罪认罚虽作为单独量刑情节，但仍依赖于认罪情节，如果理解为可以从轻、减轻或者免除处罚，则需要修改刑法与之相衔接。不能根据刑事诉讼法的规定直接对被告人减轻处罚。笔者赞成适用从宽制度还需要结合刑法坦白、自首等条款，对于减轻、免除处罚，必须有刑法上的减轻或者免除处罚情节为依据，否则只能在法定刑幅度内提出从轻处罚的量刑建议，不宜直接依据《刑事诉讼法》第 15 条减轻或者免除处罚。[①]

① 参见《陈国庆：量刑建议的若干问题》，载最高人民检察院官网，https://www.spp.gov.cn/zdgz/201910/t20191009_433944.shtml。

第7讲 认罪认罚与自首、坦白之间的关系

一、问题引入：认罪认罚与自首、坦白之间是什么关系？

根据《刑法》第67条的规定，犯罪嫌疑人犯罪以后自动投案并如实供述自己的罪行的，或被采取强制措施的犯罪嫌疑人、被告人和正在服刑的罪犯如实供述司法机关还未掌握的本人其他罪行的，是自首；犯罪嫌疑人虽不具有自首情节但如实供述自己罪行的，是坦白。司法机关根据具体情况，可以对具有自首和坦白情节的被告人从轻或减轻处罚。依据《认罪认罚指导意见》和《刑事诉讼法》关于“认罪”的规定，犯罪嫌疑人、被告人自愿如实供述自己的罪行，承认指控的犯罪事实，愿意接受处罚的，可以依法从宽处理。

着眼于法律后果，认罪认罚和自首、坦白均可致从宽处理结果；着眼于规范构成，认罪认罚和自首、坦白在“供述自己罪行”这一行为上均有涉及。三者之间有诸多联系，但衔接制度尚不完善，这是三者在适用中相互关系难以把握、处理的基础原因。如何处理认罪认罚与自首、坦白之间的关系，《认罪认罚指导意见》第9条指出，对犯罪嫌疑人、被告人具有自首、坦白情节，同时认罪认罚的，应当在法定刑幅度内给予相对更大的从宽幅度，但认罪认罚与自首、坦白不作重复评价。

首先，认罪认罚具有独立地位。虽然认罪认罚、坦白、自首都是从宽情节，但是认罪认罚是独立的量刑情节，不限于侦查阶段而可贯穿于整个诉讼阶段；其次，明确禁止重复评价。认罪认罚同时具有自首、坦白情节的，已经给予更大幅度从宽处罚的，不作重复评价。这里的“不作重复评价”应当理解为，不得在考量自首、坦白从宽的同时已经给予认罪认罚更大幅度从宽后，再次给予从宽；而不能理解为只能按照自首、坦白给予从宽处罚而不再适用认罪认罚的从宽规定。同时，从宽处罚的适用也需要综合全案情况进行调节，这种调节是基于罪刑相适应基本原则的要求，任何量刑情节、量刑规则都要受罪刑相适应基本原则的制约，而并非对认罪认罚作为独立从宽情节的否定。

二、规范依据

《中华人民共和国刑法》（2023修正）

第六十七条　犯罪以后自动投案，如实供述自己的罪行的，是自首。对于自首的犯罪分子，可以从轻或者减轻处罚。其中，犯罪较轻的，可以免除处罚。

被采取强制措施的犯罪嫌疑人、被告人和正在服刑的罪犯，如实供述司法机关还未掌握的本人其他罪行的，以自首论。

犯罪嫌疑人虽不具有前两款规定的自首情节，但是如实供述自己罪行的，可以从轻处罚；因其如实供述自己罪行，避免特别严重后果发生的，可以减轻处罚。

《中华人民共和国刑事诉讼法》（2018修正）

第十五条　犯罪嫌疑人、被告人自愿如实供述自己的罪行，承认指控的犯罪事实，愿意接受处罚的，可以依法从宽处理。

《最高人民法院、最高人民检察院、公安部、国家安全部、司法部关于适用认罪认罚从宽制度的指导意见》（2019）

6.“认罪”的把握。认罪认罚从宽制度中的“认罪”，是指犯罪嫌疑人、被告人自愿如实供述自己的罪行，对指控的犯罪事实没有异议。承认指控的主要犯罪事实，仅对个别事实情节提出异议，或者虽然对行为性质提出辩解但表示接受司法机关认定意见的，不影响“认罪”的认定。犯罪嫌疑人、被告人犯数罪，仅如实供述其中一罪或部分罪名事实的，全案不作“认罪”的认定，不适用认罪认罚从宽制度，但对如实供述的部分，人民检察院可以提出从宽处罚的建议，人民法院可以从宽处罚。

7.“认罚”的把握。认罪认罚从宽制度中的“认罚”，是指犯罪嫌疑人、被告人真诚悔罪，愿意接受处罚。“认罚”，在侦查阶段表现为表示愿意接受处罚；在审查起诉阶段表现为接受人民检察院拟作出的起诉或不起诉决定，认可人民检察院的量刑建议，签署认罪认罚具结书；在审判阶段表现为当庭确认自愿签署具结书，愿意接受刑罚处罚。

“认罚”考察的重点是犯罪嫌疑人、被告人的悔罪态度和悔罪表现，应当结合退赃退赔、赔偿损失、赔礼道歉等因素来考量。犯罪嫌疑人、被告人虽然表示“认罚”，却暗中串供、干扰证人作证、毁灭、伪造证据或者隐匿、转移财产，有赔偿能力而不赔偿损失，则不能适用认罪认罚从宽制度。犯罪嫌疑人、被告人享有程序选择权，不同意适用速裁程序、简易程序的，不影响“认罚”的认定。

8.“从宽”的理解。从宽处理既包括实体上从宽处罚，也包括程序上从简处理。“可以从宽”，是指一般应当体现法律规定和政策精神，予以从宽处理。但可以从宽不是一律从宽，对犯罪性质和危害后果特别严重、犯罪手段特别残忍、社会影响特别恶劣的犯罪嫌疑人、被告人，认罪认罚不足以从轻处罚的，依法不予从宽处罚。

办理认罪认罚案件，应当依照刑法、刑事诉讼法的基本原则，根据犯罪的事实、性质、情节和对社会的危害程度，结合法定、酌定的量刑情节，综合考虑认罪认罚的具体情况，依法决定是否从宽、如何从宽。对于减轻、免除处罚，应当于法有据；不具备减轻处罚情节的，应当在法定幅度以内提出从轻处罚的量刑建议和量刑；对其中犯罪情节轻微不需要判处刑罚的，可以依法作出不起诉决定或者判决免予刑事处罚。

三、实务案例

（2020）京刑终167号｜刘某宇故意伤害附带民事诉讼上诉案

（一）关键词

死亡赔偿金　精神损害赔偿金　被扶养人生活费　刑事附带民事诉讼受案范围

（二）要旨

被告人的犯罪行为给附带民事诉讼上诉人造成经济损失，依法应予合理赔偿。附带民事诉讼上诉人及其诉讼代理人所提的要求赔偿死亡赔偿金、精神损害赔偿金、被扶养人生活费的诉讼请求，不属于刑事附带民事诉讼的受案范围。

（三）基本案情

刘某宇于2020年3月25日17时许，在北京市昌平区霍营街道蓝天园小区1号楼2单元103室内，因情感纠纷与孙某2（男，殁年35岁）发生争执，后刘某宇持刀刺击孙某2左胸部、左腹部、左背部、左上肢，伤及孙某2左肺上叶及左胸廓内动、静脉致失血性休克死亡。刘某宇作案后对孙某2施救，委托他人报案并在现场等待，后被赶到现场的公安人员查获。

一审人民法院认为：刘某宇不能正确处理情感纠纷，持刀故意伤害他人身体，致人死亡，其行为已构成故意伤害罪，依法应予惩处。鉴于本案系感情纠纷引发，事发后刘某宇对被害人有救助行为，还委托他人报警并在现场等候，到案后如实供述主要犯罪事实，系自首，且刘某宇自愿认罪认罚等情节，对其依法予以从轻处罚。北京市人民检察院第一分院指控刘某宇犯故意伤害罪的事实清楚，证据确凿，指控罪名成立，量刑建议适当。因刘某宇的犯罪行为使附带民事诉讼原告人孙某1、杨某、孙某3、孙某4遭受的经济损失，刘某宇依法应予合理赔偿。对于附带民事诉讼原告人孙某 1、杨某、孙某 3、孙某 4 诉讼请求中无法律依据及要求过高部分，不予支持。故认定刘某宇犯故意伤害罪，判处有期徒刑 14 年，剥夺政治权利 3 年；刘某宇赔偿附带民事诉讼原告人孙某 1、杨某、孙某 3、孙某 4 经济损失共计人民币 86000 元；驳回附带民事诉讼原告人孙某 1、杨某、孙某 3、孙某 4 的其他诉讼请求。

附带民事诉讼原告人孙某 1 等人不服，提起上诉。

（四）裁判结果

北京市高级人民法院二审刑事裁定认为，原审被告人刘某宇的犯罪行为给附带民事诉讼上诉人造成的经济损失，依法应予合理赔偿。附带民事诉讼上诉人及其诉讼代理人所提的要求赔偿死亡赔偿金、精神损害赔偿金、被扶养人生活费的诉讼请求，不属于刑事附带民事诉讼的受案范围，法院不予支持。

在法院审理期间，附带民事诉讼上诉人及其诉讼代理人没有提交新的依法应予赔偿经济损失的证据，故附带民事诉讼上诉人及其诉讼代理人所提的要求增加赔偿数额的诉讼请求，依据不足，法院不予支持。

原审人民法院根据原审被告人刘某宇的犯罪行为给附带民事诉讼上诉人造成经济损失的事实及证据所作的附带民事部分判决，适用法律正确，审判程序合法，应予维持。

裁定驳回孙某 1、杨某、孙某 3、孙某 4 的上诉，维持原审附带民事部分判决。

（2020）京刑终 100 号 | 张某 1 等集资诈骗罪、非法吸收公众存款罪上诉案

（一）关键词

集资诈骗　认罪认罚　非法吸收公众存款

（二）要旨

违反国家金融管理法律规定，依托某养老公司，虚构养老项目，承诺到期返还本金并支付年利息，或者赠送一定价值的疗养服务等作为回报，以会员费、保证金、购房押金、众筹、借款、家人卡等形式，骗取公众财产的，构成非法吸收公众存款罪。

（三）基本案情

被告人张某 1、张某 2、喻某桥于 2006 年 11 月至 2013 年年底，先后依托北京市延庆县百果园养老服务中心、北京市延庆大仁健康养老服务中心（以下简称大仁养老中心）、北京孝诚家园养生科技有限公司等单位，违反国家金融管理法律规定，通过《北京晚报》等公开发行的报纸以及《大仁健康报》等自行印刷的宣传材料，配合口口相传的形式，向社会公开宣传，以收取黎母山项目购房款、会员费、保证金、借款等名义，承诺可高价回购房屋，或者到期返还本金并支付 7%—15%不等的年利息，或者赠送一定价值的疗养服务等物质回报，吸收张某 1 等 370 余人资金共计人民币 3100 余万元，造成集资款损失共计人民币 2500 余万元。被告人张某 1、张某 2 于 2013 年 12 月至 2016 年 8 月，违反国家金融管理法律规定，先后依托北京仁寿康源健康科技有限公司、北京亲仁乐老咨询服务有限公司等，借候鸟式养生养老之名，虚构“福山 · 亲仁公社 · 湖畔家园”“亲仁公社 · 天悦花园”“亲仁公社 · 北方家园”“亲仁居家养老服务站”等项目，承诺到期返还本金并支付 5%—20%不等的年利息，或者赠送一定价值的疗养服务等作为回报，通过《北京晚报》等公开发行的报纸以及《亲仁公社报》等自行印刷的宣传材料，配合口口相传的形式，大肆宣传“亲仁公社”项目，以会员费、保证金、购房押金、众筹、借款、家人卡等形式，骗取程某英等 290 余人钱款共计人民币 4400 余万元。二被告人集资后的大部分集资款未用于生产经营，主要用于偿还银行贷款、高利贷和巨额利息以及借新还旧，造成集资款损失共计人民币 4400 余万元。2016 年初，被告人张某 1、张某 2 意图销毁会计凭证、账簿，因意志以外的原因未能得逞。同时，被告人张某 1、张某 2 还骗取 100 余名集资参与人的信任，诱使集资参与人将债权转为北京正和亲仁养老咨询服务有限公司的股权，该公司无实际经营能力，进而逃避返还资金。

一审法院认为，被告人张某 1、张某 2 以非法占有为目的，使用诈骗方法非法集资，其行为均已构成集资诈骗罪；被告人张某 1、张某 2、喻某桥违反国家金融管理法律规定，变相吸收公众存款，扰乱金融秩序，其行为均已构成非法吸收公众存款罪。北京市人民检察院第一分院指控被告人张某 1、张某 2 犯集资诈骗罪，张某 1、张某 2、喻某桥犯非法吸收公众存款罪的事实清楚，证据确实、充分，指控罪名成立。张某 1、张某 2 所犯集资诈骗罪，数额特别巨大；张某 1、张某 2、喻某桥所犯非法吸收公众存款罪，数额巨大，依法均应予惩处；张某 1、张某 2 应数罪并罚。喻某桥经电话通知到案，到案后如实供述自己的罪行，系自首，自愿认罪认罚，且亲属代其退缴部分违法所得，依法可对其从轻处罚。

（四）裁判结果

一审法院判决：被告人张某 1 犯集资诈骗罪，判有期徒刑 15 年，剥夺政治权利 3 年，并处罚金人民币 50 万元；犯非法吸收公众存款罪，判处有期徒刑 8 年，剥夺政治权利 1 年，并处罚金人民币 40 万元；决定执行有期徒刑 20 年，剥夺政治权利 4 年，并处罚金人民币 90 万元。被告人张某 2 犯集资诈骗罪，判处有期徒刑 13 年，剥夺政治权利 3 年，并处罚金人民币 40 万元；犯非法吸收公众存款罪，判处有期徒刑 8 年，剥夺政治权利 1 年，并处罚金人民币 40 万元；决定有期徒刑 18 年，剥夺政治权利 4 年，并处罚金人民币 80 万元。被告人喻某桥犯非法吸收公众存款罪，判处有期徒刑 6 年，并处罚金人民币 20 万元。责令被告人张某 1、张某 2 对集资诈骗罪、非法吸收公众存款罪造成的经济损失承担连带退赔责任；责令被告人喻某桥退赔违法所得；在案扣押的人民币 20 万元、查封或轮候查封的房产变价后折抵退赔款，按比例发还各集资参与人（附清单）；在案扣押的被告人张某 2、喻某桥的手机各 1 部、证人贺某的笔记本电脑作为证物留存。

二审法院裁定驳回张某 1、张某 2 的上诉，维持原判。

四、律师解析

上述案件充分说明认罪认罚与自首、坦白三种量刑情节均有独立适用的地位，即使在如实供述罪行上三者有重合之处，也不能否认三者的制度价值有所区分。在同时具有三种量刑情节的情况下，从两个案件的判决结果来看，无论是检察院还是法院，对认罪认罚与自首、坦白对重合部分都不作重复评价。由此给律师的提示如下：

1. 认罪认罚与自首、坦白之间存在明显区别。

第一，认罪认罚的“认罪”与自首、坦白存在质的差别，“认罪”是对犯罪事实与行为性质的双重认可，而自首、坦白是对犯罪事实的如实供述。“认罪”与自首、坦白在成立条件上的“共性”是如实供述罪行。根据司法解释规定，如实供述自己的罪行，是指如实交代自己的主要犯罪事实和对定罪量刑有重要影响的身份信息，如姓名、年龄、职业、前科等。其中，“主要犯罪事实是指已供述的内容与刑法中具体犯罪的构成要件要素相对应的事实”① 由此观之，如实供述自己的罪行不等于“认罪”。

对行为性质的辩解关涉到“认罪”与自首、坦白的认定。对行为性质的辩解影响“认罪”，但不影响自首、坦白的认定。对行为性质的辩解无非是将有罪辩解为无罪或将重罪辩解为轻罪，是行使辩护权的表现。自首、坦白的如实供述是对客观事实的描述，而认罪包括如实供述罪行与承认行为定性两层内容。2019 年《认罪认罚指导意见》指出，承认指控的主要犯罪事实，仅对个别事实情节提出异议，或者虽然对行为性质提出辩解但表示接受司法机关认定意见的，不影响“认罪”的认定。但是，对行为性质的辩解与接受司法机关的认定意见是一种对立、排斥关系。对行为性质辩解但表示接受司法机关认定意见在不同的阶段有不同的表现形式，如审查

---

① 刘环宇：《被告人辩解对自首制度中“如实供述”的影响》，载《江西警察学院学报》2018 年第 5 期。

起诉阶段是对行为性质辩解但接受检察院指控的罪名，审判阶段是对行为性质辩解但认可法院认定的罪名。由此观之，认罪是行为人对行为定性的认可，呈现出价值判断的“主观性”，而如实供述罪行具有“客观性”，其与认罪存在明显差别。

第二，自首和坦白只能始于侦查阶段，而认罪认罚可贯穿于整个诉讼阶段。自首只能是犯罪嫌疑人在侦查机关未抓获其之前主动投案，坦白是犯罪嫌疑人被公安机关抓获到案后及时如实供述，原则上应当是到案后立即供述。但是认罪认罚既可以在侦查阶段，又可以在审查起诉阶段或审判阶段。

2. 认罪认罚与自首、坦白“不作重复评价”。

需要明确禁止重复评价的内涵。禁止重复评价是刑法不成文的原则，是指不得对同一事实作不利于行为人的多次宣告，每一个评价对象仅有唯一归属原则，评价对象包括罪前事实、罪中事实和罪后事实。刑法上的禁止重复评价又称量刑上的禁止重复评价，即对法条所规定的构成要件要素，在刑罚裁量过程中，不能再度作为刑罚裁量事实重复加以考量，禁止定罪事实再次评价为量刑事实。

对于《认罪认罚指导意见》的“不作重复评价”之规定应当作如下理解：自首、坦白的犯罪嫌疑人、被告人，同时认罪认罚的，在量刑时既要按照自首、坦白的规定给予从宽，又要按照认罪认罚的规定给予从宽，从而体现出“更大的从宽幅度”。这里的“不作重复评价”应当理解为，不得在考量自首、坦白从宽的同时已经给予认罪认罚更大幅度从宽后，再次给予从宽；而不能理解为具有自首、坦白的犯罪嫌疑人、被告人即使认罪认罚，也只能按照自首、坦白给予从宽处罚而不再适用认罪认罚的从宽规定。① 所以，对《认罪认罚指导意见》所规定的不作重复评价要辩证地理解，仅指对这些情节中重合、竞合或者交叉的部分不作重复评价，对其余部分不存在重复评价的问题。最高人民检察院苗生明厅长在《〈关于认罪认罚从宽制度指导意见〉的理解与适用》一文中指出：“对犯罪嫌疑人、被告

---

① 参见李勇：《从认罪认罚独立性把握“禁止重复评价”》，载《检察日报》2021年8月4日，第3版。

人具有自首、坦白情节，同时认罪认罚的，应当在法定刑幅度内给予相对更大的从宽幅度。需要注意的是，对认罪认罚与自首、坦白相交叉和叠加的‘认罪’部分，在把握具体从宽幅度时，不作重复评价。”对于“认罪认罚与自首、坦白不作重复评价”理解应当限制为仅是对重合（交叉、叠加）部分不作重复评价。

2021 年施行的《最高人民法院、最高人民检察院关于常见犯罪的量刑指导意见（试行）》（以下简称《量刑指导意见》）中规定：对于被告人认罪认罚的，综合考虑犯罪的性质、罪行的轻重、认罪认罚的阶段、程度、价值、悔罪表现等情况，可以减少基准刑的 30% 以下；具有自首、重大坦白、退赃退赔、赔偿谅解、刑事和解等情节的，可以减少基准刑的 60% 以下，犯罪较轻的，可以减少基准刑的 60% 以上或者依法免除处罚。认罪认罚与自首、坦白、当庭自愿认罪、退赃退赔、赔偿谅解、刑事和解、羁押期间表现好等量刑情节不作重复评价。可见，认罪认罚与自首、坦白等量刑情节并非不能同时适用（轻上可以更轻），对于“认罪认罚与自首、坦白不作重复评价”理解应当限制解释为对重合（交叉、叠加）部分不作重复评价，这样更符合人性和刑事诉讼规律。如何实现对重合部分不作重复评价，可以有两种方式，其一，在确定各个量刑情节的调节比例时，扣除重合部分的影响因素。其二，在计算各个量刑情节的综合调节比例时扣除重合部分的影响因素。[①]

3. 律师在认罪认罚、自首、坦白案件中有积极的作用。

认罪认罚与自首、坦白区分的重要意义在于确定量刑。综上所述，辩护人在进行量刑辩护时需要充分展示本案存在哪些量刑情节，具体量刑情节如何影响量刑，要进行充分的量刑说理。对于被告人所具有的《量刑指导意见》所规定的量刑情节，都应作为从宽量刑的依据，虽然认罪认罚与自首、坦白有重合、交叉之处，但是也具有其独立性。“认罪认罚与自首、坦白不作重复评价”其实是提示性规定“对重合部分不作重复评价”。

---

① 参见田立文：《认罪认罚案件量刑的四个核心问题》，载《中国应用法学》2022 年第 6 期。

第8讲　认罪认罚与速裁程序的关系

一、问题引入：如何把握认罪认罚与速裁程序的关系?

刑事速裁程序是人民法院针对轻微刑事案件所采用的一种特殊审判程序，该程序设立的目的是在保证司法公正的同时，尽可能提高司法裁判的效率，该程序具有简单高效的特点。《刑事诉讼法》第222条第1款规定，对于基层人民法院管辖的可能判处3年有期徒刑以下刑罚的案件，案件事实清楚，证据确实、充分，被告人认罪认罚并同意适用速裁程序的，可以适用速裁程序，由审判员一人独任审判。刑事速裁程序的设立改变了以往适用简易程序快速审理的单一模式，成为进一步推动案件繁简分流与提升诉讼效率的有效路径。

速裁程序的适用需要以被告人认罪认罚为前提，认罪认罚从宽制度的存在为速裁程序的简化流程提供了正当性与合理性基础，也是运行过程中所依托的具体框架与体现出的核心要素。具体来说认罪认罚与速裁程序的关系体现在以下几点：

1. 认罪认罚从宽制度可以普遍适用于罪轻罪重的任何刑事案件和刑事诉讼的各个环节；而满足“基层人民法院管辖的可能判处三年有期徒刑以下刑罚的案件，案件事实清楚，证据确实、充分”之条件的案件在“认罪认罚”的基础上才可适用速裁程序。可见在刑事审判阶段，认罪认罚始终作为法院启动速裁程序的实质性条件与重要前提。

2. 适用速裁程序必须以被告人同意为基本原则。在充分释明的前提下，被告人自愿的认罪认罚行为在一定程度上也可看作放弃普通程序审判，但如要适用速裁程序仍需要被告人明确表示同意这一要件。

3. 检察机关可以建议法院采用速裁程序；法院须根据案件具体情况决定是否适用。如果法院在审理案件过程中，发现被告人认罪认罚实际上违背其意愿、被告人否认所指控的犯罪事实或有其他诸如此类不宜适用速裁程序审理情形的，则应当及时进行程序的转换重新审理。

二、规范依据

《中华人民共和国刑事诉讼法》（2018 修正）

第二百二十二条　基层人民法院管辖的可能判处三年有期徒刑以下刑罚的案件，案件事实清楚，证据确实、充分，被告人认罪认罚并同意适用速裁程序的，可以适用速裁程序，由审判员一人独任审判。

人民检察院在提起公诉的时候，可以建议人民法院适用速裁程序。

《最高人民法院关于适用〈中华人民共和国刑事诉讼法〉的解释》（2021）

第三百四十八条　对认罪认罚案件，应当根据案件情况，依法适用速裁程序、简易程序或者普通程序审理。

《最高人民法院、最高人民检察院、公安部、国家安全部、司法部关于适用认罪认罚从宽制度的指导意见》（2019）

34. 速裁程序的办案期限。犯罪嫌疑人认罪认罚，人民检察院经审查，认为符合速裁程序适用条件的，应当在十日以内作出是否提起公诉的决定；对可能判处的有期徒刑超过一年的，可以在十五日以内作出是否提起公诉的决定。

42. 速裁程序的适用条件。基层人民法院管辖的可能判处三年有期徒刑以下刑罚的案件，案件事实清楚，证据确实、充分，被告人认罪认罚并同意适用速裁程序的，可以适用速裁程序，由审判员一人独任审判。人民检察院提起公诉时，可以建议人民法院适用速裁程序。

有下列情形之一的，不适用速裁程序办理：

（一）被告人是盲、聋、哑人，或者是尚未完全丧失辨认或者控制自己行为能力的精神病人的；

（二）被告人是未成年人的；

（三）案件有重大社会影响的；

（四）共同犯罪案件中部分被告人对指控的犯罪事实、罪名、量刑建议或者适用速裁程序有异议的；

（五）被告人与被害人或者其法定代理人没有就附带民事诉讼赔偿等事项达成调解或者和解协议的；

（六）其他不宜适用速裁程序办理的案件。

48. 程序转换。人民法院在适用速裁程序审理过程中，发现有被告人的行为不构成犯罪或者不应当追究刑事责任、被告人违背意愿认罪认罚、被告人否认指控的犯罪事实情形的，应当转为普通程序审理。发现其他不宜适用速裁程序但符合简易程序适用条件的，应当转为简易程序重新审理。

发现有不宜适用简易程序审理情形的，应当转为普通程序审理。

人民检察院在人民法院适用速裁程序审理案件过程中，发现有不宜适用速裁程序审理情形的，应当建议人民法院转为普通程序或者简易程序重新审理；发现有不宜适用简易程序审理情形的，应当建议人民法院转为普通程序重新审理。

三、实务案例

（2019）京0108刑初1008号｜程某发危险驾驶案

（一）关键词

危险驾驶罪　认罪认罚　速裁程序

（二）要旨

刑事“醉驾”案件，事实清楚，犯罪嫌疑人、被告人认罪认罚，符合速裁程序适用条件的，应依法适用速裁程序。适用速裁程序，应依法保障当事人诉讼权利的行使。

（三）基本案情

北京市海淀区人民检察院指控被告人程某发犯危险驾驶罪，于 2019 年 5 月 17 日向北京市海淀区人民法院提起公诉。被告人程某发自动投案，如实供述自己的罪行，审查起诉阶段签署认罪认罚具结书，公诉机关建议判处程某发拘役 2—4 个月，并处罚金，建议适用速裁程序审理。

北京市海淀区人民法院于 2019 年 5 月 17 日适用速裁程序公开开庭审理，被告人程某发当庭自愿认罪认罚，对指控事实、罪名、量刑建议及适用程序均无异议。

（四）裁判结果

北京市海淀区人民法院于 2019 年 5 月 17 日作出（2019）京 0108 刑初 1008 号刑事判决：被告人程某发犯危险驾驶罪，判处拘役 2 个月，罚金人民币 4000 元。宣判后，在法定期限内未上诉、抗诉，判决已发生法律效力。

（2023）桂 1322 刑初 69 号｜韦某宝帮助信息网络犯罪活动案

（一）关键词

认罪认罚　速裁程序　转为普通程序

（二）要旨

人民法院对于被告人认罪认罚的案件，可以适用速裁程序。在适用速裁程序审理过程中，发现被告人违背意愿认罪认罚、被告人否认指控的犯罪事实情形的，应当转为普通程序审理。

（三）基本案情

2022年1月，被告人韦某宝在明知他人利用信息网络实施犯罪的情况下，仍将自己的手机和手机绑定的招商银行卡出借给他人使用。之后该银行卡被电信网络诈骗团伙使用，经统计，该银行卡2022年1月20日交易总流水进账高达4306951.6元，且该银行卡涉及电信诈骗案件，其中被害人韩某被诈骗8000元，王某诈骗5000元。2022年5月5日，韦某宝主动到公安机关投案，并如实供述其犯罪的事实。

公诉机关认为，被告人韦某宝明知他人利用信息网络实施犯罪，仍提供银行卡给他人使用，情节严重，其行为已触犯《刑法》第287条之二的规定，应当以帮助信息网络犯罪活动罪追究其刑事责任。韦某宝认罪认罚，依法可对其从宽处理。公诉机关建议对韦某宝判处有期徒刑7个月，并处罚金人民币4000元。

被告人韦某宝在第一次庭审过程中对公诉机关指控其帮助信息网络犯罪活动的事实有异议，认为其行为不构成帮助信息网络犯罪活动罪。第二次庭审过程中，韦某宝对公诉机关指控的事实、罪名及量刑建议无异议，当庭认罪认罚。

（四）裁判结果

法院认为，被告人韦某宝明知他人利用信息网络实施犯罪活动，仍为对方提供支付结算帮助，情节严重，其行为构成帮助信息网络犯罪活动罪，公诉机关的指控成立。韦某宝主动投案并如实供述自己的犯罪事实，系自首，且在庭审中认罪认罚，可对其从轻从宽处罚。

一审判决如下：

第一，被告人韦某宝犯帮助信息网络犯罪活动罪，判处有期徒刑7个月，并处罚金人民币4000元。

第二，扣押在案的作案工具iPhone6s手机一部，依法予以没收，作物证保管。

2020 年最高人民检察院发布 4 起认罪认罚案件适用速裁程序典型案例[①]

【要旨】

2018 年《刑事诉讼法》修改增设了刑事速裁程序。《刑事诉讼法》第 222 条规定，“基层人民法院管辖的可能判处三年有期徒刑以下刑罚的案件，案件事实清楚，证据确实、充分，被告人认罪认罚并同意适用速裁程序的，可以适用速裁程序，由审判员一人独任审判。人民检察院在提起公诉的时候，可以建议人民法院适用速裁程序”。速裁程序是我国多层次刑事诉讼程序体系的重要组成部分，对推进刑事案件繁简分流，提升诉讼效率，节约诉讼资源，优化司法资源配置，维护当事人合法权益具有重要意义。当前，认罪认罚从宽制度已经全面实施，但是适用速裁程序的比例仍然偏低，这一制度所蕴含的效率价值尚未得到充分彰显。从检察机关自身角度讲，由于适用速裁程序法定办案期限短，认罪认罚工作任务重，有些轻罪案件需要做大量矛盾化解、和解、谅解工作，其实并不简单，导致有的检察官不愿用、不会用、不善用。

案例一：邱某某盗窃案

【基本案情】

被告人邱某某，男，无业，曾因盗窃被行政拘留 7 日。2019 年 10 月 5 日 18 时许，邱某某到江苏省张家港市金港镇天台南路某店铺门口，趁无人之机，窃得施某某停放在路边的红色台铃牌电动车一辆。经鉴定，电动车价值人民币 2400 元。被害人施某某发现其电动车被窃后，向张家港市公安局报案。公安机关于次日立案侦查，锁定具有盗窃劣迹的邱某某后，在张

---

① 《最高检下发 4 起认罪认罚案件适用速裁程序典型案例　认罪认罚案件要善用多用速裁程序》，载最高人民检察院官网，https：//www. spp. gov. cn/spp/xwfbh/wsfbt/202010/t20201013_481664. shtml#1。

家港市金港镇某网咖内将其抓获，赃物被追缴，并发还被害人。

邱某某因涉嫌盗窃罪，于 2019 年 10 月 6 日被张家港市公安局刑事拘留，于 10 月 10 日移送张家港市人民检察院审查起诉。10 月 11 日，张家港市人民检察院以邱某某犯盗窃罪向张家港市人民法院提起公诉。

检察履职过程如下：

2019 年 10 月 6 日公安机关对邱某某刑事拘留，张家港市人民检察院派驻公安机关执法办案管理中心检察室检察官了解本案情况后，认为本案案情简单，犯罪事实清楚，证据确实、充分，且被告人认罪认罚，建议公安机关督促邱某某退赔，并及时移送审查起诉。后来，公安机关依法追缴赃物，并发还被害人。10 月 10 日，公安机关将本案移送张家港市人民检察院审查起诉，并在起诉意见书上加盖“速裁（刑拘）”字样印章。

检察机关受理后，快速审查该案并制作简版审查报告，认定被告人邱某某盗窃数额 2400 元，犯罪事实清楚，证据确实、充分，构成盗窃罪。检察官向邱某某告知诉讼权利并释明认罪认罚从宽制度相关规定后，邱某某表示自愿认罪认罚。检察官听取了被害人意见，被害人要求依法办理。检察机关依法对邱某某适用认罪认罚从宽制度，结合邱某某的盗窃数额，认罪认罚、坦白、配合公安机关追缴赃物等从宽情节，以及有盗窃劣迹酌定从重情节，经综合审查评估，拟定“拘役两个月十天，并处罚金人民币一千元”的确定刑量刑建议。在值班律师了解案情后，检察官听取了其意见，值班律师对犯罪事实、罪名、量刑情节及量刑建议表示认可。在值班律师见证下，邱某某签署认罪认罚具结书，并同意适用速裁程序。

2019 年 10 月 11 日，张家港市人民检察院以邱某某涉嫌盗窃罪，向张家港市人民法院提起公诉。张家港市人民法院于 10 月 12 日适用速裁程序审理本案，采纳检察机关指控和量刑建议，当庭作出判决。

【判决结果】

以盗窃罪判处被告人邱某某拘役 2 个月 10 天，并处罚金人民币 1000 元。邱某某服判，不上诉。

案例二：肖某某危险驾驶案

【基本案情】

被告人肖某某，男，务工人员。2019 年 11 月 11 日 21 时许，被告人肖某某酒后驾驶小型轿车从福建省莆田市秀屿区东庄镇前云村自己家中往秀屿区月塘镇西园村方向行驶，途经秀屿区东庄镇前云村圆圈路段时被莆田市秀屿区公安分局东庄派出所民警查获。经呼气检测，肖某某的酒精呼气检测值为 124.6mg/100mL。经鉴定，从肖某某的血样中检出乙醇浓度为 124.77mg/100mL。

被告人肖某某因涉嫌危险驾驶罪，于 2019 年 11 月 12 日 13 时被莆田市公安局秀屿分局刑事拘留，于当日 15 时移送莆田市秀屿区人民检察院审查起诉。秀屿区人民检察院对本案适用认罪认罚从宽制度，于当日 17 时以肖某某涉嫌危险驾驶罪提起公诉，并建议法院适用速裁程序审理本案。次日 10 时，莆田市秀屿区人民法院适用速裁程序开庭审理本案，采纳检察机关指控和量刑建议并当庭宣判，判处被告人肖某某拘役一个月，缓刑两个月，并处罚金人民币 1000 元。肖某某服判，不上诉。

检察履职情况如下：

1. 提前了解案情，及时启动 48 小时速裁办理机制。2019 年 11 月 11 日 21 时许，肖某某酒后驾驶机动车被查获，并被带至医院抽血后送至执法办案管理中心。经莆田市公安局秀屿分局通知，莆田市秀屿区人民检察院及时派员了解案件基本情况。司法鉴定机构为危险驾驶案件开设“绿色通道”，于次日 9 时许出具鉴定意见：从肖某某血样中检出乙醇浓度为 124.77mg/100mL。次日 10 时，莆田市公安局秀屿分局对肖某某立案侦查。次日 13 时，肖某某被刑事拘留。立案后，检察官在执法办案管理中心查阅相关证据材料后认为，本案案情简单，事实清楚，证据确实、充分，肖某某亦如实供述，对鉴定意见没有异议，无法定从重处罚情节，建议对本案适用 48 小时速裁办理机制。次日 15 时，公安机关将本案移送人民检察院审查起诉。

2. 充分保障被告人诉讼权利，准确适用认罪认罚速裁程序。受理当日，检察官制作简版审查报告，认定肖某某的行为构成危险驾驶罪，初步拟定量刑建议后，电话通知值班律师在执法办案管理中心为肖某某提供法律帮助。2019 年 11 月 12 日 16 时，检察官讯问肖某某，肖某某自愿认罪认罚。同日 16 时 30 分，值班律师阅卷后，承办检察官听取了值班律师的意见，值班律师对定性没有异议，提出肖某某系初犯、偶犯，认罪态度较好，建议从轻处理，可以适用速裁程序。检察官告知肖某某其涉嫌的犯罪事实、触犯的罪名、量刑情节及适用认罪认罚从宽制度后提出的量刑建议，同时建议适用速裁程序审理本案。肖某某对罪名、量刑建议、适用速裁程序的建议没有异议，并在值班律师的见证下签署认罪认罚具结书。

3. 依法起诉，当庭宣判。2019 年 11 月 12 日 17 时，检察官制作起诉书，在起诉书中写明肖某某认罪认罚情况、量刑建议、建议适用速裁程序等内容，将案件起诉至莆田市秀屿区人民法院。次日 10 时，人民法院开庭审理本案，检察机关派员出庭支持公诉，被告人肖某某对指控内容无异议，人民法院采纳检察机关的指控和量刑建议并当庭宣判。

案例三：魏某某职务侵占案

【基本案情】

被告人魏某某，男，上海市某工业有限公司仓储部原员工。2013 年至 2015 年间，被告人魏某某利用负责某工业有限公司仓储部收发货工作的职务便利，伙同该公司供应商常州市某金属制品有限公司实际经营人潘某某，采用少发货、收全款（俗称送空单）的方式，共同侵吞该工业有限公司货款人民币 13 万余元。后两人将上述赃款予以平分。

魏某某因涉嫌诈骗罪，于 2018 年 3 月 22 日被上海市公安局浦东分局刑事拘留，同年 4 月 20 日提请上海市浦东区人民检察院批准逮捕，浦东区人民检察院以事实不清、证据不足为由不批准逮捕。经补充侦查，2019 年 2 月 19 日，浦东分局再次以魏某某涉嫌诈骗罪提请浦东区人民检察院批准逮捕，浦东区人民检察院以无逮捕必要为由不批准逮捕。2019 年 3 月 20 日，浦东分局以魏某某涉嫌职务侵占罪，将本案移送浦东区人民检察院审查起诉。检察机关对该案适用认罪认罚从宽制度和速裁程序。2019 年 3 月 29 日，浦东区人民检察院以魏某某涉嫌职务侵占罪向浦东区人民法院提起公诉。

【检察履职情况】

1. 审查逮捕阶段适用认罪认罚制度，准确定性，审慎适用强制措施。公安机关第一次以涉嫌诈骗罪提请批准逮捕时，检察机关以事实不清、证据不足为由，对魏某某作出存疑不捕决定。公安机关经补充侦查后，再次以涉嫌诈骗罪提请批准逮捕。检察官经审查后认为：犯罪嫌疑人魏某某利用收、发货工作的职务便利，伙同潘某某采用“送空单”的方式，将本单位多付货款与潘某某平分，转账流水证实潘某某转给魏某某人民币 7 万余元。但魏某某否认犯罪事实，辩称本单位与潘某某的金属公司货款转账中存在借款往来等其他情形，与相关证人证言存在矛盾。检察官在审查逮捕阶段：一是深入释法说理，促使自愿认罪悔罪。检察官充分运用在案证据对魏某某进行针对性讯问，深入释明认罪认罚从宽制度，促使其转变态度，自愿供认了涉嫌职务侵占的犯罪事实。结合在案证据，审查逮捕阶段检察机关认定魏某某构成职务侵占罪，犯罪数额为 13 万余元。二是积极追赃挽损，有效化解矛盾。发挥认罪认罚从宽制度的激励作用，督促魏某某退赔被害单位人民币 10.2 万元，并取得被害单位的谅解。三是综合考虑案件情节，审慎适用强制措施。检察官综合考虑魏某某犯罪事实和可能判处的刑罚，在案证据以及认罪认罚的情况，认为采取非羁押措施不会发生社会危险性，依法对魏某某作出不批准逮捕的决定。

2. 适用速裁程序审查起诉，依法追诉漏犯，实现案件全面快速处理。一是依法适用速裁程序。鉴于魏某某在审查逮捕阶段主动认罪认罚，检察机关作出不批捕决定后，建议侦查机关从快移送，并在受理案件后依法对魏某某适用认罪认罚从宽制度和速裁程序，在 10 日内对本案提起公诉。法院受理后经开庭审理，于 10 日内作出判决，采纳检察机关的指控和量刑建议，以职务侵占罪判处被告人魏某某拘役 5 个月，缓刑 5 个月。二是强化监督意识，依法追诉漏犯。审查起诉阶段，检察机关依法向公安机关制发补充移送起诉通知书，要求补充移送与魏某某共同实施犯罪行为的同案犯潘某某。潘某某到案后，如实供述犯罪事实，自愿认罪认罚，赔偿被害单位损失，检察机关依法对其适用认罪认罚从宽制度和速裁程序，10 日内对本案被告人魏某某另行提起公诉。法院适用速裁程序审理本案，采纳检察机关指控和量刑建议，判处被告人潘某某拘役 4 个月，缓刑 4 个月。魏某某、潘某某均服判，不上诉。

【判决结果】

2019 年 4 月 8 日浦东区人民法院采纳检察机关指控和量刑建议，以职务侵占罪判处被告人魏某某拘役 5 个月，缓刑 5 个月。魏某某服判，未上诉。

案例四：成都某印务有限责任公司、黄某某非法经营案

【基本案情】

被告单位成都某印务有限责任公司（以下简称某印务公司）；被告人黄某某，男，某印务公司法定代表人、实际控制人。某印务公司经营范围为印刷品印刷（不含出版物印刷）、包装装潢设计。该公司从 2019 年开始，违反国家规定，在未取得出版物印刷资质的情况下，为获取非法利益，超越经营范围从事出版物的印刷、装订业务。2019 年 7 月 4 日，公安机关在该公司厂房及仓库内查获该公司印刷、装订图书等书籍 7246 册，违法所得为人民币 13000 元。经鉴定，上述印刷品均属非法出版物。

2019 年 7 月 4 日，成都市公安局金牛区分局以某印务公司涉嫌非法经营罪立案侦查。同年 8 月 9 日，成都市金牛区人民检察院以黄某某涉嫌非法经营罪，但没有逮捕必要性为由，对其不批准逮捕，同日由公安机关变更强制措施为监视居住。同年 11 月 5 日，公安机关将案件移送金牛区人民检察院审查起诉。2020 年 3 月 5 日，金牛区人民检察院对本案提起公诉，并建议适用速裁程序。

检察机关履职情况：

1. 依法全面客观审查，诉前有效解决案件事实认定、法律适用疑难问题。检察机关受理本案后经审查发现，涉案图书的数量、被告人是否还有其他犯罪事实以及涉案图书是否含有非法内容、是否侵犯他人知识产权等需进一步核实，故详细列明补证提纲，退回公安机关补充侦查，并就图书内容性质等咨询新闻出版管理部门。检察机关、公安机关密切配合，在审查起诉阶段进一步查清了事实、解决了争议问题。

2. 充分履行权利告知、释法说理、量刑协商等职责，准确适用认罪认罚从宽制度。鉴于被告单位和被告人自愿认罪，检察官充分释明认罪认罚从宽制度法律规定，详细解释非法经营罪的法律规定、犯罪构成、法定刑幅度和认罪认罚后从宽的量刑幅度。被告单位和被告人均同意适用认罪认罚从宽制度后，检察官根据本案的犯罪事实、性质、情节和对社会的危害程度，拟定量刑建议，并就量刑建议的内容、依据等向被告单位和被告人及值班律师详细说明，听取意见。被告单位和被告人及值班律师反映了公司经营的实际情况、面临的困难，表示真诚认罪悔罪，提出希望降低被告人的主刑刑期和罚金数额的意见。检察机关综合考虑被告单位和被告人非法经营数额，具有自首、初犯、认罪认罚等量刑情节，并结合公司的经营情况，参照有关量刑指导意见和同类案件判决后，将量刑建议调整为建议判处被告单位某印务公司罚金人民币 4 万元，被告人黄某某有期徒刑 1 年，适用缓刑，并处罚金人民币 15000 元。被告单位和被告人同意量刑建议，在值班律师的见证下，自愿签署了认罪认罚具结书。

3. 适用速裁程序，高效审理案件。2020 年 3 月 5 日，金牛区人民检察院以被告单位和被告人涉嫌非法经营罪向金牛区人民法院提起公诉，并根据案件情况建议适用速裁程序审理本案。金牛区人民法院于 2020 年 3 月 10 日，适用速裁程序公开开庭审理本案，庭审核实并确认了被告单位和被告人认罪认罚的自愿性、真实性、合法性。法院认为，检察机关指控罪名成立，量刑建议适当，应予采纳，并当庭作出判决。

【判决结果】

2020 年 3 月 10 日，金牛区人民法院适用速裁程序审理本案，采纳检察机关的指控和量刑建议，以被告单位某印务公司犯非法经营罪，判处罚金人民币 4 万元；以被告人黄某某犯非法经营罪，判处有期徒刑 1 年，缓刑 1 年，并处罚金人民币 15000 元。

被告单位及被告人均服判，不上诉，并按时缴纳了罚金。

四、律师解析

上述案件都是通过速裁决方式对认罪认罚案件进行了审理和判决，案件过程出现的相关问题给律师带来很多思考。

1. 被告人同意并非辩护人同意。为维护被告人的合法权益，辩护人应对被告人尽程序选择的提示义务，充分提醒被告人其在认罪认罚过程中的意思表示可能会被认为是对采用速裁程序的同意。人民检察院和一审人民法院依职权告知被告人有权委托辩护人后，被告人未向人民检察院和一审人民法院表明自己已经聘请辩护人的事实，所委托的辩护人在审查起诉和一审阶段也未主动向相关办案单位递交委托手续，导致辩护人未参与庭审，一审法院客观上无法通知辩护人参与庭审直接发表辩护意见，不构成程序违法。被告人签订认罪认罚具结书时有值班律师在场提供帮助，应被认为获得了实质辩护，司法机关已保障了被告人的辩护权。

2. 被告人不认罪，则速裁程序的前提不成立，转为普通程序。（2023）桂 1322 刑初 69 号韦某宝帮助信息网络犯罪活动案中，被告人韦某宝虽然认罪认罚并同意采用速裁程序，但在第一次庭审过程中对公诉机关指控其帮助信息网络犯罪活动的事实有异议，认为其行为不构成帮助信息网络犯罪活动罪，此时已经无法适用速裁程序，法院转为普通程序。在第二次庭审过程中，韦某宝对公诉机关指控的事实、罪名及量刑建议无异议，当庭认罪认罚。结合被告人韦某宝的犯罪事实、情节及社会危害性，一审法院认为韦某宝的行为不适合缓刑，故对指定辩护人提出对韦某宝适用缓刑的意见，法院不予采纳。

3. 刑事速裁程序作为认罪认罚从宽制度建构的重要内容，以提升刑事诉讼效率为重要价值取向。针对认罪认罚从宽制度全面实施以来实践中遇到的问题，2020 年最高人民检察院发布四起认罪认罚案件适用速裁程序典型案例，同时最高人民检察院第一检察厅厅长苗生明接受记者采访，对速裁程序典型案例的用意、典型案例的亮点、检察机关在办理认罪认罚案件适用速裁程序时需要注意的问题结合典型案例进行相关解读。以下内容是对采访的概括：①

第一，下发认罪认罚案件适用速裁程序典型案例是最高人民检察院深入推动落实认罪认罚从宽制度的重要举措。最高人民检察院广泛开展调研，结合工作中的经验和不足，选取典型案例，为各级检察机关进一步落实刑事诉讼法关于速裁程序的相关规定，提高速裁程序的适用比例，为提升轻刑案件办理质量和效率提供参考借鉴。

第二，这四起案例主要具有五个方面的典型性：

（1）创新完善速裁案件办理机制。邱某某盗窃案、肖某某危险驾驶案中，当地政法各机关密切协作配合，以公安机关执法办案管理中心平台为联接点，设置派驻检察室、速裁办公室、速裁法庭、值班律师工作站等，整合资源，建立简单、轻刑案件“刑拘直判”“48 小时速裁”等速裁工作机制，探索证据开示，简化法律文书，集中快速处理事实简单、清楚，证据类型化、易收集，定性无争议的案件（如简单的盗窃、危险驾驶案），最大程度降低案件程序流转和强制措施转换带来的空间和时间成本。

（2）发挥捕诉一体优势，密切侦诉协作，在诉前有效解决案件争议问题，为全程提速奠定基础。魏某某职务侵占案，检察官在审查逮捕阶段即开展认罪认罚工作，确保查明事实、准确定性；邱某某盗窃案、肖某某危险驾驶案，检察机关均及时派员了解案情，引导补充完善证据，为审查起诉和审判环节适用速裁程序奠定基础。

（3）秉持客观公正立场，依法全面审查，强化监督意识，从快但不降低质量，确保及时准确惩治犯罪。轻刑案件未必简单，不能片面求快，要

① 参见《兼顾办案质量与效率　推动落实速裁程序——最高人民检察院第一检察厅厅长苗生明解读认罪认罚案件适用速裁程序典型案例》，载最高人民检察院官网，https：//www. spp. gov. cn/spp/xwfbh/wsfbt/202010/t20201013_481664. shtml#3。

在确保案件质量的基础上提升效率。某印务公司、黄某某非法经营案，虽然涉案罪刑较轻，但移送起诉时尚有诸多疑点待查清，检察机关严格细致审查把关，退补查清案情，为提起公诉后适用速裁程序快速处理案件创造条件。魏某某职务侵占案，检察机关依法追诉漏犯，确保全案公正处理。

（4）速裁案件原则上都要提出确定刑量刑建议。适用速裁程序的案件，多属于轻刑、简单案件，对有明确的量刑规范和成熟的本地司法实践的案件，要以提确定刑量刑建议为主，进而明确被告人对认罪认罚获得从宽的预期，减少被告人因不满在幅度刑中线以上判罚等原因引发的上诉。

（5）兼顾被告人和被害方合法权益，适用速裁程序从快从简从宽处理涉民营企业案件，维护企业正常经营活动，实现最佳办案效果。适用速裁程序处理案件既要对认罪认罚被告人体现实体从宽、程序从简，又要充分维护被害方利益。邱某某盗窃案、魏某某职务侵占案，财产均有效追回、弥补了被害方损失，亦听取了被害方意见。某印务公司、黄某某非法经营案，检察机关坚持打击和保护并重、实体公正和程序公正并重，对犯罪情节较轻的民营企业经营者慎用人身强制措施和监禁刑，并通过建议适用速裁程序快速处理案件，最大程度减少对企业正常经营活动的负面影响。

第三，速裁程序主要适用于简单、轻刑案件，能否适用速裁程序最重要的是要确保案件事实清楚，证据确实、充分，犯罪嫌疑人自愿认罪认罚且同意适用速裁程序。如魏某某职务侵占案，检察官在审查逮捕阶段即开展认罪认罚工作，确保查明事实、准确定性；邱某某盗窃案、肖某某危险驾驶案，检察机关均提前介入了解案情，引导补充完善证据，为审查起诉和审判环节适用速裁程序奠定基础。邱某某盗窃案、肖某某危险驾驶案，检察机关制作简化版审查报告，探索多份文书合一，运用本地量刑规范细则快速计算量刑建议，在检察环节最大程度节约诉讼资源，提升案件审查效率。

第四，公正始终是刑事诉讼的生命线，在适用速裁程序过程中，检察机关办理任何刑事案件都须秉持客观公正立场，依法全面审查，强化监督意识，坚持从快不降低质量，确保及时准确惩治犯罪，办理速裁案件也不例外。

第五，认罪认罚案件适用速裁程序，在提升办案效率的同时，应更好地保障被告人和被害方的权益。打击犯罪和保障人权是我国刑事诉讼的两大目标，适用速裁程序办理案件也不例外。

第9讲　犯罪嫌疑人了解自己的权利义务

一、问题引入：犯罪嫌疑人如何了解自己的权利义务？

认罪认罚从宽制度是实现司法公正与效率相统一、惩罚犯罪与保障人权相统一的重大探索，因此保障犯罪嫌疑人、被告人的合法权益是制度实现的重要前提。

1. 司法机关有告知犯罪嫌疑人诉讼权利和认罪认罚制度的义务。《最高人民法院关于适用〈中华人民共和国刑事诉讼法〉的解释》第 349 条明确指出了对人民检察院提起公诉的认罪认罚案件，人民法院应当重点审查人民检察院讯问犯罪嫌疑人时，是否告知其诉讼权利和认罪认罚的法律规定。《认罪认罚指导意见》第 22 条和第 26 条分别具体规定公安机关在侦查阶段、检察院在审查起诉阶段应当告知犯罪嫌疑人享有的诉讼权利和认罪认罚的法律规定。

2. 犯罪嫌疑人在认罪认罚中有获得帮助的权利，确保其了解认罪认罚的性质和法律后果。《认罪认罚指导意见》第 10 条总体规定了犯罪嫌疑人享有获得法律帮助权。人民法院、人民检察院、公安机关办理认罪认罚案件，应当保障犯罪嫌疑人、被告人获得有效法律帮助，确保其了解认罪认罚的性质和法律后果，自愿认罪认罚。第 39 条中规定了人民法院在审理认罪认罚案件的，要重点审查被告人是否理解认罪认罚的性质和可能导致的法律后果，若被告人在审判阶段认罪认罚的，人民法院应当告知被告人享有的诉讼权利和认罪认罚的法律规定，听取被告人及其辩护人或者值班律师的意见。

从司法实践来看，犯罪嫌疑人、被告人可以在侦查、起诉、审判的全阶段向公安机关、人民检察院、人民法院了解自己认罪认罚所享有的权利以及应当履行的义务，同时配备值班律师给予有效法律帮助，确保其了解认罪认罚的性质和法律后果，知悉“认罪”并“认罚”的具体含义，自愿认罪认罚。人民检察院在审查起诉阶段需要重点审查侦查机关是否向犯罪嫌疑人告知相关权利义务，人民法院在审判阶段也要重点审查人民检察院在审查起诉阶段是否履行了告知义务，用相互之间的监督来保证犯罪嫌疑人、被告人的权利义务。

二、规范依据

《最高人民法院关于适用〈中华人民共和国刑事诉讼法〉的解释》（2021）

第三百四十九条　对人民检察院提起公诉的认罪认罚案件，人民法院应当重点审查以下内容：

（一）人民检察院讯问犯罪嫌疑人时，是否告知其诉讼权利和认罪认罚的法律规定；

（二）是否随案移送听取犯罪嫌疑人、辩护人或者值班律师、被害人及其诉讼代理人意见的笔录；

（三）被告人与被害人达成调解、和解协议或者取得被害人谅解的，是否随案移送调解、和解协议、被害人谅解书等相关材料；

（四）需要签署认罪认罚具结书的，是否随案移送具结书。

未随案移送前款规定的材料的，应当要求人民检察院补充。

《最高人民法院、最高人民检察院、公安部、国家安全部、司法部关于适用认罪认罚从宽制度的指导意见》（2019）

10. 获得法律帮助权。人民法院、人民检察院、公安机关办理认罪认罚案件，应当保障犯罪嫌疑人、被告人获得有效法律帮助，确保其了解认罪认罚的性质和法律后果，自愿认罪认罚。

犯罪嫌疑人、被告人自愿认罪认罚，没有辩护人的，人民法院、人民检察院、公安机关（看守所）应当通知值班律师为其提供法律咨询、程序选择建议、申请变更强制措施等法律帮助。符合通知辩护条件的，应当依法通知法律援助机构指派律师为其提供辩护。

人民法院、人民检察院、公安机关（看守所）应当告知犯罪嫌疑人、被告人有权约见值班律师，获得法律帮助，并为其约见值班律师提供便利。犯罪嫌疑人、被告人及其近亲属提出法律帮助请求的，人民法院、人民检察院、公安机关（看守所）应当通知值班律师为其提供法律帮助。

22. 权利告知和听取意见。公安机关在侦查过程中，应当告知犯罪嫌疑人享有的诉讼权利、如实供述罪行可以从宽处理和认罪认罚的法律规定，听取犯罪嫌疑人及其辩护人或者值班律师的意见，记录在案并随案移送。

对在非讯问时间、办案人员不在场情况下，犯罪嫌疑人向看守所工作人员或者辩护人、值班律师表示愿意认罪认罚的，有关人员应当及时告知办案单位。

26. 权利告知。案件移送审查起诉后，人民检察院应当告知犯罪嫌疑人享有的诉讼权利和认罪认罚的法律规定，保障犯罪嫌疑人的程序选择权。告知应当采取书面形式，必要时应当充分释明。

39. 审判阶段认罪认罚自愿性、合法性审查。办理认罪认罚案件，人民法院应当告知被告人享有的诉讼权利和认罪认罚的法律规定，听取被告人及其辩护人或者值班律师的意见。庭审中应当对认罪认罚的自愿性、具结书内容的真实性和合法性进行审查核实，重点核实以下内容：

（一）被告人是否自愿认罪认罚，有无因受到暴力、威胁、引诱而违背意愿认罪认罚；

（二）被告人认罪认罚时的认知能力和精神状态是否正常；

（三）被告人是否理解认罪认罚的性质和可能导致的法律后果；

（四）人民检察院、公安机关是否履行告知义务并听取意见；

（五）值班律师或者辩护人是否与人民检察院进行沟通，提供了有效法律帮助或者辩护，并在场见证认罪认罚具结书的签署。

庭审中审判人员可以根据具体案情，围绕定罪量刑的关键事实，对被告人认罪认罚的自愿性、真实性等进行发问，确认被告人是否实施犯罪，是否真诚悔罪。

被告人违背意愿认罪认罚，或者认罪认罚后又反悔，依法需要转换程序的，应当按照普通程序对案件重新审理。发现存在刑讯逼供等非法取证行为的，依照法律规定处理。

三、实务案例

检例第 83 号｜琚某忠盗窃案

（一）关键词

认罪认罚　无正当理由上诉　抗诉　取消从宽量刑

（二）要旨

对于犯罪事实清楚，证据确实、充分，被告人自愿认罪认罚，一审法院采纳从宽量刑建议判决的案件，因被告人无正当理由上诉而不再具有认罪认罚从宽的条件，检察机关可以依法提出抗诉，建议法院取消因认罪认罚给予被告人的从宽量刑。

（三）基本案情

2017 年 11 月 16 日下午，被告人琚某忠以爬窗入室的方式，潜入浙江省杭州市下城区某小区 502 室，盗取被害人张某、阮某某贵金属制品 9 件（共计价值人民币 28213 元）、现金人民币 400 余元、港币 600 余元。案发后公安机关追回上述 9 件贵金属制品，并已发还被害人。

审查起诉期间，检察机关依法告知被告人琚某忠诉讼权利义务、认罪认罚的具体规定，向琚某忠核实案件事实和证据，并出示监控录像等证据后，之前认罪态度反复的被告人琚某忠表示愿意认罪认罚。经与值班律师沟通、听取意见，并在值班律师见证下，检察官向琚某忠详细说明本案量刑情节和量刑依据，提出有期徒刑两年3个月，并处罚金人民币3000元的量刑建议，琚某忠表示认可和接受，自愿签署认罪认罚具结书。

2018年3月6日，杭州市下城区人民检察院以被告人琚某忠犯盗窃罪提起公诉。杭州市下城区人民法院适用刑事速裁程序审理该案，判决采纳检察机关指控的罪名和量刑建议。同年3月19日，琚某忠以量刑过重为由提出上诉。

检察机关在被告上诉后全面了解上诉原因。琚某忠上诉后，检察机关再次阅卷审查，了解上诉原因，核实认罪认罚从宽制度的适用过程，确认本案不存在事实不清、证据不足、定性错误、量刑不当等情形，确认权利告知规范、量刑建议准确适当、具结协商依法进行。被告人提出上诉并无正当理由，违背了认罪认罚的具结承诺。

检察机关在核查清情况后依法提出抗诉。认为琚某忠无正当理由上诉表明其认罪不认罚的主观心态，其因认罪认罚而获得从宽量刑的条件已不存在，由此导致一审判决罪责刑不相适应。在这种情况下，检察机关以"被告人不服判决并提出上诉，导致本案适用认罪认罚从宽制度的条件不再具备，并致量刑不当"为由提出抗诉，并在抗诉书中就审查起诉和一审期间依法开展认罪认罚工作情况作出详细阐述。

杭州市中级人民法院认为，被告人琚某忠不服原判量刑提出上诉，导致原审适用认罪认罚从宽制度的基础已不存在，为保障案件公正审判，裁定撤销原判，发回重审。

（四）裁判结果

下城区人民法院经重新审理，维持原判认定的被告人琚某忠犯盗窃罪的事实和定性，改判琚某忠有期徒刑两年9个月，并处罚金人民币3000元。判决后，琚某忠未上诉。

（2019）津 02 刑终 533 号｜乔某危险驾驶罪上诉案

（一）关键词

刑事　危险驾驶　认罪认罚从宽　量刑建议

（二）要旨

被告人签署认罪认罚具结书，认可公诉机关所提的确定刑量刑建议，一审法院采纳量刑建议作出判决后，被告人以量刑过重为由提出上诉的，二审法院应当重点审查被告人认罪认罚的自愿性、合法性以及量刑建议的适当性，认为被告人自愿认罪、愿意接受处罚，但对量刑建议理解不当，一审量刑过重的，经审理后应依法改判。

（三）基本案情

公诉机关指控：乔某醉酒后驾驶机动车，构成危险驾驶罪。乔某自愿签署了认罪认罚具结书，同意公诉机关提出的拘役 3 个月并处罚金的量刑建议。建议人民法院适用速裁程序对乔某定罪处罚。

法院经审理查明：2019 年 9 月 6 日 22 时 36 分许，乔某酒后驾驶牌照号为津 N××××5 的宝马牌小型轿车，在天津市河西区左江道北侧人行道倒车，后在左江道北侧由西向东逆行时，被执勤民警查获。经检验，乔某血液中检出乙醇，含量为 253. 1mg/100mL，属醉酒驾车。天津市河西区人民法院采纳了公诉机关的量刑建议，于 2019 年 11 月 19 日作出（2019）津 0103 刑初 704 号刑事判决，以危险驾驶罪判处乔某拘役 3 个月，并处罚金人民币 6000 元。

宣判后，乔某不服，提出上诉。乔某及其二审辩护人均对原审判决认定乔某犯危险驾驶罪不持异议，但认为量刑过重，请求改判。具体理由：（1）乔某表示，认罪认罚具结书系其本人在侦查阶段签署，其一审辩护人也在场，对真实性没有异议。但其本人法律知识缺乏，认为认罪认罚具结书上载明的量刑建议是可能被判处的最高刑，且不包括是否适用缓刑的建议，一审期间的辩护人并未向其释明认罪认罚的性质和法律后果，告知其签字即可。一审宣判后，其了解到在类似的危险驾驶案例中，其量刑是最重的，并未体现从宽处理的政策。（2）乔某驾驶车辆距离非常短，并未长距离逆向行驶，犯罪情节较轻微。（3）认罪态度好，人身危险性不大。

天津市人民检察院第二分院出庭检察员认为，一审判决认定的事实清楚，证据确实、充分，程序合法，定罪准确，量刑在法定幅度之内，并无不当。乔某在一审法院审理期间自愿适用认罪认罚从宽制度并签署认罪认罚具结书，认可并接受拘役3个月并处罚金的量刑建议。乔某的上诉理由不能成立，建议驳回上诉，维持原判。

二审法院经审理查明，2019年9月6日19时许，乔某与两位朋友在天津市河西区九华山路与左江道（东西走向）交口附近的餐厅聚餐，其间三人饮用日本清酒。22时30分左右聚餐结束，乔某步行至左江道北侧人行便道，驾驶其停在左江道北侧人行便道处的车牌号为津NQM535的宝马牌小型轿车向后倒车驶离人行便道，并逆向驶入左江道北侧道路，行车距离10余米。在其准备驾驶车辆掉头时，执勤民警发现车辆行驶异常，上前制止并对乔某进行呼气式酒精检测，血液酒精浓度为232.5mg/100mL。后经采集血样送检鉴定，乔某血液中的酒精含量为253.1mg/100mL。乔某到案后对犯罪事实供认不讳。

（四）裁判结果

天津市第二中级人民法院于2020年5月27日作出（2019）津02刑终533号刑事判决，认为原审判决认定事实清楚，证据确实、充分，定罪准确，但量刑不当。维持原审判决对乔某的定罪部分，撤销量刑部分，改判乔某拘役两个月，并处罚金人民币2000元。

四、律师解析

犯罪嫌疑人、被告人知悉并理解其在认罪认罚从宽制度中的权利义务是保证认罪认罚自愿性、合法性的重要前提，同时对认罪认罚从宽制度更好发挥案件繁简分流、提高刑事诉讼效率具有重要意义。通过对比以上两个案件，可以发现检察机关是否依照法律规定的方式让犯罪嫌疑人充分理解认罪认罚的真实含义，其结果直接影响被告的量刑。

1. 在认罪认罚中的权益已经被充分保障的情况下仍然上诉的，可能导致从宽被否定的结果，但不会因被告人反悔行为对其加重处罚。在检例第 83 号琚某忠盗窃案中，被告人通过认罪认罚获得量刑从宽后，在没有新事实、新证据的情况下，违背具结承诺以量刑过重为由提出上诉，无正当理由引起二审程序，消耗国家司法资源，检察机关不仅可以依法提出抗诉，而且有权建议法院取消基于认罪认罚给予被告人的从宽量刑。该案发回重审后，被告人因为其认罪认罚不被认定，从宽情节被否定，恢复了正常的刑罚。

2. 在认罪认罚案件中，若被告人的权益确未受到充分保护，其有权通过上诉等方式维护自身权益。在（2019）津 02 刑终 533 号乔某危险驾驶罪上诉案中，在辩护人和检察机关对其量刑建议释明不足情况下，致乔某在对量刑建议未予充分理解的情形下认罪认罚，最终乔某选择通过上诉请求改判量刑部分。二审法院认为一审量刑确有不当，故维持原审判决对乔某的定罪部分，撤销量刑部分。

第10讲 辩护人在认罪认罚案件中的职责

一、问题引入：辩护人在认罪认罚案件中的职责有哪些？

《刑事诉讼法》第37条至第47条规定了辩护人的法定权利与职责，包括会见当事人、收集证据、提出意见等，而在认罪认罚案件中辩护人的职责表现出一定的特殊性：

1. 辩护人更多的是在量刑和程序方面发挥自身的作用。在非认罪认罚案件中，辩护人主要围绕犯罪嫌疑人、被告人的定罪量刑问题为主线展开工作；而在认罪认罚案件中，辩护人更多的是在量刑的多少和程序选择方面发挥自身的作用。

2. 辩护人应当指导被告人签署认罪认罚具结书。《人民检察院办理认罪认罚案件开展量刑建议工作的指导意见》规定，在审查起诉阶段，被告人自愿认罪认罚的，被告人应当在辩护人或者值班律师在场的情况下签署认罪认罚具结书。辩护人负有见证被告人认罪认罚自愿性的职责。

3. 辩护人在认罪认罚全过程中为犯罪嫌疑人、被告人提供法律咨询和帮助，并在必要时提出辩护意见。《认罪认罚指导意见》规定，认罪认罚案件中，辩护律师在侦查、审查起诉和审判阶段，应当与犯罪嫌疑人、被告人就是否认罪认罚进行沟通，提供法律咨询和帮助，并就定罪量刑、诉讼程序适用等向办案机关提出意见。辩护人应当及时了解法律事实，主动与检察机关进行交涉，提出有利于当事人的量刑建议，为被追诉人争取最大限度的从宽，并监督检察机关是否合理行使量刑裁量权。

在认罪认罚的案件中，保障犯罪嫌疑人、被告人获得法定和酌定的从宽处理，防止无辜的犯罪嫌疑人、被告人为追求“从宽”而违心认罪，离不开律师的有效帮助，为了避免被追诉人盲目地接受量刑建议、选择审理程序，律师可以发挥积极作用，提供及时、精准的帮助和建议。

二、规范依据

《中华人民共和国刑事诉讼法》（2018 修正）

第三十七条　辩护人的责任是根据事实和法律，提出犯罪嫌疑人、被告人无罪、罪轻或者减轻、免除其刑事责任的材料和意见，维护犯罪嫌疑人、被告人的诉讼权利和其他合法权益。

第三十八条　辩护律师在侦查期间可以为犯罪嫌疑人提供法律帮助；代理申诉、控告；申请变更强制措施；向侦查机关了解犯罪嫌疑人涉嫌的罪名和案件有关情况，提出意见。

第三十九条第一款　辩护律师可以同在押的犯罪嫌疑人、被告人会见和通信。其他辩护人经人民法院、人民检察院许可，也可以同在押的犯罪嫌疑人、被告人会见和通信。

《人民检察院办理认罪认罚案件开展量刑建议工作的指导意见》（2021）

第二十九条　人民检察院提起公诉后开庭前，被告人自愿认罪认罚的，人民检察院可以组织听取意见。达成一致的，被告人应当在辩护人或者值班律师在场的情况下签署认罪认罚具结书。

《最高人民法院、最高人民检察院、公安部、国家安全部、司法部关于适用认罪认罚从宽制度的指导意见》（2019）

15. 辩护人职责。认罪认罚案件犯罪嫌疑人、被告人委托辩护人或者法律援助机构指派律师为其辩护的，辩护律师在侦查、审查起诉和审判阶段，应当与犯罪嫌疑人、被告人就是否认罪认罚进行沟通，提供法律咨询和帮助，并就定罪量刑、诉讼程序适用等向办案机关提出意见。

39. 审判阶段认罪认罚自愿性、合法性审查。办理认罪认罚案件，人民法院应当告知被告人享有的诉讼权利和认罪认罚的法律规定，听取被告人及其辩护人或者值班律师的意见。庭审中应当对认罪认罚的自愿性、具结书内容的真实性和合法性进行审查核实，重点核实以下内容：

（一）被告人是否自愿认罪认罚，有无因受到暴力、威胁、引诱而违背意愿认罪认罚；

（二）被告人认罪认罚时的认知能力和精神状态是否正常；

（三）被告人是否理解认罪认罚的性质和可能导致的法律后果；

（四）人民检察院、公安机关是否履行告知义务并听取意见；

（五）值班律师或者辩护人是否与人民检察院进行沟通，提供了有效法律帮助或者辩护，并在场见证认罪认罚具结书的签署。

庭审中审判人员可以根据具体案情，围绕定罪量刑的关键事实，对被告人认罪认罚的自愿性、真实性等进行发问，确认被告人是否实施犯罪，是否真诚悔罪。

被告人违背意愿认罪认罚，或者认罪认罚后又反悔，依法需要转换程序的，应当按照普通程序对案件重新审理。发现存在刑讯逼供等非法取证行为的，依照法律规定处理。

三、实务案例

（2020）苏刑终122号 | 褚某栋受贿罪上诉案

（一）关键词

认罪认罚具结书　辩护律师不在场　当庭确认

（二）要旨

对于被告人未在辩护人或者值班律师在场的情况下签署认罪认罚具结书的案件，法院审理时应由审判长告知被告人享有的诉讼权利和认罪认罚的法律规定，对被告人认罪认罚的自愿性和认罪认罚具结书内容的真实性、合法性进行审查。

（三）基本案情

被告人褚某栋，原盐城市大丰区政协副主席，曾任大丰港口管理局局长、大丰港区管委会副主任、主任。被告人褚某栋于 2014 年至 2018 年，多次利用职务便利，收受贿赂，为他人提供帮助。因涉嫌受贿罪，于 2019 年 2 月 25 日被留置调查，2019 年 8 月 8 日被刑事拘留，同年 8 月 21 日被逮捕。

一审法院认为被告人褚某栋身为国家工作人员，利用职务上的便利，非法收受他人贿赂，为他人谋取利益，其行为已构成受贿罪，且数额巨大，依法应处 3 年以上 10 年以下有期徒刑，并处罚金或者没收财产。被告人褚某栋归案以后如实供述了受贿的犯罪事实，依法可以从轻处罚。被告人褚某栋自愿认罪认罚，可以依法从宽处理。被告人褚某栋退出部分赃款，酌情从轻处罚。公诉机关的量刑建议恰当，予以采纳。

江苏省盐城市中级人民法院于 2020 年 5 月 14 日作出（2019）苏 09 刑初 47 号刑事判决，判决：（1）被告人褚某栋犯受贿罪，判处有期徒刑 4 年，并处罚金人民币 20 万元。（2）扣押的赃款人民币 30 万元依法予以没收，上缴国库，剩余赃款继续追缴，上缴国库。

宣判后，被告人褚某栋以事实认定有误以及量刑偏重为由提起上诉。

辩护人提出的辩护意见，认为本案检察机关在辩护律师没有到场的情况下让褚某栋签署了认罪认罚具结书，违反《刑事诉讼法》第 174 条的规定，应予纠正。

（四）裁判结果

二审法院认为，一审法院已注意到褚某栋在辩护律师没有到场的情况下签署了认罪认罚具结书，开庭审理中，合议庭对褚某栋签署认罪认罚的自愿性和可能产生的法律后果的认知度进行了确认。

故驳回上诉，维持原判。

四、律师解析

值班律师或者辩护人在场见证认罪认罚具结书的签署，是体现犯罪嫌疑人、被告人对认罪认罚知悉且接受的重要形式要件，在一定程度上保障了值班律师或辩护人在认罪认罚案件中与犯罪嫌疑人、被告人进行沟通，为其提供了有效法律帮助或者辩护。因此，律师在认罪认罚案件中的重要职责之一就是在场见证认罪认罚具结书的签署。

在（2020）苏刑终122号褚某栋受贿罪上诉案中，一审法院已经注意到被告人在辩护律师没有到场的情况下签署了认罪认罚具结书，且开庭审理中，合议庭对褚某栋签署认罪认罚的自愿性和可能产生的法律后果的认知度进行了确认。虽然程序上有瑕疵，但确实是对该瑕疵的及时修正，实质还是确认了认罪认罚的自愿性、补正了认罪认罚的程序合法性。故辩护人提出“本案检察机关在辩护律师没有到场的情况下让褚某栋签署了认罪认罚具结书”虽然确有发生，但基于一审法院在庭审中的补正，实质上不影响认罪认罚案件的自愿性和合法性，故二审法院维持原判，亦未对量刑进行修改。

本案中，检察机关在认罪认罚制度实施处理过程中确有程序瑕疵，而更为重要的是程序是为了保障实质的公平正义。一审法院的灵活处理方式，一方面体现了对认罪认罚程序要件的重视，另一方面也凸显了该见证程序的实质价值，值得律师在办案过程中充分关注。

第11讲 值班律师的作用和局限

一、问题引入：值班律师的作用和局限是什么？

值班律师，是指法律援助机构在看守所、人民检察院、人民法院等场所设立法律援助工作站，通过派驻或安排的方式，为没有辩护人的犯罪嫌疑人、被告人提供法律帮助的律师。《刑事诉讼法》第 36 条明确指出了值班律师为犯罪嫌疑人、被告人提供法律咨询、程序选择建议、申请变更强制措施、对案件处理提出意见等法律帮助。

同时《认罪认罚指导意见》第 12 条又具体规定了在认罪认罚制度中值班律师的职责为提供以下法律帮助：提供法律咨询，包括告知涉嫌或指控的罪名、相关法律规定，认罪认罚的性质和法律后果等；提出程序适用的建议；帮助申请变更强制措施；对人民检察院认定罪名、量刑建议提出意见；就案件处理，向人民法院、人民检察院、公安机关提出意见；引导、帮助犯罪嫌疑人、被告人及其近亲属申请法律援助；法律法规规定的其他事项。在侦查、审查起诉以及审判全阶段，都应当听取辩护人或者值班律师的意见，值班律师扮演着重要的角色。

《刑事诉讼法》第 174 条第 1 款规定认罪认罚具结书必须在辩护人或者值班律师在场的情况下签订，否则不具有法律效力。

综合以上法律规定，值班律师的作用主要有四个方面：

1. 为犯罪嫌疑人、被告人提供法律咨询；

2. 为被追诉人提供程序选择建议、申请变更强制措施等程序性法律帮助；

3. 为被追诉人提供案件实体处理意见方面的法律帮助；

4. 见证犯罪嫌疑人认罪认罚从宽具结书的签署。

但实践中，值班律师因其具有局限性，其功能呈现一种异化的趋势，即从应然的法律帮助人蜕变为诉讼权力行为合法性的“背书者”。其局限性主要表现在以下方面：

1. 值班律师不需要对案件进行实质性参与，只需在一些比较重大的场合证明办案机关办案程序的合法性。

2. 值班律师的诉讼权利基本缺失。

3. 值班律师因无报酬等，其主观能动性不强。对于值班律师而言，即使法律赋予其会见权、阅卷权和调查核实证据等权利，但由于值班律师是临时性的轮流坐班者，再加之报酬少、风险高等因素，均使得其不能、不愿“深度”介入案件。

4. 司法人员对认罪认罚案件律师作用的认识存在误区。现有的法律规定赋予值班律师的诉讼权利非常有限，而这种法律规定与一些司法人员的观念契合，即“认罪认罚案件无须律师有更加深入的参与，起到见证、监督整个协商过程的作用即可。”值班律师“作用重大”“权利较少”甚至是虚空的状态不可避免地使得其在很多案件中的帮助行为沦为“走过场”，与提供有效法律帮助的目标之间相去甚远。

二、规范依据

《中华人民共和国刑事诉讼法》（2018修正）

第三十六条　法律援助机构可以在人民法院、看守所等场所派驻值班律师。犯罪嫌疑人、被告人没有委托辩护人，法律援助机构没有指派律师为其提供辩护的，由值班律师为犯罪嫌疑人、被告人提供法律咨询、程序选择建议、申请变更强制措施、对案件处理提出意见等法律帮助。

人民法院、人民检察院、看守所应当告知犯罪嫌疑人、被告人有权约见值班律师，并为犯罪嫌疑人、被告人约见值班律师提供便利。

第三十七条　辩护人的责任是根据事实和法律，提出犯罪嫌疑人、被告人无罪、罪轻或者减轻、免除其刑事责任的材料和意见，维护犯罪嫌疑人、被告人的诉讼权利和其他合法权益。

第一百七十三条　人民检察院审查案件，应当讯问犯罪嫌疑人，听取辩护人或者值班律师、被害人及其诉讼代理人的意见，并记录在案。辩护人或者值班律师、被害人及其诉讼代理人提出书面意见的，应当附卷。

犯罪嫌疑人认罪认罚的，人民检察院应当告知其享有的诉讼权利和认罪认罚的法律规定，听取犯罪嫌疑人、辩护人或者值班律师、被害人及其诉讼代理人对下列事项的意见，并记录在案：

（一）涉嫌的犯罪事实、罪名及适用的法律规定；

（二）从轻、减轻或者免除处罚等从宽处罚的建议；

（三）认罪认罚后案件审理适用的程序；

（四）其他需要听取意见的事项。

人民检察院依照前两款规定听取值班律师意见的，应当提前为值班律师了解案件有关情况提供必要的便利。

第一百七十四条第一款　犯罪嫌疑人自愿认罪，同意量刑建议和程序适用的，应当在辩护人或者值班律师在场的情况下签署认罪认罚具结书。

《最高人民法院关于适用〈中华人民共和国刑事诉讼法〉的解释》（2021）

第三百四十九条第一款第二项　对人民检察院提起公诉的认罪认罚案件，人民法院应当重点审查以下内容：

（二）是否随案移送听取犯罪嫌疑人、辩护人或者值班律师、被害人及其诉讼代理人意见的笔录；

《最高人民法院、最高人民检察院、公安部、国家安全部、司法部关于适用认罪认罚从宽制度的指导意见》（2019）

12. 值班律师的职责。值班律师应当维护犯罪嫌疑人、被告人的合法权益，确保犯罪嫌疑人、被告人在充分了解认罪认罚性质和法律后果的情况下，自愿认罪认罚。值班律师应当为认罪认罚的犯罪嫌疑人、被告人提供下列法律帮助：

（一）提供法律咨询，包括告知涉嫌或指控的罪名、相关法律规定，认罪认罚的性质和法律后果等；

（二）提出程序适用的建议；

（三）帮助申请变更强制措施；

（四）对人民检察院认定罪名、量刑建议提出意见；

（五）就案件处理，向人民法院、人民检察院、公安机关提出意见；

（六）引导、帮助犯罪嫌疑人、被告人及其近亲属申请法律援助；

（七）法律法规规定的其他事项。

值班律师可以会见犯罪嫌疑人、被告人，看守所应当为值班律师会见提供便利。危害国家安全犯罪、恐怖活动犯罪案件，侦查期间值班律师会见在押犯罪嫌疑人的，应当经侦查机关许可。自人民检察院对案件审查起诉之日起，值班律师可以查阅案卷材料、了解案情。人民法院、人民检察院应当为值班律师查阅案卷材料提供便利。

值班律师提供法律咨询、查阅案卷材料、会见犯罪嫌疑人或者被告人、提出书面意见等法律帮助活动的相关情况应当记录在案，并随案移送。

13. 法律帮助的衔接。对于被羁押的犯罪嫌疑人、被告人，在不同诉讼阶段，可以由派驻看守所的同一值班律师提供法律帮助。对于未被羁押的犯罪嫌疑人、被告人，前一诉讼阶段的值班律师可以在后续诉讼阶段继续为犯罪嫌疑人、被告人提供法律帮助。

22. 权利告知和听取意见。公安机关在侦查过程中，应当告知犯罪嫌疑人享有的诉讼权利、如实供述罪行可以从宽处理和认罪认罚的法律规定，听取犯罪嫌疑人及其辩护人或者值班律师的意见，记录在案并随案移送。

对在非讯问时间、办案人员不在场情况下，犯罪嫌疑人向看守所工作人员或者辩护人、值班律师表示愿意认罪认罚的，有关人员应当及时告知办案单位。

27. 听取意见。犯罪嫌疑人认罪认罚的，人民检察院应当就下列事项听取犯罪嫌疑人、辩护人或者值班律师的意见，记录在案并附卷：

（一）涉嫌的犯罪事实、罪名及适用的法律规定；

（二）从轻、减轻或者免除处罚等从宽处罚的建议；

（三）认罪认罚后案件审理适用的程序；

（四）其他需要听取意见的情形。

人民检察院未采纳辩护人、值班律师意见的，应当说明理由。

31. 签署具结书。犯罪嫌疑人自愿认罪，同意量刑建议和程序适用的，应当在辩护人或者值班律师在场的情况下签署认罪认罚具结书。犯罪嫌疑人被羁押的，看守所应当为签署具结书提供场所。具结书应当包括犯罪嫌疑人如实供述罪行、同意量刑建议、程序适用等内容，由犯罪嫌疑人、辩护人或者值班律师签名。

……

39. 审判阶段认罪认罚自愿性、合法性审查。办理认罪认罚案件，人民法院应当告知被告人享有的诉讼权利和认罪认罚的法律规定，听取被告人及其辩护人或者值班律师的意见。庭审中应当对认罪认罚的自愿性、具结书内容的真实性和合法性进行审查核实，重点核实以下内容：

……

（五）值班律师或者辩护人是否与人民检察院进行沟通，提供了有效法律帮助或者辩护，并在场见证认罪认罚具结书的签署。

……

三、实务案例

（2024）豫 1528 刑初 203 号 | 黄某冬买卖国家机关证件案

（一）关键词

认罪认罚　值班律师　辩护意见

（二）要旨

犯罪嫌疑人、被告人没有委托辩护人，法律援助机构没有指派律师为其提供辩护的，由值班律师为犯罪嫌疑人、被告人提供法律咨询、对案件处理提出意见等法律帮助，以弥补犯罪嫌疑人、被告人维护自身权利能力的不足。

（三）基本案情

2022年3月，被告人黄某冬在山东省单县××楼部工作期间，从侯某朋（已起诉）处购买两本伪造的离婚证，分别交给丁某、杨惠用于办理购房贷款。

公诉机关认为，被告人黄某冬买卖伪造的国家机关证件，其行为触犯了《刑法》第280条第1款之规定，犯罪事实清楚，证据确实、充分，应当以买卖国家机关证件罪追究其刑事责任。被告人黄某冬自愿认罪认罚，依据《刑事诉讼法》第15条的规定，可以从宽处理；主动投案并如实供述，系自首，可以从轻处罚；无前科、系初犯，可以酌情从轻处罚。建议判处被告人黄某冬有期徒刑6个月，并处罚金，如符合社区矫正条件可以适用缓刑。被告人黄某冬对公诉机关指控事实、罪名没有异议，同意适用简易程序，认罪认罚并签字具结，当庭表示如对其适用缓刑，能够依法接受社区矫正。值班律师对公诉机关指控的事实、罪名没有异议，提出被告人案发后主动投案并如实供述自己的罪行，系自首；自愿认罪认罚，悔罪态度好；无前科、系初犯，犯罪情节轻微，积极缴纳罚金，如符合社区矫正条件，请法庭对其适用缓刑。

经审理查明的事实、证据与公诉机关的指控一致。

（四）裁判结果

息县人民法院于2024年6月21日作出（2024）豫1528刑初203号刑事判决：被告人黄某冬犯买卖国家机关证件罪，判处有期徒刑6个月，缓刑

1 年，并处罚金 2000 元。

（2024）粤 1523 刑初 73 号｜彭某建交通肇事案

（一）关键词

认罪认罚　值班律师　听取意见

（二）要旨

值班律师为犯罪嫌疑人、被告人提供法律咨询、程序选择建议、对案件处理提出意见等法律帮助。犯罪嫌疑人自愿认罪，同意量刑建议和程序适用的，应当在辩护人或者值班律师在场的情况下签署认罪认罚具结书。

（三）基本案情

2024 年 2 月 17 日 17 时许，被告人彭某建在其陆河县××路××号家中饮酒，后在 19 时许，彭某建驾驶粤 S1××××号小型轿车行驶至陆河县××镇××村委×××路段时，碰撞到前方同方向步行的被害人徐某琴，造成徐某琴受伤倒地。事故发生后，彭某建未作停留驾车离开现场。经陆河县公安局交警大队认定，彭某建承担全部责任，徐某琴不承担责任。经鉴定，彭某建在次日 13 时许血液酒精含量为 16mg/100mL。经鉴定，徐某琴所致的人体损伤程度已构成重伤二级。陆河县人民检察院指控认为，被告人彭某建违反交通运输管理法规，饮酒后驾驶机动车，发生事故致人重伤后逃逸，其行为触犯了《刑法》第 133 条之规定，犯罪事实清楚，证据确实充分，应当以交通肇事罪追究其刑事责任。鉴于其归案后如实供述自己的罪行，有坦白情节，根据《刑法》第 67 条第 3 款之规定，可以从轻处罚。被告人彭某建认罪认罚，依据《刑事诉讼法》第 15 条的规定，可以从宽处理。同时以陆河检量建〔2024〕54 号量刑建议书，建议以交通肇事罪判处被告人彭某建有期徒刑 3 年 6 个月。因被告人彭某建的家属与被害人家属达成和解协议，取得被害人家属谅解，以陆河检量建调〔2024〕7 号量刑建议调整书，建议以交通肇事罪判处被告人彭某建有期徒刑3年。

法院经审理查明，2024年5月15日，被告人彭某建获得值班律师的法律援助并听取了法律意见，自愿签署了认罪认罚具结书。另查明，法院审理阶段，被告人彭某建的家属与被害人家属达成和解协议，取得被害人家属谅解。

（四）裁判结果

陆河县人民法院于2024年6月28日作出（2024）粤1523刑初73号刑事判决：被告人彭某建犯交通肇事罪，判处有期徒刑3年，缓刑4年（缓刑考验期限，从判决确定之日起计算）。

四、律师解析

关于值班律师在认罪认罚案件中的角色，检察机关和律师的看法本身可能存在一定的差异。部分检察机关认为值班律师应兼顾“三重角色”：其一，值班律师应当好“促进人”，即通过参与司法程序的总体运作去追求司法公正的实现，并且其参与诉讼的过程本身就是司法公正的体现。其二，值班律师应当好“参谋人”，即参与认罪认罚案件帮助当事人作出准确、有效判断。其三，值班律师应当好“见证人”，即充分保证犯罪嫌疑人、被告人认罪认罚的真实性与自愿性。①

正因如此，值班律师在认罪认罚程序中的作用很重要。目前，全国范围内适用认罪认罚从宽制度处理的案件已达到全部刑事案件的90%以上。不可忽视的是，在司法实践中还存在自愿性受限、协商性欠缺以及犯罪嫌疑人、被告人辩护权行使不充分等问题，个别地方甚至出现重罪案件当事人认罪认罚后被作无罪处理的案例。2023年当选为全国人大代表的福建省律师协会会长、国浩律师（福州）事务所合伙人于宁杰在针对以上情况提出了《关于明确值班律师“提供法律帮助”的职能定位，保障认罪认罚案

① 参见朱伟、桂林：《认罪认罚案件中值班律师应兼顾“三重角色”》，载最高人民检察院官网，https：//www. spp. gov. cn/spp/ztk/dfld/201812/t20181224_404237. shtml。

件合法公正的建议》，指出：

第一，法律规定并未对值班律师的职能和相关程序另作规定，应当理解为值班律师的职能仍然是为认罪认罚的犯罪嫌疑人、被告人提供法律帮助。为实现这一职能，值班律师应当通过阅卷、会见当事人等必要途径充分了解案件，并向当事人提供法律咨询、代为协商等法律帮助，这是委托辩护的法定补充，也是辩护权的合理延伸，值班律师不是也不应当是介于犯罪嫌疑人、被告人和检察机关之间的中立的第三方，不能成为协助检察机关完成认罪认罚手续的见证人。

第二，应该保障值班律师的权利。实践中值班律师往往不能充分行使阅卷权和会见权，在犯罪嫌疑人、被告人签署认罪认罚具结书时在场，只是在形式上证明犯罪嫌疑人、被告人在具结时没有受到胁迫，实际上只是认罪认罚形式合法的见证人。“这不符合刑事诉讼法设置值班律师，保障犯罪嫌疑人、被告人合法权益的立法目的。最高人民检察院虽然多次强调听取值班律师意见、不得绕开辩护律师安排值班律师代为见证具结等，但无法从根源上解决值班律师介入认罪认罚案件中立化和形式化的问题。”因此，于宁杰建议，进一步明确刑事诉讼法关于值班律师为犯罪嫌疑人、被告人提供法律帮助的职能定位，要求并保证值班律师在参与办理认罪认罚案件时，履行阅卷、会见当事人等职责，充分了解案件情况，为犯罪嫌疑人、被告人提供法律帮助，切实有效地保障当事人的知情权、自愿权等合法权益。

第三，审判机关应当对值班律师参与认罪认罚具结的情况进行重点审查并依法裁判。于宁杰建议，结合审查起诉阶段刑事辩护全覆盖工作，全面推行委托或指定辩护人参与认罪认罚案件的处理，逐步减少值班律师在场具结的案件比例，适时修改刑事诉讼法，明确由辩护律师帮助当事人办理认罪认罚事务，废止值班律师在场具结的相关规定。[①]

基于以上分析，值班律师的基本权利虽然较为局限，但是作为值班律

---

① 参见《于宁杰代表：建议明确值班律师在办理认罪认罚案件中的职能定位》，载澎湃网 2023 年 3 月 12 日，https：//m. thepaper. cn/newsDetail_forward_22245060。

师应该努力履行职责，帮助犯罪嫌疑人、被告人合法、自愿进行认罪认罚。尤其需要注意的是，对认同认罪认罚从宽具结的内容应当以了解案情尤其是证据为前提，对案情的认知又以与被追诉人的充分交流、对卷宗的熟知和有疑点证据材料的核实为前提。

第12讲 认罪认罚与刑事和解的关系

一、问题引入：如何把握认罪认罚与刑事和解的关系?

刑事和解是指在刑事诉讼过程中，通过调停人或其他组织使被害人与犯罪嫌疑人、被告人直接沟通、协商，双方达成民事赔偿和解协议后，司法机关根据案件的具体情况对犯罪嫌疑人、被告人不再追究刑事责任或从轻减轻刑事责任的诉讼活动。

按照《刑事诉讼法》的规定，因民间纠纷引起，涉嫌侵犯公民人身权利、民主权利和侵犯财产犯罪，可能判处3年有期徒刑以下刑罚的故意犯罪案件，以及除渎职犯罪以外的可能判处7年有期徒刑以下刑罚的过失犯罪案件被纳入公诉案件适用和解程序的范围。但是，犯罪嫌疑人、被告人在5年以内曾经故意犯罪的，不适用这一程序。对于当事人之间达成和解协议的案件，人民法院、人民检察院和公安机关可以依法从宽处理。概括起来，可以适用刑事和解的案件主要有两类：一类是民事纠纷引发的犯罪；另一类是除渎职罪以外的过失犯罪。两类案件对罪刑的严重性有一定要求，前者是对可能判处3年有期徒刑以下刑罚的，后者则是指判处7年以下有期徒刑的犯罪。在可以适用的犯罪中，刑事和解还需同时达到两个严格的条件：(1) 主观上自愿认罪、真诚悔罪；(2) 取得被害人或者其家属的谅解。

认罪认罚从宽制度中的“认罪”，是指犯罪嫌疑人、被告人自愿如实供述自己的罪行，对指控的犯罪事实没有异议。“认罚”，是指犯罪嫌疑人、被告人愿意接受处罚。认罚可以表现为愿意接受刑罚处罚、退赃退赔、达成调解和解、赔偿被害人损失等。认罪认罚从宽制度中的认罚，在表现上与退赃退赔、调解和解、赔偿等量刑情节，存在重合之处。若同时适用认罪认罚从宽制度与刑事和解制度，则会导致量刑情节的重复适用。这也就是为什么《量刑指导意见》规定“认罪认罚与自首、坦白、当庭自愿认罪、退赃退赔、赔偿谅解、刑事和解、羁押期间表现好等量刑情节不作重复评价”，强调了不作重复评价。

二、规范依据

《中华人民共和国刑事诉讼法》（2018修正）

第二百八十八条　下列公诉案件，犯罪嫌疑人、被告人真诚悔罪，通过向被害人赔偿损失、赔礼道歉等方式获得被害人谅解，被害人自愿和解的，双方当事人可以和解：

（一）因民间纠纷引起，涉嫌刑法分则第四章、第五章规定的犯罪案件，可能判处三年有期徒刑以下刑罚的；

（二）除渎职犯罪以外的可能判处七年有期徒刑以下刑罚的过失犯罪案件。

犯罪嫌疑人、被告人在五年以内曾经故意犯罪的，不适用本章规定的程序。

《最高人民法院、最高人民检察院、公安部、国家安全部、司法部关于适用认罪认罚从宽制度的指导意见》（2019）

1. 贯彻宽严相济刑事政策……对因民间矛盾引发的犯罪，犯罪嫌疑人、被告人自愿认罪、真诚悔罪并取得谅解、达成和解、尚未严重影响人民群众安全感的，要积极适用认罪认罚从宽制度，特别是对其中社会危害不大的初犯、偶犯、过失犯、未成年犯，一般应当体现从宽……

《最高人民法院、最高人民检察院关于常见犯罪的量刑指导意见（试行）》（2021）

……

（十四）……认罪认罚与自首、坦白、当庭自愿认罪、退赃退赔、赔偿谅解、刑事和解、羁押期间表现好等量刑情节不作重复评价。

……

三、实务案例

（2024）新 2201 刑初 131 号｜孙某过失致人死亡案

（一）关键词

认罪认罚　刑事和解　被害人谅解

（二）要旨

因民间纠纷引起，涉嫌《刑法》分则第 4 章、第 5 章规定的犯罪案件，可能判处 3 年有期徒刑以下刑罚的，犯罪嫌疑人、被告人真诚悔罪，通过向被害人赔偿损失、赔礼道歉等方式获得被害人谅解，被害人自愿和解的，双方当事人可以和解。

（三）基本案情

2023 年 12 月 4 日 17 时 16 分许，被害人庄某 3（系某小区业主）醉酒后因暖气管道维修问题与被告人孙某（系哈密市某有限公司工作人员）在某小区物业楼前发生争吵，被害人庄某 3 左手抓住被告人孙某的衣领，右手拳击被告人孙某下巴位置两次，准备再次击打第三拳时，被告人孙某左手抓住被害人庄某 3 衣领，右手击打被害人庄某 3 肩部位置一次，被害人庄某 3 倒地后趴在路面，被告人孙某再次使用右手击打被害人庄某 3 肩部位置一次后起身，以微跳动作跨过被害人庄某 3 头部位置，期间使用右脚踩被害人庄某 3 脖颈部位置一次后离开。哈密市某有限公司片区经理罗某见被害人庄某 3 倒地不起后报警，民警到达现场后拨打 120 急救电话将被害人庄某 3 送至医院急救。2023 年 12 月 10 日，被害人庄某 3 在哈密市中心医院死亡，死亡原因系高位截瘫。

公诉机关据此认为，被告人孙某对被害人庄某 3 实施拳击肩部、脚踩脖颈部等行为，其对行为可能造成的严重后果负有注意和预见的义务，但因疏忽大意没有预见，其行为与被害人庄某 3 的死亡结果之间存在关联性，对被害人庄某 3 因颈椎脊髓损伤和并发症坠积性肺炎导致死亡的结果具有促进作用，存在因果关系，其行为触犯了《刑法》第 233 条之规定，犯罪事实清楚，证据确实、充分，应当以过失致人死亡罪追究其刑事责任。被告人孙某系主动到案，如实供述犯罪事实，具有自首情节，应当适用《刑法》第 67 条第 1 款之规定。被告人孙某自愿认罪认罚，应当适用《刑事诉讼法》第 15 条之规定，可以从宽处理。鉴于被害人亲属与被告人孙某在法院审理阶段达成刑事和解，孙某取得被害人亲属的谅解，故调整量刑建议，建议判处被告人孙某有期徒刑 2 年 6 个月，缓刑 3 年。

被告人孙某对指控的犯罪事实、罪名及量刑建议没有异议，且签字具结，在开庭过程中亦无异议，并在庭审过程中对到庭旁听的被害人亲属进行赔礼道歉。

法院经审理查明的事实及证据与公诉机关指控、出示的一致。

另查，2024 年 5 月 16 日，被告人孙某及附带民事诉讼各原告人（被害人近亲属）口头向法院申请进行刑事和解，法院于 2024 年 5 月 17 日主持刑事和解。受被告人孙某委托，其妻子邹某与被害人近亲属达成《刑事和解协议》，被告人孙某当场履行协议补偿被害人亲属 20 万元，被害人亲属向被告人孙某出具谅解书，附带民事诉讼各原告人书面申请撤回附带民事诉讼，经审查，法院以（2024）新 2201 刑初 131 号刑事附带民事裁定书，准予法案附带民事诉讼各原告人撤诉。

（四）裁判结果

哈密市伊州区人民法院于 2024 年 5 月 23 日作出（2024）新 2201 刑初 131 号刑事判决：被告人孙某犯过失致人死亡罪，判处有期徒刑 2 年 6 个月，缓刑 3 年。

2023 年最高人民检察院发布检察机关依法妥善办理轻伤害案件典型案例之三：王某故意伤害案①

（一）关键词

认罪认罚　刑事和解　不起诉

（二）要旨

对犯罪嫌疑人量刑时，认罪认罚与刑事和解不作重复评价，但对具有刑事和解量刑情节，同时认罪认罚的，应当在法定刑幅度内给予相对更大的从宽幅度。

（三）基本案情

王某的婆婆去女儿王某香家暂住期间，所住偏屋因年久失修在雨中倒塌。王某香送母亲回家时发现偏房倒塌，以为王某所为，遂骂王某，二人发生口角。后互扯头发、抓扯对方并在地上翻滚，其间，王某将王某香压倒在地，用膝盖跪压在王某香上身，造成王某香右侧 6 根肋骨骨折。王某香也咬了王某右手小指。经鉴定，王某构成轻微伤，王某香构成轻伤一级。

公安机关对王某涉嫌故意伤害案刑事立案。经电话通知，王某自行到公安机关配合调查。后公安机关将王某刑事拘留。2019 年 3 月 8 日，公安机关以王某涉嫌故意伤害罪提请江苏省连云港市赣榆区人民检察院批准

---

① 2023 年 1 月 13 日最高人民检察院发布《关于印发检察机关依法妥善办理轻伤害案件典型案例的通知》："为深入学习贯彻党的二十大精神，全面贯彻习近平法治思想，进一步提升轻伤害案件办案质效，积极促进矛盾化解和诉源治理，2023 年 1 月 12 日，最高人民检察院、公安部联合发布了《关于依法妥善办理轻伤害案件的指导意见》（以下简称《意见》）。《意见》注重问题导向，结合轻伤害案件的特点和司法实践中的问题，从基本要求，依法全面调查取证、审查案件，积极促进矛盾化解，规范落实少捕慎诉慎押刑事司法政策，以及健全完善工作机制等方面作出了规定，对办理轻伤害案件具有重要的指导意义。为促进深入理解和准确把握《意见》的基本精神和主要内容，最高人民检察院选编了'焦某、李某故意伤害案'等 5 件典型案例。本批典型案例具有以下共性特点：一是注重在查清事实、厘清原委的基础上准确适用法律；二是注重借助各方力量，充分运用认罪认罚从宽制度、刑事和解制度促进矛盾纠纷解决和诉源治理；三是注重全面贯彻落实宽严相济刑事政策，坚持当宽则宽、当严则严……"本案是 5 个案例中的第三个典型案例。

逮捕。

检察机关履职过程：

1. 讯问、听取意见，了解双方和解意愿。审查逮捕阶段，检察机关认为，该案系民间纠纷引发的轻伤害案件，符合法律规定的刑事和解案件范围，且发生在亲属之间，有和解基础。检察机关讯问王某时，王某认罪悔罪，表示会尽力赔偿被害人损失，愿意和解。同时，检察机关听取了王某香的意见，王某香也表示愿意和解。

2. 启动检调对接，促成刑事和解。检察机关启动检调对接机制，司法行政机关派驻检察机关的人民调解工作室的专职调解员开展调解工作。专职调解员到当事人村庄了解双方家庭关系、纠纷症结，以及王某的家庭经济状况和王某香的治疗情况，并联系当地党委、政府、村委会负责人，邀请人大代表等参与调解，经多方共同工作，王某香同意接受王某 5 万元赔偿。当日，王某支付王某香 3 万元赔偿，王某香对王某表示谅解。2019 年 3 月 14 日，赣榆区人民检察院以无社会危险性对王某作出不批准逮捕决定。

（四）裁判结果

公安机关移送起诉后，王某认罪认罚，在值班律师见证下签署认罪认罚具结书。检察机关认为，王某犯罪情节轻微，与被害人达成和解取得谅解，且具有自首情节，认罪认罚，依法对王某作出不起诉决定。后检察机关和专职调解员对当事人回访，了解到当事人之间真正消除了内心芥蒂，家庭关系得到修复。

四、律师解析

上述案件中当事人通过刑事和解，犯罪嫌疑人、被告人得到了法律的从宽处理。对于被害人来说，通过和解获得了较快的赔偿，在一定程度上弥补了受害造成的损失。

在刑事和解案件中，律师的作用是比较明显的。为全面贯彻习近平法治思想，践行以人民为中心的发展思想，落实宽严相济刑事政策，提升轻伤害案件办案质效，有效化解社会矛盾，促进社会和谐稳定，实现办案政治效果、法律效果和社会效果的统一。检察机关对于符合刑事和解的案件，积极促成双方和解。《关于依法妥善办理轻伤害案件的指导意见》指出：充分适用刑事和解制度。对于轻伤害案件，符合刑事和解条件的，人民检察院、公安机关可以建议当事人进行和解，并告知相应的权利义务，必要时可以提供法律咨询，积极促进当事人自愿和解。

在此背景下，即在确有证据证明犯罪嫌疑人、被告人已经构成犯罪的情形下，应积极努力地促成当事人之间的和解，为犯罪嫌疑人、被告人争取法律的宽大处理。在这类案件中，往往已经给受害人造成人身或财产上的损害，就算是民事赔偿，侵害人填补受害人的损害也是理所当然的，故应打消花钱消灾的理念，正确引导侵害人的侵权赔偿观。为积极促进当事人双方刑事和解，建议律师做到以下几点：

1. 积极促进当事人双方进行和解。律师需要站在犯罪嫌疑人、被告人角度，全盘考虑，并说服其和解的利弊；帮助争取最大限度的从宽结果。

2. 诚恳请求受害人接受和解，必要时释明与刑事和解相关的法律规定，引导双方理性对待赔偿问题。律师可以学习检察院在和解说理中的方法和经验，在 2023 年最高人民检察院发布的典型案例王某故意伤害案中，检察院办案中释法说理，引导理性对待赔偿。虽然双方有和解意愿，但当时王某香要求赔偿数额高，而王某因经营不善经济较困难。检察机关向双方释明认罪认罚、刑事和解规定和当地司法机关会签的文件，解释此类案件的最高赔偿标准上限，即除犯罪嫌疑人自愿支付外，不得超过实际损失的 3 倍。后王某香自愿降低索赔数额。

3. 在任何阶段都可以努力促成刑事和解，在法院审判中争取轻判，尤其对于犯罪情节轻微，造成社会影响并不严重的案件。

第13讲 刑事谅解案件中的谅解书

一、问题引入：如何理解刑事谅解书？

刑事谅解书，一般指刑事案件的受害人与嫌疑人或其家属之间，就刑事案件的结果达成和解，而由被害人一方所出具的法律性质的书面文件。刑事谅解书一般在提起公诉至法庭质证环节完成，提交公安机关、人民检察院、人民法院。刑事谅解书是被害人谅解犯罪嫌疑人（被告人）的犯罪行为而出具的文书。被告人取得被害人谅解，被害人出具刑事谅解书，说明被破坏的社会关系得到一定程度的修复，因此刑事谅解属于非常重要的酌定量刑情节。

与刑事和解仅适用于情节相对较轻类型的刑事犯罪不同，理论上刑事谅解适用于有受害人的所有刑事犯罪，且刑事和解则需要在办案机关（公安机关、检察机关、人民法院）的主持下达成，而刑事谅解可以由涉案双方自愿达成。刑事谅解书和刑事和解有一定的关联，但并不能画等号。刑事和解之后，犯罪嫌疑人、被告人一般能取得被害人或被害人的谅解，但并非所有取得刑事谅解书的案件均达成刑事和解。

从实体的角度来看，若在案证据确能定罪，犯罪嫌疑人、被告人认罪认罚的，取得被害人谅解，取得刑事谅解书能够作为检察机关提出宽缓量刑建议的重要考量因素，能够令法院对被告人从轻处罚。另外，取得被害人的谅解，有时甚至会影响刑罚的具体运用，如增加判处缓刑、保命的可能性。

从程序的角度来看，取得被害人的谅解后，有不予批准逮捕、变更强制措施为取保候审可能性，还有可能会令公安机关撤销案件、检察机关作出不起诉决定，影响诉讼程序的走向。

二、规范依据

《中华人民共和国刑法》（2023 修正）

第二百三十四条　故意伤害他人身体的，处三年以下有期徒刑、拘役或者管制。犯前款罪，致人重伤的，处三年以上十年以下有期徒刑；致人死亡或者以特别残忍手段致人重伤造成严重残疾的，处十年以上有期徒刑、无期徒刑或者死刑。本法另有规定的，依照规定。

《中华人民共和国刑事诉讼法》（2018 修正）

第十五条　犯罪嫌疑人、被告人自愿如实供述自己的罪行，承认指控的犯罪事实，愿意接受处罚的，可以依法从宽处理。

第二百零一条　对于认罪认罚案件，人民法院依法作出判决时，一般应当采纳人民检察院指控的罪名和量刑建议，但有下列情形的除外：

（一）被告人的行为不构成犯罪或者不应当追究其刑事责任的；

（二）被告人违背意愿认罪认罚的；

（三）被告人否认指控的犯罪事实的；

（四）起诉指控的罪名与审理认定的罪名不一致的；

（五）其他可能影响公正审判的情形。

人民法院经审理认为量刑建议明显不当，或者被告人、辩护人对量刑建议提出异议的，人民检察院可以调整量刑建议。人民检察院不调整量刑建议或者调整量刑建议后仍然明显不当的，人民法院应当依法作出判决。

三、实务案例

（2021）冀06刑终93号 | 王某1故意伤害罪上诉案

（一）关键词

故意伤害　认罪认罚　自动投案　自首　前科

（二）要旨

与被害人达成谅解可从轻处罚：对于积极赔偿被害人经济损失并取得谅解的，综合考虑犯罪性质、赔偿数额、赔偿能力以及认罪、悔罪程度等情况，可以减少基准刑的40%以下。

（三）基本案情

（一审）公诉机关指控，被告人王某1与其哥哥王某2因家中土地确权、债务、院墙等纠纷产生矛盾，分别与2020年5月28日、7月24日发生打架。2020年7月27日，被告人王某1与王某2再次因为家中院墙问题发生口角，继而产生肢体冲突。被告人王某1用菜刀将王某2左臂、肩、背部等多处砍伤。经保定市法医鉴定中心鉴定，王某2的伤情为轻伤二级。公诉机关认为，被告人王某1故意伤害他人身体，致一人轻伤二级，其行为触犯了《刑法》第234条之规定，应当以故意伤害罪追究其刑事责任，建议对被告人王某1在有期徒刑1年至1年6个月幅度内量刑。

经审理查明的犯罪事实与公诉机关指控的犯罪事实基本一致。另查明，王某1明知他人报案而在现场等待，抓捕时无抗拒行为，供认犯罪事实。被害人王某2未提刑事附带民事诉讼。

被告人王某1对指控事实、罪名及量刑建议没有异议，同意适用简易程序，签订了认罪认罚具结书，在开庭审理过程中亦无异议。

唐县人民法院于2020年12月21日作出（2020）冀0627刑初275号刑事判决书，判决被告人王某1犯故意伤害罪，判处有期徒刑1年3个月。

宣判后，王某 1 提出上诉。上诉人王某 1 主要提出：一审判决后上诉人和律师沟通，且在家人及村干部的帮助下和其兄达成了调解协议，取得其兄的谅解。建议司法机关对王某 1 从轻、减轻处罚并适用缓刑。

（四）裁判结果

保定市中级人民法院于 2021 年 3 月 10 日作出（2021）冀 06 刑终 93 号刑事判决书，判决：

第一，撤销河北省唐县人民法院（2020）冀 0627 刑初 275 号刑事判决书；

第二，上诉人王某 1 犯故意伤害罪，判处有期徒刑 1 年。

四、律师解析

（2021）冀 06 刑终 93 号王某 1 故意伤害罪上诉案案情不复杂，但案件审理中情节较多，既有是否构成累犯，又有自首、刑事和解、刑事谅解书等各项内容。同时一审和二审对罪名的认定又不同。本案审理对律师启发很大。

1. 民间纠纷，尤其是对社会危害不大的，并且在当事人已经和解，被告获得了被害人的刑事谅解书的情况下，可以适用简易程序。认罪认罚从宽是指犯罪嫌疑人、被告人自愿如实供述自己的犯罪，对于指控的犯罪事实没有异议，同意检察机关的量刑意见并签署具结书的案件，可以依法从宽处理。从宽分为实体上从宽和程序上从简两方面。对认罪认罚案件，属于基层法院所管辖的可能判处 3 年以下有期徒刑的案件，被告人认罪认罚可以适用速裁程序进行审判。对于基层法院管辖可能判处 3 年以上有期徒刑刑罚的案件，可以适用简易程序。在审理当中，被告人对程序适用提出异议的，或者有其他不宜简化审理情形的，人民法院依法应转为普通程序进行审理。这是程序上的从宽。本案系由被告人与被害人之间的家庭纠纷引发，被告人自愿认罪认罚，适用简易程序审理，不仅能够在短时间内最大限度地查明案情，解决兄弟二人之间的矛盾纠纷，还有利于节约司法资源，保护和保障被害人和被告人的合法权益。

2. 刑事谅解书和刑事和解，直接影响到犯罪是否影响社会，法院会同时结合犯罪事实判断是否加重处罚。实体上，检察机关根据犯罪事实和对社会危害程度以及认罪认罚的情况，依法提出从宽处罚的量刑建议，人民法院在作出判决时一般应采纳人民检察院指控的罪名和量刑建议，但是如果被告人不构成犯罪，或者不应当追究刑事责任，或者违背意愿认罪认罚，否认指控犯罪事实，或者指控的罪名跟人民法院审理的罪名不一致，或者有其他可能影响公正审判情形的除外。本案中结合上诉人上诉后其家属与被害人达成谅解的情节，对被害人王某 2 而言，能因此获得加害人王某 1 的自愿赔偿和真诚道歉，财产受到的损失得以补偿和救济，身心受到的摧残受到慰藉与抚平。对王某 1 而言，因对被害人自觉进行经济赔偿和忏悔，对其行为加以救赎，再犯的社会危险性降低，同时因刑事和解未受到法律的追究或承担较轻的刑事责任，为其重返社会、重返家庭，建立正常的社会人际关系铺平了道路。二审法院立足上诉后双方达成调解的前提，作出撤销原判，判处被告人王某 1 有期徒刑一年的判决结果，既合理地减少了监禁刑的适用，又起到了最大限度地弥补被害人经济损失的作用，取得了良好的法律效果与社会效果。

经过辩护人的努力，二审法院综合考虑被告人王某 1 前科、自首、认罪认罚的情节，上诉期间积极与被害人达成调解协议，取得被害人的谅解，同时考虑本案系家庭矛盾引发，二审法院最终撤销原判，判处上诉人王某 1 犯故意伤害罪且有期徒刑一年的判决达到了法律效果与社会效果的双统一。

第14讲 被害人的和解、谅解对被告人从宽的影响

一、问题引入：被害人的和解、谅解对被告人从宽有何影响？

犯罪嫌疑人、被告人是否与被害方达成和解协议、调解协议或者赔偿被害方损失，取得被害方谅解，是从宽处罚的重要考虑因素。《刑事诉讼法》第290条以及《最高人民法院关于适用〈中华人民共和国刑事诉讼法〉的解释》第596条都对此作出明确规定，《认罪认罚指导意见》第16条也规定“办理认罪认罚案件，应当听取被害人及其诉讼代理人的意见，并将犯罪嫌疑人、被告人是否与被害方达成和解协议、调解协议或者赔偿被害方损失，取得被害方谅解，作为从宽处罚的重要考虑因素。人民检察院、公安机关听取意见情况应当记录在案并随案移送”。

犯罪嫌疑人、被告人在认罪认罚之后是否积极赔偿，取得了被害人的和解、谅解是决定从宽幅度的重要考量因素，对于有能力赔偿而未积极赔偿损失的，从宽幅度应当予以适当酌减。《认罪认罚指导意见》指出“犯罪嫌疑人、被告人认罪认罚，但没有退赃退赔、赔偿损失，未能与被害方达成调解或者和解协议的，从宽时应当予以酌减。犯罪嫌疑人、被告人自愿认罪并且愿意积极赔偿损失，但由于被害方赔偿请求明显不合理，未能达成调解或者和解协议的，一般不影响对犯罪嫌疑人、被告人从宽处理”。

从司法实践来看，公安机关、检察院在刑事诉讼过程中往往积极促成双方达成和解、被害人出具谅解书，由此提出从宽处理的建议。根据《刑事诉讼法》第 290 条以及《最高人民法院关于适用〈中华人民共和国刑事诉讼法〉的解释》第 596 条的规定，被害人的和解、谅解不仅对认罪认罚从宽案件可以适用，而且适用于所有案件。

二、规范依据

《中华人民共和国刑事诉讼法》（2018 修正）

第二百九十条　对于达成和解协议的案件，公安机关可以向人民检察院提出从宽处理的建议。人民检察院可以向人民法院提出从宽处罚的建议；对于犯罪情节轻微，不需要判处刑罚的，可以作出不起诉的决定。人民法院可以依法对被告人从宽处罚。

《最高人民法院关于适用〈中华人民共和国刑事诉讼法〉的解释》（2021）

第五百九十六条　对达成和解协议的案件，人民法院应当对被告人从轻处罚；符合非监禁刑适用条件的，应当适用非监禁刑；判处法定最低刑仍然过重的，可以减轻处罚；综合全案认为犯罪情节轻微不需要判处刑罚的，可以免予刑事处罚。

《最高人民法院、最高人民检察院、公安部、国家安全部、司法部关于适用认罪认罚从宽制度的指导意见》（2019）

16. 听取意见。办理认罪认罚案件，应当听取被害人及其诉讼代理人的意见，并将犯罪嫌疑人、被告人是否与被害方达成和解协议、调解协议或者赔偿被害方损失，取得被害方谅解，作为从宽处罚的重要考虑因素。人民检察院、公安机关听取意见情况应当记录在案并随案移送。

17. 促进和解谅解。对符合当事人和解程序适用条件的公诉案件，犯罪嫌疑人、被告人认罪认罚的，人民法院、人民检察院、公安机关应当积极促进当事人自愿达成和解。对其他认罪认罚案件，人民法院、人民检察院、公安机关可以促进犯罪嫌疑人、被告人通过向被害方赔偿损失、赔礼道歉等方式获得谅解，被害方出具的谅解意见应当随案移送。

人民法院、人民检察院、公安机关在促进当事人和解谅解过程中，应当向被害方释明认罪认罚从宽、公诉案件当事人和解适用程序等具体法律规定，充分听取被害方意见，符合司法救助条件的，应当积极协调办理。

18. 被害方异议的处理。被害人及其诉讼代理人不同意对认罪认罚的犯罪嫌疑人、被告人从宽处理的，不影响认罪认罚从宽制度的适用。犯罪嫌疑人、被告人认罪认罚，但没有退赃退赔、赔偿损失，未能与被害方达成调解或者和解协议的，从宽时应当予以酌减。犯罪嫌疑人、被告人自愿认罪并且愿意积极赔偿损失，但由于被害方赔偿请求明显不合理，未能达成调解或者和解协议的，一般不影响对犯罪嫌疑人、被告人从宽处理。

三、实务案例

（2021）京刑终 170 号｜邱某华、邱某颜故意伤害罪上诉案

（一）关键词

认罪认罚案件　刑事附带民事诉讼　刑事和解　谅解

（二）要旨

在认罪认罚案件中，被告人自愿认罪认罚，积极赔偿附带民事诉讼原告人的经济损失，与附带民事诉讼原告人已经达成调解并取得谅解，依法对其从轻处罚。

（三）基本案情

2007 年 4 月，被告人邱某华、邱某颜因欲进入北京市朝阳区平房乡汇成家园工地行窃遭到保安员被害人祝某（男，殁年 22 岁）拒绝后心生不满。2007 年 4 月 12 日 4 时许，邱某华伙同邱某颜分别持木棍到达该工地西门祝某的工作地，邱某华持木棍击打祝某头部、肩部等部位，邱某颜击打祝某身体。后二被告人逃离现场。被害人祝某经送医抢救无效后死亡。经

鉴定，祝某符合被他人用钝器多次打击头部，致颅脑损伤死亡。被告人邱某华于2020年10月28日被公安机关查获归案；被告人邱某颜于2021年4月29日被公安机关解回再审。另查明，被告人邱某华、邱某颜的犯罪行为给附带民事诉讼原告人祝某、陈某造成一定的经济损失。

一审审理期间，被告人邱某华的亲属代为赔偿附带民事诉讼原告人祝某、陈某部分人民币37万元经济损失，双方达成调解，附带民事诉讼原告人祝某、陈某对被告人表示谅解。被告人邱某颜的亲属自愿代赔偿附带民事诉讼原告人祝某、陈某部分经济损失，预交人民币1万元至法院。

鉴于两被告到案后如实供述主要罪行，自愿认罪认罚，积极赔偿附带民事诉讼原告人的经济损失，与附带民事诉讼原告人已经达成调解并取得谅解，依法对其从轻处罚。对于邱某华有劣迹，作案后逃避侦查13年之久，到案时有抗拒抓捕的行为等情节，法院在量刑时一并予以考量。

（四）裁判结果

一审法院于2021年9月28日作出（2021）京03刑初140号刑事附带民事判决，认为鉴于邱某颜自愿认罪认罚，其亲属代为赔偿附带民事诉讼原告人部分经济损失及本案具体情况，依法对其从轻处罚。邱某颜因犯抢劫罪、盗窃罪被判处刑罚，判决宣告以后，刑罚执行完毕以前，发现还有故意伤害罪没有判决，依法应予数罪并罚。对于公诉机关对二人提出的量刑建议，法院予以采纳。

邱某颜的犯罪行为给附带民事诉讼原告人祝某、陈某造成的经济损失，邱某颜依法应予赔偿。附带民事诉讼原告人祝某、陈某所提诉讼请求中的合理部分，法院予以支持；缺乏法律依据及过高部分，法院不予支持。邱某华犯故意伤害罪，判处有期徒刑15年，剥夺政治权利5年。

邱某颜犯故意伤害罪，判处有期徒刑15年，剥夺政治权利5年，与前罪抢劫罪、盗窃罪判处的有期徒刑18年，并处罚金人民币23万元并罚，决定执行有期徒刑20年，剥夺政治权利5年，并处罚金人民币23万元；邱某颜赔偿附带民事诉讼原告人祝某、陈某丧葬费人民币35145.5元；驳回附带民事诉讼原告人祝某、陈某的其他诉讼请求；扣押在案的物品依法处理。

一审宣判后，在法定期限内，原审被告人邱某华、邱某颜未提出上诉，原公诉机关未提出抗诉，原审刑事部分判决已发生法律效力。原审附带民事诉讼原告人对原审被告人邱某颜的附带民事部分判决不服，提出上诉。

二审法院经审理认为祝某、陈某及其诉讼代理人所提关于要求增加赔偿死亡赔偿金、精神抚慰金的诉讼请求，不属于刑事附带民事诉讼的受案范围，该诉讼请求缺乏法律依据，故驳回祝某、陈某的上诉，维持原审附带民事部分判决。

（2020）京刑终 102 号 | 孙某故意杀人罪上诉案

（一）关键词

认罪认罚案件　刑事附带民事诉讼　限制行为能力人　谅解

（二）要旨

在认罪认罚案件中，被告人虽然表示认罪悔罪，但不存在积极赔偿被害人家属损失的实际行为，且未取得被害人家属谅解的，不得适用依法从轻处罚的条款。

（三）基本案情

2019 年 5 月 25 日 7 时许，在北京市丰台区新发地市场水产批发冷库 15 号西侧，被告人孙某因与被害人刘某 1（男，殁年 38 岁）言语不和，遂持铁锤击打刘的头部数下，致刘某重度颅脑损伤，后经抢救无效死亡。北京通达法正司法鉴定中心鉴定显示被鉴定人孙某诊断为精神分裂症；2019 年 5 月 25 日实施故意伤人行为时，受精神疾病影响，辨认和控制能力削弱，评定为限制刑事责任能力；精神状况稳定，能够自我辩解，情感反应协调，具有受审能力。

被告人孙某作案后明知他人报案而在现场等待，于当日被依法传唤至公安机关，到案后如实供述自己的罪行，构成自首。孙某认罪认罚且属于初犯、偶犯，但孙某虽然表示认罪悔罪，不存在积极赔偿被害人家属损失的实际行为，且未取得被害人家属谅解。

（四）裁判结果

一审法院于2020年1月21日作出（2019）京02刑初156号刑事附带民事判决，认为被告人孙某持械故意非法剥夺他人生命，致人死亡，其行为已构成故意杀人罪，依法应予惩处。鉴于被告人孙某作案后明知他人报案而在现场等待，到案后如实供述自己的罪行，构成自首，且系限制刑事责任能力人等情节，依法对其从轻处罚。北京市人民检察院第二分院指控被告人孙某犯故意杀人罪的事实清楚，证据确实、充分，指控的罪名成立。被告人孙某的故意杀人行为给附带民事诉讼原告人造成的合理经济损失，依法应当赔偿。因孙某系限制刑事责任能力人，其法定代理人尹某某作为监护人，依法应承担共同赔偿责任。附带民事诉讼原告人所提丧葬费、交通费、住宿费等诉讼请求合法，依据证据及法律规定予以认定或酌定，对数额过高部分，不予支持；所提被扶养人生活费、死亡赔偿金等诉讼请求，依法不属于刑事附带民事诉讼的受案范围，不予支持。在案扣押物品，依法一并处理。

故判决：

（1）被告人孙某犯故意杀人罪，判处无期徒刑，剥夺政治权利终身；

（2）被告人孙某、附带民事诉讼被告人尹某某共同赔偿附带民事诉讼原告人刘某2、刘某3、刘某4、刘某5丧葬费人民币50802元、交通费人民币3000元、住宿费人民币1400元，以上共计人民币55202元；

（3）驳回附带民事诉讼原告人刘某2、刘某3、刘某4、刘某5的其他诉讼请求；

（4）未随案移送的扣押物品，由扣押机关依法处理。

一审宣判后，在法定期限内，原审被告人孙某对刑事部分判决不服，提出上诉，其法定代理人暨原审附带民事诉讼被告人尹某某对附带民事部分判决不服，提出上诉。

二审法院驳回孙某、尹某某的上诉，维持原判。

四、律师解析

第 12、13 讲中的案例均表明刑事和解、刑事谅解书都带来了从宽的结果，但第 14 讲中的两个案例不适用刑事和解的法定条件，因为不属于民事纠纷，且非 7 年以下有期徒刑的犯罪。另外，这两个案例在被告人以及家属在民事赔偿取得被害人的谅解表现上则对比更为明显，积极进行民事赔偿取得受害人的谅解，对犯罪嫌疑人、被告人的量刑产生直接的影响。作为律师，从上述两则案例中归纳总结以下经验：

1. 刑事和解和刑事谅解的从宽前提以实际赔偿、赔礼道歉等主观上的行动为基本前提。刑事和解和刑事谅解既是主观上的悔罪，又是客观上的以行动表达，才能达到良好的从宽效果。（2021）京刑终 170 号邱某华、邱某颜故意伤害罪上诉案中，为取得被害人谅解，邱某华亲属向被害人主动赔偿 37 万元人民币；邱某颜亲属答应赔偿，预交 1 万元。虽邱某颜最终判处比邱某华更重的刑罚是其除了故意伤害罪之外还犯有盗窃罪、抢劫罪等，但就两被告人共同的故意伤害罪，因为主动赔偿不同，其被从宽的情形亦不同。（2020）京刑终 102 号孙某故意杀人罪上诉案更是明显，作为孙某的监护人，本就具有替被监护人承担民事赔偿责任的义务，却在孙某犯罪之后未积极赔偿，当然无法取得被害人的谅解，故最后没有取得从宽刑罚。

2. 辩护人应努力说服替犯罪嫌疑人、被告人或其亲属代为赔偿。刑事犯罪的动因虽千奇百怪，但是否构成犯罪与犯罪主观动因之间无本质关系。根据我国法律，法院最后决定刑罚完全依法考虑是否具有从宽情节。故在给被害人造成伤害的案件中，犯罪嫌疑人、被告人或其亲属此时应该摒弃情感的困扰，客观理性面对民事赔偿。这类犯罪中，常会遇到犯罪嫌疑人、被告人自身无财产，或自身有财产，因身陷囹圄需要其家属代为实际处置。辩护人需要说服犯罪嫌疑人、被告人的亲属代为赔偿，取得被害人或家属的谅解。

第15讲 刑事和解中遇到被害人不合理要求的应对

一、问题引入：刑事和解中，被害人“狮子大开口”怎么办？

所谓刑事和解，通俗地讲就是“私了”，是指纠纷双方不经过国家专门机关自行协调解决纠纷的统称。简单来说，就是受害人与加害人之间通过对话、协调，确定采用审判以外的方式来解决刑事责任问题的方式。这样做既可以及时解决刑事纠纷、促进当事人之间的社会关系恢复正常，又可以减轻当事人的诉讼负担，加快被追诉人回归社会的速度。由于刑事和解在刑事诉讼程序中对量刑有一定影响，因此大多数时候，双方当事人都希望能够利用谅解、和解达到自己的目的，特别是犯罪嫌疑人这一方。但有时候过度追求谅解、和解的心理却使犯罪嫌疑人一方身陷被动。

如果司法机关在听取被害人意见时，被害人不同意适用认罪认罚从宽程序，比较典型的一种情形是在双方谈和解的时候，被害人一方“狮子大开口”，提出明显不合理的赔偿金额。例如，故意伤害致人轻伤的案件，被害人要求赔偿50万元或者100万元，该数额明显过高。在这种情况下，若犯罪嫌疑人、被告人同意认罪认罚，也愿意积极赔偿，但被害一方“狮子大开口”，导致无法达成赔偿。根据《认罪认罚指导意见》的规定，此时双方不能达成刑事和解不影响犯罪嫌疑人、被告人在量刑中的从宽幅度。

二、规范依据

《中华人民共和国刑法》（2023 修正）

第六十七条　犯罪以后自动投案，如实供述自己的罪行的，是自首。对于自首的犯罪分子，可以从轻或者减轻处罚。其中，犯罪较轻的，可以免除处罚。

被采取强制措施的犯罪嫌疑人、被告人和正在服刑的罪犯，如实供述司法机关还未掌握的本人其他罪行的，以自首论。

犯罪嫌疑人虽不具有前两款规定的自首情节，但是如实供述自己罪行的，可以从轻处罚；因其如实供述自己罪行，避免特别严重后果发生的，可以减轻处罚。

《中华人民共和国刑事诉讼法》（2018 修正）

第十五条　犯罪嫌疑人、被告人自愿如实供述自己的罪行，承认指控的犯罪事实，愿意接受处罚的，可以依法从宽处理。

《最高人民法院、最高人民检察院、公安部、国家安全部、司法部关于适用认罪认罚从宽制度的指导意见》（2019）

8. "从宽"的理解。从宽处理既包括实体上从宽处罚，也包括程序上从简处理。"可以从宽"，是指一般应当体现法律规定和政策精神，予以从宽处理。但可以从宽不是一律从宽，对犯罪性质和危害后果特别严重、犯罪手段特别残忍、社会影响特别恶劣的犯罪嫌疑人、被告人，认罪认罚不足以从轻处罚的，依法不予从宽处罚。

办理认罪认罚案件，应当依照刑法、刑事诉讼法的基本原则，根据犯罪的事实、性质、情节和对社会的危害程度，结合法定、酌定的量刑情节，综合考虑认罪认罚的具体情况，依法决定是否从宽、如何从宽。对于减轻、免除处罚，应当于法有据；不具备减轻处罚情节的，应当在法定幅度以内提出从轻处罚的量刑建议和量刑；对其中犯罪情节轻微不需要判处刑罚的，可以依法作出不起诉决定或者判决免予刑事处罚。

三、实务案例

2019年江苏省人民检察院发布准确适用认罪认罚从宽制度典型案例之六：徐某过失致人死亡案[①]

（一）关键词

认罪认罚案件　交通肇事　过失致人死亡

（二）要旨

秉持客观公正立场依法促进双方当事人和解。化解社会矛盾，是认罪认罚从宽程序的重要价值之一。快速为矛盾做减法，就是为社会和谐做加法。因此，办案中着力促进双方和解，能够维护社会稳定，使认罪认罚从宽制度的价值最大程度得以释放。本案中，徐某行为构成犯罪，应受到刑事处罚来体现法律惩罚犯罪的目的。但考虑徐某是过失犯罪，社会危害性较小，又是家中经济支柱，因此劝解徐某赔偿从而达成双方和解，不仅能挽回被害方损失，也可以使徐某家庭避免陷入困境，实现认罪认罚从宽制度设立的应有之义。

（三）基本案情

2018年7月30日，徐某驾驶一辆轻型普通货车在某钢材城仓库门前通道内倒车，因未仔细观察车辆后方情况，不慎将李某撞伤。事故发生后，徐某主动拨打120急救电话和110报警电话，在救护车到达现场后，徐某同李某家属一起将其送往医院救治，主动为其办理住院手续并垫付医药费4000余元。其间，徐某向公安机关如实交代了事故发生经过等事实。当日，李某经抢救无效身亡，经鉴定，李某符合创伤性休克死亡特征，系因交通事故受伤致死。7月31日，徐某支付李某家属丧葬费4万元。

---

① 2019年11月江苏省人民检察院发布一批江苏检察机关准确适用认罪认罚从宽制度的典型案例，本案是该批典型案例之六。

侦查机关认定，徐某因过失致李某死亡，涉嫌过失致人死亡罪，将该案移送无锡市锡山区人民检察院审查起诉。

审查起诉阶段，徐某如实供述驾驶机动车撞到李某、致使李某死亡的事实，并对自己一时疏忽酿成大错表示悔意，愿意接受处罚，但对认定罪名存有疑问，认为自己开车撞到人应以交通肇事罪接受处罚。针对徐某疑问，检察官详细解释两罪区别，指明经现场查看，其倒车地点为市场内部的仓库门口通道，不属于道路交通安全法意义上的道路，因此不构成交通肇事罪。经解释后，徐某对自己构成过失致人死亡罪表示认可，自愿认罪认罚。

检察官告知李某家属诉讼权利时了解到，李某家属对已生效并执行完毕的民事判决不满，认为因徐某缺少道路运输从业资格证，保险公司以此为由进行免赔抗辩，导致法院最终判决保险公司承担赔偿款数额变低。且保险公司在最终赔付的 52 万余元赔偿款中，已将徐某先行垫付的 4.4 万余元退还徐某，徐某本人最终未承担任何赔偿，所以除非徐某另外补偿 10 万元，否则不愿谅解徐某。

检察机关认为，如果徐某能取得李某家属谅解，有利于化解社会矛盾，遂开展自行补充侦查。通过调取民事判决书，多次向李某家属、徐某律师、保险公司核实情况，最终查实，法院未采纳保险公司援引的抗辩理由，徐某缺少道路运输从业资格证并未影响保险公司足额赔偿。李某亲属存有心结，是因其在民事诉讼案件中支出的费用，因缺少票据未被法院判决全部支持，因此，要求徐某再赔偿 10 万元。

为缓解矛盾、促成和解，检察机关以客观公正为原则与双方开展沟通，经 10 余次耐心调解，双方赔偿数额达成一致，在检察官主持见证下，徐某向李某家属支付 5 万元赔偿金，李某家属表示谅解。

（四）裁判结果

检察机关审查认定，徐某的行为构成过失致人死亡罪，情节较轻，且具有自首、自愿认罪认罚、获得李某近亲属谅解等量刑情节，对其提出有期徒刑 1 年、缓刑 1 年 6 个月的量刑建议。在值班律师见证下，徐某签署认罪认罚具结书。

2019 年 9 月 26 日，无锡市锡山区检察院提起公诉，法院适用简易程序进行审理，对检察机关量刑建议全部采纳。

四、律师解析

刑事和解，若被害人“狮子大开口”，提出的赔偿金额大大超过实际造成的损失，且超过犯罪嫌疑人、被告人的承受能力，则不会影响到取得从宽的处罚。但前提条件是，犯罪嫌疑人、被告人主观上已经愿意和解，主动请求谅解，并积极与被害人或家属沟通。

检察机关在本案中的态度和做法值得律师学习，无论是作为犯罪嫌疑人的辩护律师，还是作为刑事附带民事诉讼中原告的代理律师，均应该明确，刑事和解和刑事谅解中关于赔偿的数额均应根据实际情况，合情合理。比如检察机关一方面对徐某动之以情，讲明李某家属提出的赔偿数额确实有部分是实际支出，情理上可以理解。徐某需用行动证明其认罪、悔罪的真诚态度，其作为家中唯一经济来源，购车贷款尚未还清、有 1 岁婴儿需要抚养，如积极赔偿并获得谅解，可以适用缓刑量刑建议，便于照顾家庭。并通过徐某辩护人共同对其进行思想工作。另一方面，对李某家属晓之以理，从法律角度说明法院已足额判赔，徐某缺少相关作业证件未影响赔偿款数额，并建议实事求是提出赔偿请求。精神上的损害无法用金钱弥补，而经济上的赔偿只能通过金钱达成，赔偿具有的填补功能决定其额度是有限的。作为辩护人，不应该为了给犯罪嫌疑人减轻刑罚，而无条件接受被害人的要求。毕竟超出犯罪嫌疑人能力的和解是缺失公平的。

本案中，徐某行为导致李某家属痛失亲人，不仅造成情感上的创伤，还造成了实际经济损失，保险公司未能完全予以弥补，李某家属合理的赔偿请求符合情理。同时考虑到徐某有积极赔偿意愿，有和解的可能，便耐心引导李某家属调整自身诉求和心理预期，理性维权。最终双方达成和解，被害人家属心理得到抚慰，本案中检察机关面对被害人赔偿诉求，综合考虑被告人赔偿意愿和经济能力，讲明情理，促使被告人在最大限度内理解、接纳被害人合法合理诉求；同时阐明事理，引导被害人理性提出要求，防止漫天要价。因过失犯罪的徐某也因积极认罪认罚与真诚悔罪的态度，通过劳动继续承担起家庭的责任。

第16讲　刑事和解中的精神损害赔偿

一、问题引入：刑事和解中可否主张精神损害赔偿?

刑事案件尤其是侵害他人人身权的刑事案件，其社会危害性自不必言，给受害人造成的经济损害和精神损害更是难以估量。在刑事附带民事诉讼及另行提起的民事诉讼案件中，受害人的实际经济损失需要赔偿毫无争议，《刑事诉讼法》第101条第1款明确规定："被害人由于被告人的犯罪行为而遭受物质损失的，在刑事诉讼过程中，有权提起附带民事诉讼。被害人死亡或者丧失行为能力的，被害人的法定代理人、近亲属有权提起附带民事诉讼。"但精神损害赔偿能否主张、如何主张则观点不一。根据刑诉法司法解释起草小组在《刑事诉讼法解释》的理解与适用中的观点："死亡赔偿金、残疾赔偿金"不在附带民事诉讼的判赔范围，但调解、和解的，赔偿范围、数额不受限制。[①] 可见，在我国刑事诉讼中是无法主张精神损害赔偿的，但是刑事案件中的和解和调解不受该限制。

在现实情况中，被害人在遭受不法侵害以后，通常会希望得到一笔额外的费用作为自己的"精神损害赔偿"，却又因为刑事政策的原因无法提出，导致被害人与犯罪嫌疑人之间的矛盾加剧。而在刑事和解的过程中，

---

① 李少平主编，《刑事诉讼法解释》起草小组编：《最高人民法院关于适用〈中华人民共和国刑事诉讼法〉的解释理解与适用》，人民法院出版社2021年版，第286页。

犯罪嫌疑人、被告人一方有可能增加这样一个项目给被害人方赔偿精神损害赔偿。只要双方自愿谈判，赔偿项目和赔偿金额都是可商榷的，商榷结果也都是合法的。在这种情况之下，无论是从赔偿项目，还是从赔偿金额上来讲，被害一方都可以获得一个相对高额的赔偿或者补偿，可以更有力地去弥补被害一方的损失。

二、规范依据

《中华人民共和国刑事诉讼法》（2018 修正）

第一百零一条　被害人由于被告人的犯罪行为而遭受物质损失的，在刑事诉讼过程中，有权提起附带民事诉讼。被害人死亡或者丧失行为能力的，被害人的法定代理人、近亲属有权提起附带民事诉讼。

如果是国家财产、集体财产遭受损失的，人民检察院在提起公诉的时候，可以提起附带民事诉讼。

《最高人民法院关于适用〈中华人民共和国刑事诉讼法〉的解释》（2021）

第一百七十五条　被害人因人身权利受到犯罪侵犯或者财物被犯罪分子毁坏而遭受物质损失的，有权在刑事诉讼过程中提起附带民事诉讼；被害人死亡或者丧失行为能力的，其法定代理人、近亲属有权提起附带民事诉讼。

因受到犯罪侵犯，提起附带民事诉讼或者单独提起民事诉讼要求赔偿精神损失的，人民法院一般不予受理。

三、实务案例

（2015）浙甬民二终字第 154 号｜沙某交通肇事上诉案

（一）关键词

刑事和解　交通肇事　精神损害赔偿

（二）要旨

交通肇事者与死者家属签订和解协议并进行赔偿是为了获得死者家属的谅解，减轻刑事责任，因此，不能在上述和解款范围内免除或者减轻保险公司的保险责任。

（三）基本案情

2014年9月30日，沙某驾驶货车经鄞县大道路口转弯过程中，与直行的由洪某驾驶的电动自行车相撞，造成洪某受伤经抢救无效死亡的交通事故。交警部门认定沙某负事故的全部责任，洪某无责任。另查明原告胡某等系死者洪某的近亲属。沙某系被告宁波峰阳建设有限公司（以下简称峰阳公司）员工。涉案货车在被告中国人寿财产保险股份有限公司朔州市中心支公司（以下简称人寿朔州公司）投保了交强险和商业险。沙某与原告于2014年10月23日达成和解协议，由沙某赔偿原告精神损害抚慰金及其他经济损失共计26万元。因胡某等人与人寿朔州公司在赔偿金额上无法达成一致，胡某等人为此诉至法院。

（四）裁判结果

浙江省宁波市鄞州区人民法院经审理认为，被告人寿朔州公司作为承保肇事车辆的保险公司，应在交强险和商业三者险范围内赔偿原告的损失。原告系死者洪某的近亲属，洪某因交通事故导致死亡，原告必然遭受一定的痛苦，其关于精神损害抚慰金5万元的主张符合法律规定，应予支持。事发后，肇事驾驶员沙某为取得原告谅解，减轻其刑事罪责，赔偿原告26万元，不能免除或减轻保险公司的赔偿义务。宣判后，被告人寿朔州公司不服，提起上诉。

宁波市中级人民法院经审理作出判决，驳回上诉，维持原判。

四、律师解析

本案的争议焦点是能否在驾驶员沙某为减轻刑事责任支付的 26 万元和解款范围内，免除或者减轻保险公司的赔偿义务以及保险公司应否赔偿 5 万元的精神损害抚慰金。

1. 肇事者与受害者家属达成和解协议中赔偿款的性质系刑事和解款。

根据《刑事诉讼法》第 290 条的规定，对于达成和解协议的案件，人民法院可以依法对被告人从宽处罚。同时，《最高人民法院关于适用〈中华人民共和国刑事诉讼法〉的解释》第 596 条规定，对达成和解协议的案件，人民法院应当对被告人从轻处罚。这是刑法谦抑性原则的体现。因此，如果肇事者与受害者家属达成和解协议，人民法院应当从轻处罚肇事者。就本案而言，肇事者沙某为了获得被害者家属的谅解从而达到获得较轻刑事处罚的目的，赔偿原告精神损害抚慰金及其他经济损失共计 26 万元。因此，该 26 万元款项应属刑事和解款，不应纳入民事考虑范畴。

2. 受害者家属获赔的刑事和解款与保险公司的理赔款互不排斥。

道路交通安全事故中的强制险是为了转移投保人的风险同时保证第三人可以及时、足额地获得补偿。虽然在交通事故中受害者的请求权只有一个人身损害赔偿请求权，但被害者家属与肇事者签订的和解协议与被害者家属与保险公司之间的侵权赔偿责任属于不同的法律关系，肇事者与被害者家属签订和解协议赔偿的和解款并不必然减轻保险公司的赔偿责任。

《最高人民法院关于审理人身损害赔偿案件适用法律若干问题的解释》规定，劳动者因工伤事故遭受人身损害，不仅有权向用人单位主张工伤保险待遇，因第三人原因导致工伤的，还可以要求侵权人承担赔偿责任，并不能因此认定劳动者在其遭受的侵害中获取利益。比对该规定，同理，受害者家属在获得刑事和解款后还可以请求保险公司理赔。因此，本案受害者家属获得沙某的和解款 26 万元属于刑事范畴，不影响其在民事纠纷中向保险公司申请赔偿，亦不构成因侵害获利的情形。另外，人身权益是无价的，不存在获利的情况。道路交通事故中涉及人身利益时不应适用补偿原则，这是因为人的生命是无价的，是不能用金钱衡量的。所以，受害者可以主张双重赔偿。应当注意的是，这种双重赔偿并非等于双倍赔偿。

3. 肇事者在刑事和解中赔偿精神损害抚慰金，不能免除保险公司向受害者家属赔付精神损害抚慰金的责任。

肇事者的行为构成交通肇事罪后还应当承担精神损害赔偿责任。根据 2012 年《最高人民法院关于适用〈中华人民共和国刑事诉讼法〉的解释》第 155 条第 3 款（现为 2021 年版第 192 条第 3 款）的规定，驾驶机动车致人伤亡或者造成公私财产重大损失，构成犯罪的，依照 2011 年《道路交通安全法》第 76 条的规定确定赔偿责任。而 2012 年《最高人民法院关于审理道路交通事故损害赔偿案件适用法律若干问题的解释》第 14 条对 2011 年《道路交通安全法》第 76 条进行了明确，明确人身权益的损害赔偿包括原《侵权责任法》第 22 条（现为《民法典》第 1183 条）的精神损害赔偿。

因此，在本案中首先要明确的是，即使沙某要承担刑事责任，也不影响其在民事上承担精神损害赔偿责任。那么在肇事者沙某向受害者家属支付了 5 万元的精神损害抚慰金后，受害者家属是否还可以向保险公司请求支付相应的精神损害抚慰金？从保险合同的约定来看，保险公司应当在法律规定或者合同明确约定的范围内进行理赔，因此，如果保险公司无法出示其不在交强险范围内赔偿精神损害抚慰金的证据的，法院不应当支持其诉讼请求。

第17讲 降低被害人不谅解对量刑幅度的影响

一、问题引入：如何降低被害人不谅解对量刑幅度的影响？

被害人谅解是指被害人或其家属因被告人认罪悔罪、赔偿损失、赔礼道歉或其他正当原因，而对被告人表示谅解。司法实务中，因部分犯罪的直接被害人已经死亡或丧失表达能力，故谅解的主体既包括被害人，又包括被害人的家属或监护人。谅解的原因多种多样，一般是被告人认罪悔罪、赔偿损失、赔礼道歉、提供生活帮助或履行其他民事义务，使被害人或其家属获得一定的物质补偿和精神安慰。谅解的形式分为书面和口头两种形式，既可以由被害人提交书面谅解意见，又可以当庭口头向审判机关表达谅解意见。谅解意见一般应载明被害人谅解的原因及同意或请求司法机关对被告人从宽处罚等内容。

毫无疑问，赔偿损失有助于补偿、挽回被害人的物质损失，认罪悔罪、赔礼道歉有助于抚慰被害人遭受的精神创伤，均能有效减轻犯罪行为的社会危害性。与此同时，认罪态度、赔礼道歉和赔偿损失还能从不同角度反映被告人有良好的悔罪表现，从而降低其人身危险性。基于被告人认罪悔罪、赔偿损失、赔礼道歉往往是取得被害人谅解的前提条件，因此，取得被害人谅解间接意味着犯罪的社会危害性和被告人的人身危险性已得到降低，必然会对量刑产生影响。

但是，部分被害人及其亲属表示不谅解，要求办案机关从重处罚，是否会影响认罪认罚从宽的适用？

首先，根据《认罪认罚指导意见》第 18 条的规定，被害人及其诉讼代理人不同意对认罪认罚的犯罪嫌疑人、被告人从宽处理的，不影响认罪认罚从宽制度的适用。其次，被告人已经有积极行为希望取得被害人及其亲属的谅解，但对方坚持不谅解的，认罪认罚从宽程序仍可适用，但是在量刑幅度上会有所影响，不过被告人可以尝试通过其他方式尽量降低被害人不谅解对量刑幅度的影响，例如让被告人口述一封道歉信或建议被告人的家属代替当事人写道歉信，通过办案机关转交，表明自身的态度。

二、规范依据

《最高人民法院、最高人民检察院关于常见犯罪的量刑指导意见（试行）》（2021）

……

（十）对于退赃、退赔的，综合考虑犯罪性质、退赃、退赔行为对损害结果所能弥补的程度，退赃、退赔的数额及主动程度等情况，可以减少基准刑的 30% 以下；对抢劫等严重危害社会治安犯罪的，应当从严掌握。

（十一）对于积极赔偿被害人经济损失并取得谅解的，综合考虑犯罪性质、赔偿数额、赔偿能力以及认罪悔罪表现等情况，可以减少基准刑的 40% 以下；积极赔偿但没有取得谅解的，可以减少基准刑的 30% 以下；尽管没有赔偿，但取得谅解的，可以减少基准刑的 20% 以下。对抢劫、强奸等严重危害社会治安犯罪的，应当从严掌握。

（十二）对于当事人根据刑事诉讼法第二百八十八条达成刑事和解协议的，综合考虑犯罪性质、赔偿数额、赔礼道歉以及真诚悔罪等情况，可以减少基准刑的 50% 以下；犯罪较轻的，可以减少基准刑的 50% 以上或者依法免除处罚。

（十三）对于被告人在羁押期间表现好的，可以减少基准刑的 10%

以下。

（十四）对于被告人认罪认罚的，综合考虑犯罪的性质、罪行的轻重、认罪认罚的阶段、程度、价值、悔罪表现等情况，可以减少基准刑的 30% 以下；具有自首、重大坦白、退赃退赔、赔偿谅解、刑事和解等情节的，可以减少基准刑的 60% 以下，犯罪较轻的，可以减少基准刑的 60% 以上或者依法免除处罚。认罪认罚与自首、坦白、当庭自愿认罪、退赃退赔、赔偿谅解、刑事和解、羁押期间表现好等量刑情节不作重复评价。

……

《最高人民法院、最高人民检察院、公安部、国家安全部、司法部关于适用认罪认罚从宽制度的指导意见》（2019）

18. 被害方异议的处理。被害人及其诉讼代理人不同意对认罪认罚的犯罪嫌疑人、被告人从宽处理的，不影响认罪认罚从宽制度的适用。犯罪嫌疑人、被告人认罪认罚，但没有退赃退赔、赔偿损失，未能与被害方达成调解或者和解协议的，从宽时应当予以酌减。犯罪嫌疑人、被告人自愿认罪并且愿意积极赔偿损失，但由于被害方赔偿请求明显不合理，未能达成调解或者和解协议的，一般不影响对犯罪嫌疑人、被告人从宽处理。

三、实务案例

（2019）苏 0311 刑初 359 号 | 孟某某交通肇事案

（一）关键词

认罪认罚　谅解　认罪悔罪　主动赔偿补偿

（二）要旨

被告人自愿赔偿被害人亲属损失，虽然被害人亲属予以拒绝，并对被告人孟某某的犯罪行为不予谅解，但孟某某主动自愿赔偿补偿的行为亦是其悔罪认罚的具体体现，仍然可以作为从轻处罚的情节考量。

（三）基本案情

被告人孟某某违反交通运输管理法规，发生重大交通事故，致一人死亡，负事故全部责任，其行为已构成交通肇事罪，依法应处 3 年以下有期徒刑或者拘役。公诉机关指控的事实、罪名成立，本院予以确认。被告人孟某某犯罪后主动报警，并在事故现场等候民警处理，到案后如实供述犯罪事实，符合自首的构成条件，并自愿认罪认罚，依法予以从轻从宽处罚。辩护人关于被告人孟某某具有自首情节，自愿认罪认罚，并赔偿补偿被害人损失，请求从轻处罚的意见，符合本案事实和法律规定，法院予以采纳。被害人亲属的损失在民事诉讼中根据车辆保险等可以得到足额赔偿，被告人孟某某又自愿赔偿被害人亲属损失，虽然被害人亲属予以拒绝，并对被告人孟某某的犯罪行为不予谅解，但孟某某主动自愿赔偿补偿的行为亦是其悔罪认罚的具体体现，仍然可以作为从轻处罚的情节考量。被告人孟某某所犯之罪为过失犯罪，主观恶性较小，且法定刑为 3 年以下有期徒刑或拘役，属轻罪范畴，在交通肇事犯罪过程中没有无证驾驶、酒后驾驶及肇事逃逸等不宜适用缓刑的恶劣情节，根据其犯罪事实、情节和认罪悔罪表现，结合社区考察及听证意见，对其适用缓刑，没有再犯罪的危险，宣告缓刑对所居住社区没有重大不良影响，经全面考量、综合评判认为被告人孟某某所犯之罪符合缓刑适用条件，依法予以宣告缓刑。被害人的损失经法院民事判决可获赔偿，被告人孟某某又自愿交到法院人民币 12 万元（包含一审民事判决由孟某某承担的 5 万元精神损害抚慰金在内），作为对被害人法定代理人的赔偿补偿，法院依法予以确认。

判决意见是对全案事实证据，犯罪情节后果予以整体把握和细致分析，不受任何一方当事人影响，并在充分考量社情民意反映、类案裁判情况的基础上，居中裁量，认真审慎作出的评议判断。因思维方式、价值取向、利益取舍、位置角度等各不相同，判决结果不能为所有人认同、接受也在所难免，法庭期冀判决能够得到当事人和社会的理解与尊重。

（四）裁判结果

综上，根据被告人孟某某的犯罪事实性质、主观过失程度、肇事具体情节、社会危害程度以及其认罪悔罪表现等，依法判决如下：被告人孟某某犯交通肇事罪，判处有期徒刑 1 年 4 个月，缓刑 2 年。

四、律师解析

被害人谅解在量刑中的作用显而易见，根据《量刑指导意见》的规定，积极赔偿被害人并取得谅解，可以减少基准刑的 40%以下；没有赔偿，但取得谅解的，可以减少基准刑的 20%以下。故辩护律师应该帮助犯罪嫌疑人、被告人尽量取得被害人谅解，但如果被害人不谅解，也不会加重处罚。同时，当被害人不谅解时，被告人仍然可以通过真诚悔罪，积极退赔减轻量刑。上述案例就是在被害人不谅解情况下，最终取得了从宽判决。

辩护律师可以说服犯罪嫌疑人、被告人积极赔偿，不管其是否取得谅解。因为《量刑指导意见》规定，积极赔偿虽没有取得谅解仍可以减少基准刑的 30%以下。另外，需要注意被害人谅解和判处缓刑之间的关系。被害人谅解不会直接决定是否判处缓刑，但在一定程度上会影响是否判处缓刑。未取得被害人谅解不意味着不能判处缓刑，取得被害人谅解也不意味着一定判处缓刑，但取得被害人谅解的，和未取得被害人谅解的相比，判处缓刑的概率更大。

第18讲 认罪认罚对适用逮捕措施的影响

一、问题引入：认罪认罚如何影响逮捕措施的适用？

认罪认罚从宽制度贯穿刑事诉讼全过程，适用于侦查、起诉、审判各个阶段，但“认罪认罚”的认定在不同诉讼阶段以及不同审判程序中显然具有不同要求，也会产生不同的影响。

根据《刑事诉讼法》第81条的规定，逮捕措施适用于有证据证明有犯罪事实，可能判处徒刑以上刑罚且采取取保候审尚不足以防止发生某些社会危险性的犯罪嫌疑人、被告人。且批准或者决定逮捕，应当将犯罪嫌疑人、被告人涉嫌犯罪的性质、情节，认罪认罚等情况，作为是否可能发生社会危险性的考虑因素。可见，除了对犯罪本身严重程度的判断外，“社会危险性”是对犯罪嫌疑人是否采取逮捕措施的重要考量因素。而认罪认罚是指犯罪嫌疑人自愿如实供述自己的罪行，承认指控的犯罪事实，愿意接受处罚，充分体现了其认罪悔罪态度，因此认罪认罚的犯罪嫌疑人的社会危险性较低。

《认罪认罚指导意见》亦强调，认罪认罚是犯罪嫌疑人、被告人是否具有社会危险性的重要考虑因素。犯罪嫌疑人认罪认罚，公安机关认为罪行较轻、没有社会危险性的，应当不再提请人民检察院审查逮捕。对提请逮捕的，人民检察院认为没有社会危险性不需要逮捕的，应当作出不批准逮捕的决定。已经逮捕的犯罪嫌疑人、被告人认罪认罚的，人民法院、人民检察院应当及时审查羁押的必要性，经审查认为没有继续羁押必要的，应当变更为取保候审或者监视居住。

可见，认罪认罚是犯罪嫌疑人罪后态度的重要反映，是判断其社会危险性进而影响逮捕措施的提请、审查、决定的重要因素。逮捕措施的适用、变更应当充分考虑犯罪嫌疑人认罪认罚的情况，以优化司法资源配置、提高刑事诉讼效率。

二、规范依据

《中华人民共和国刑事诉讼法》（2018 修正）

第十五条　犯罪嫌疑人、被告人自愿如实供述自己的罪行，承认指控的犯罪事实，愿意接受处罚的，可以依法从宽处理。

第八十一条第一款、第二款　对有证据证明有犯罪事实，可能判处徒刑以上刑罚的犯罪嫌疑人、被告人，采取取保候审尚不足以防止发生下列社会危险性的，应当予以逮捕：

（一）可能实施新的犯罪的；

（二）有危害国家安全、公共安全或者社会秩序的现实危险的；

（三）可能毁灭、伪造证据，干扰证人作证或者串供的；

（四）可能对被害人、举报人、控告人实施打击报复的；

（五）企图自杀或者逃跑的。

批准或者决定逮捕，应当将犯罪嫌疑人、被告人涉嫌犯罪的性质、情节，认罪认罚等情况，作为是否可能发生社会危险性的考虑因素。

《最高人民法院、最高人民检察院、公安部、国家安全部、司法部关于适用认罪认罚从宽制度的指导意见》（2019）

19. 社会危险性评估。人民法院、人民检察院、公安机关应当将犯罪嫌疑人、被告人认罪认罚作为其是否具有社会危险性的重要考虑因素。对于罪行较轻、采用非羁押性强制措施足以防止发生刑事诉讼法第八十一条第一款规定的社会危险性的犯罪嫌疑人、被告人，根据犯罪性质及可能判处的刑罚，依法可不适用羁押性强制措施。

20. 逮捕的适用。犯罪嫌疑人认罪认罚，公安机关认为罪行较轻、没有社会危险性的，应当不再提请人民检察院审查逮捕。对提请逮捕的，人民检察院认为没有社会危险性不需要逮捕的，应当作出不批准逮捕的决定。

21. 逮捕的变更。已经逮捕的犯罪嫌疑人、被告人认罪认罚的，人民法院、人民检察院应当及时审查羁押的必要性，经审查认为没有继续羁押必要的，应当变更为取保候审或者监视居住。

三、实务案例

（2020）豫0402刑初385号｜陈某英销售有毒、有害食品案

（一）关键词

认罪认罚　调整量刑建议　销售有毒、有害食品

（二）要旨

人民检察院批准逮捕，应当将犯罪嫌疑人认罪认罚作为是否可能发生社会危险性的考虑因素之一。犯罪嫌疑人认罪认罚，公安机关提请逮捕的，人民检察院认为没有社会危险性不需要逮捕的，应当作出不批准逮捕的决定。

（三）基本案情

被告人陈某英，2020年1月15日因涉嫌犯销售有毒、有害食品罪，被平顶山市公安局中兴路分局刑事拘留，其到案后如实供述所犯罪行，并认罪认罚；2020年1月22日平顶山市新华区人民检察院以没有社会危险性不批准逮捕，次日被平顶山市公安局中兴路分局变更强制措施为取保候审；2020年9月17日，平顶山市新华区人民检察院决定对其取保候审，当日由平顶山市公安局建设路分局执行；2020年10月15日经平顶山市新华区人

民检察院决定逮捕，当日由平顶山市公安局中兴路分局执行。

（四）裁判结果

一审判决如下：

第一，被告人陈某英犯销售有毒、有害食品罪，判处有期徒刑 1 年 6 个月，缓刑 2 年，并处罚金 8000 元（已缴纳）。

（缓刑考验期限，从判决确定之日起计算。）

第二，对被告人陈某英已缴纳的违法所得 15000 元，上缴国库；

第三，对扣押在案的牡蛎人参鹿鞭 5 盒、棒老头一点 1.5 盒、植物伟哥 1 瓶、金马卡 1 瓶、本能 4 盒、本能 2 盒（美国伟哥升级产品）由扣押机关依法处置。

2019 年江苏省人民检察院发布准确适用认罪认罚从宽制度典型案例之七：张某故意伤害案①

（一）关键词

认罪认罚　民营企业家　不批准逮捕　速裁程序　故意伤害罪

（二）要旨

综合从重与从轻量刑情节依法对民营企业家不批准逮捕并适用速裁程序。对民营企业经营者适用强制措施，应当根据犯罪的事实、性质、情节和对社会的危害程度，结合法定、酌定的量刑情节，综合认罪认罚情况进行具体考量。张某曾经故意犯罪，且刑罚执行完毕未满 5 年又犯新罪，若简单机械办案，该企业可能错失发展良机。检察机关结合张某日常表现，涉嫌犯罪的性质、情节，认罪态度以及主动道歉赔偿的行为，预判适用认罪认罚程序可能获取的从宽处罚幅度，综合评价其不属于应当逮捕的情形，

① 2019 年 11 月江苏省人民检察院发布一批江苏检察机关准确适用认罪认罚从宽制度典型案例，本案是该批典型案例之七。

并作出不批准逮捕决定。检察机关综合考量后，认定张某的行为已构成犯罪需要接受刑事处罚，依法对其提起公诉，并针对其法律意识不强的问题进行法制教育，保障法律权威不受侵犯。

（三）基本案情

张某，曾因盗窃罪被判处有期徒刑1年6个月，2015年3月刑满释放后，经营一家水产公司，与南京市玄武区某酒店存在供货业务。2017年7月，张某到该酒店催要被长期拖欠的80万元货款，发现酒店已单方毁约更换供应商。与酒店沟通过程中，新供货商工人赵某至该酒店送货，张某与赵某发生口角，纠缠中挥打赵某一拳，后张某离去。警方接被害人报警后将张某抓获，经鉴定，赵某左耳鼓膜穿孔，损伤程度为轻伤二级。事发后，张某及时向被害人道歉并主动赔偿17万元，赵某对张某表示谅解，并出具书面谅解协议请求司法机关对张某从轻处理。

2018年12月30日，侦查机关以张某涉嫌故意伤害罪，曾经被判处有期徒刑以上刑罚且执行完毕未超过5年，提请南京市玄武区检察院审查逮捕。

检察机关受理案件后，仔细核实案件相关情况，认为起因上，张某殴打源于民事纠纷，且涉案酒店长期拖欠货款仍不予偿还，毁约在先，有一定的过错；在行为上，张某仅在纠缠中挥打对方一拳，后再无暴力行为，后主动道歉赔偿达成和解。人身危险性上，张某刑满释放后一直经营合法的水产生意，从2人发展至员工110人的水产公司，年纳税额100余万元。且审查逮捕期间，该公司刚申请到出口外贸资质，并积极准备向西部布局。张某作为全面负责公司运营的法人代表，是否被逮捕直接影响公司的生产经营和业务发展。张某本人真诚认罪悔罪，保证不再触犯法律，请求检察机关对其从宽处罚。检察机关分析案件证据事实后认定，张某的行为已经构成犯罪，同时结合其盗窃犯罪前科、本次犯罪原因和主动赔偿、达成谅解等量刑情节进行综合考量，认为若张某如在审查逮捕环节认罪认罚，依据法律规定，有可能判处有期徒刑以下刑罚，可以作出不批准逮捕决定。

遂在核实并固定张某选择适用认罪认罚从宽程序的意愿后，对其作出不批准逮捕决定。同时向侦查机关阐述了不批准逮捕的理由，建议公安机关尽快侦查终结，移送审查起诉。

（四）裁判结果

2019 年 2 月 17 日，侦查机关以张某涉嫌故意伤害罪，移送南京市玄武区人民检察院审查起诉。在值班律师见证下，张某签署认罪认罚具结书。检察机关审查认为，张某认罪认罚、赔偿损失、取得谅解，经调查没有涉黑涉恶犯罪，居住社区愿意接受矫正，可以适用刑事速裁办理，于 2019 年 3 月 14 日提起公诉，向法院提出拘役 6 个月，可适用缓刑的量刑建议。法院采纳了检察机关的建议，判处张某拘役 6 个月，缓刑 9 个月。

四、律师解析

上述两个案例都涉及因为认罪认罚、社会危害性小而不被逮捕的情形，对律师有一定启发意义。律师为犯罪轻微的犯罪嫌疑人、被告人提供服务时，在不逮捕当事人的社会危害性较小的情况下，在当事人认罪认罚后，应努力替当事人向公安机关、检察机关证明不逮捕的危害性较小，争取监视居住等其他强制措施。

争取不被逮捕的目的不是逃避惩罚，而是减少讼累，尤其在认罪认罚案件中，完全可能因为轻微犯罪而被不起诉或判处缓刑等。认罪认罚从宽程序中的从宽，既包括实体上从宽处罚，又包括程序上从简处理，可通过被告人自愿认罪认罚开启简化审理程序，保障被告人对程序的选择性。张某故意伤害案中，检察机关在张某认罪认罚后适用速裁程序快速办理，最大限度地减少了当事人诉累，在惩处违法行为的同时，企业正常生产经营得以保障，将负面社会效果降至最低。

当然，不批准逮捕不等于不构成犯罪，“事出有因”同样需要恪守法律“边界”。张某故意伤害案中的张某有犯罪前科，且前后犯罪时间间隔较短，不符合不起诉条件。

第19讲 评估认罪认罚案件中社会危险性的评估

一、问题引入：如何评估认罪认罚案件中的社会危险性?

刑事案件中，部分犯罪嫌疑人、被告人会被办案机关采取羁押措施，其目的在于防止再次发生新的社会危害行为和实现诉讼的可控性。为了维护被逮捕的犯罪嫌疑人、被告人合法权益，保障刑事诉讼活动顺利进行，检察院需要对羁押必要性进行审查，而审查的核心即为判断被告人、犯罪嫌疑人的社会危险性。判断犯罪嫌疑人有无社会危险性，既要站在尊重和保障犯罪嫌疑人人权的角度，又要站在保障刑事诉讼活动顺利进行的角度综合考量。

认罪认罚与社会危险性评估最为密切的方面就是罪后表现，认罪认罚体现的是犯罪嫌疑人、被告人在犯罪后承认指控的主要犯罪事实和真诚悔罪，愿意接受处罚的态度。犯罪嫌疑人、被告人认罪认罚的诉讼阶段，以及取得谅解做的积极努力都是评估其社会危险性的重要因素。《认罪认罚指导意见》第19条指出，对于罪行较轻、采用非羁押性强制措施足以防止发生《刑事诉讼法》第81条第1款规定的社会危险性的犯罪嫌疑人、被告人，根据犯罪性质及可能判处的刑罚，依法可不适用羁押性强制措施。同时，随着案件事实的查明和情况的变更，已经逮捕的犯罪嫌疑人、被告人认罪认罚的，法院、检察院应当及时进行羁押必要性的审查，及时变更。

二、规范依据

《最高人民法院、最高人民检察院、公安部、国家安全部、司法部关于适用认罪认罚从宽制度的指导意见》(2019)

19. 社会危险性评估。人民法院、人民检察院、公安机关应当将犯罪嫌疑人、被告人认罪认罚作为其是否具有社会危险性的重要考虑因素。对于罪行较轻、采用非羁押性强制措施足以防止发生刑事诉讼法第八十一条第一款规定的社会危险性的犯罪嫌疑人、被告人，根据犯罪性质及可能判处的刑罚，依法可不适用羁押性强制措施。

21. 逮捕的变更。已经逮捕的犯罪嫌疑人、被告人认罪认罚的，人民法院、人民检察院应当及时审查羁押的必要性，经审查认为没有继续羁押必要的，应当变更为取保候审或者监视居住。

三、实务案例

2023 年最高人民检察院发布六件检察机关依法惩治侵犯著作权犯罪典型案例之一：柯某某侵犯著作权案①

（一）关键词

侵犯著作权罪　视听作品　羁押必要性审查　赔偿和解

（二）要旨

在办理网络侵犯视听作品著作权犯罪案件中，及时提取手机聊天记录、网络平台后台及服务器数据明细等证据，准确认定侵权作品数量。注重追赃挽损并促成赔偿和解，切实维护著作权人合法权益。

---

① 本案为 2024 年 1 月 5 日最高人民检察院发布的六件检察机关依法惩治侵犯著作权犯罪的典型案例之一，参见《检察机关依法惩治侵犯著作权犯罪典型案例》，载 12309 中国检察网，https：//www. 12309. gov. cn/12309/gj/zdajxx/202401/t20240105_spp639390. shtml。

（三）基本案情

2021 年 8 月至 2022 年 4 月，柯某某为获取非法利益，在未经著作权人授权的情况下，采用“火车采集器”爬虫软件，从优酷、腾讯、爱奇艺等视频网站采集 5 万余部电影、电视剧等视听作品网页版播放地址数据，存储在租用的服务器上。柯某某通过技术解析的方式，将存储在服务器的视听作品转载到其个人运营管理的网站及“某某影院”App 上，提供给网民免费观看。同时，柯某某承接广告业务，在网民观看“某某影院”App 上其存储的免费视听作品时投放开屏广告，以广告展现量计酬收取广告费，非法获利共计人民币 35 万余元。

2022 年 5 月 10 日，经权利人优酷信息技术（北京）有限公司报案，福建省三明市公安局以柯某某涉嫌侵犯著作权罪立案侦查。同月 17 日，三明市公安局将本案移送明溪县公安局侦查。同月 31 日，明溪县公安局对柯某某刑事拘留；同年 6 月 1 日，对其取保候审。受明溪县公安局邀请，明溪县人民检察院按照重大疑难案件听取意见机制，派员审查了证据材料，建议从扣押的电脑、硬盘、手机内及时提取聊天记录，收集非法采集的视听作品后台及服务器数据明细等证据，确定侵权作品数量，进一步查明侵权作品著作权权属。

2023 年 2 月 15 日，明溪县公安局以柯某某涉嫌侵犯著作权罪移送明溪县检察院审查起诉。

2023 年 4 月 4 日，明溪县人民检察院以侵犯著作权罪对柯某某提起公诉。

（四）裁判结果

2023 年 4 月 20 日，明溪县人民法院作出一审判决，以侵犯著作权罪判处被告人柯某某有期徒刑 3 年，缓刑 4 年，并处罚金人民币 40 万元。被告人未提出上诉，判决已生效。

四、律师解析

关于社会危害性的判断，从我国法律及刑事司法领域相关实践看，影响社会危险性判断的因素主要包括三个层面：一是犯罪嫌疑人状况。包含犯罪主体的身份状况如年龄、成长经历、前科劣迹等内在因素，也包含家庭、工作、社交等影响人格行为判断的外在因素等。二是犯罪性质。犯罪行为侵犯法益的种类不同，犯罪性质的严重程度就不同，具体包含犯罪情节、动机、目的、手段、对象及犯罪后果等方面。三是罪后表现。即犯罪嫌疑人认罪悔罪态度、被害人谅解等。如根据刑法的规定，将自首、立功情节纳入社会危险性考量因素。

上述案例中，检察机关在办案过程中，核查各种证据，尤其是充分保障知识产权人的权利。因此检察机关重点开展了两项工作：一是准确认定侵权作品数量和违法所得数额。汇总柯某某租用服务器内存储的侵权视听作品电子数据，并剔除重复项，结合鉴定意见，认定侵权视听作品数量为 5 万余部。对柯某某使用的网络支付账户交易记录逐笔核对资金明细，认定其收取的广告费共计人民币 35 万余元为违法所得。二是依法保障知识产权权利人合法权益。向被侵权公司送达侵犯知识产权刑事案件权利人诉讼权利义务告知书，充分听取其意见建议。加强释法说理，促成柯某某认罪悔罪、退缴全部违法所得并与被侵权公司达成赔偿和解协议，充分保障知识产权权利人合法权益。

在保证查清案情和保障权利人合法权益之后，检察机关还开展了羁押必要性审查。案发后，检察机关决定对柯某某予以逮捕。后柯某某近亲属申请对其变更强制措施，检察机关依申请开展羁押必要性审查。通过召开公开听证会，听取人民监督员、听证员的意见后，认为案件事实已基本查清，证据已收集固定，且柯某某与被侵权公司已达成和解协议，采取取保候审不致发生社会危险，没有继续羁押的必要，对柯某某变更强制措施为取保候审。

因此，社会危害性的判断不是独立的，作为当事人的辩护律师，可以通过影响社会危险性判断的多方面因素入手，充分获取对当事人社会危险性评估有力的事实证据，为当事人争取合法权益。

第20讲 检察院对认罪认罚的自愿性和合法性的审查

一、问题引入：检察院如何审查认罪认罚的自愿性和合法性?

认罪认罚自愿性是反对强迫自证其罪原则的应有之义。认罪认罚自愿性与认罪认罚从宽制度存在天然的紧张关系。如果被追诉者选择认罪认罚，其将得到从宽处理的结果，反之，则无法享受从宽处理这一收益。可见，当认罪与否存在刑罚效果上的差异时，认罪认罚本身就暗含一定的引诱色彩。其自愿性并非社会心理学意义上的绝对自愿，而是一种带有利益权衡属性的法律意义上的自愿，更多强调的是对强迫认罪的否定。基于此，在确定自愿性内涵时，有学者片面地“把认罪认罚的自愿性误读为供述的自愿性，把认罪自愿性的判断标准错误等同于非法言词证据的排除标准”。

认罪认罚追求的自愿性是指在有限的压力和适度的诱惑下，被追诉者基于自由意志进行利益权衡，从而作出自主判断与选择的主观状态。因从正面很难清晰界定自愿性标准，实践中一般通过反向排除的方式予以实现。具体而言，非自愿应涵盖显性与隐性两个维度：显性“非自愿”一般指《刑事诉讼法》第52条规定的刑讯逼供等非法方法或采用作出超出法律允许范畴的虚假承诺方式使被追诉者认罪认罚；隐性“非自愿”范围则相对开放，将随着刑事司法对正当程序价值的不断追求而进行动态调整，如程序性违法或侵犯被追诉者程序性权利等。

二、规范依据

《中华人民共和国刑事诉讼法》（2018 修正）

第十五条　犯罪嫌疑人、被告人自愿如实供述自己的罪行，承认指控的犯罪事实，愿意接受处罚的，可以依法从宽处理。

第二百二十七条第三款　对被告人的上诉权，不得以任何借口加以剥夺。

第二百二十八条　地方各级人民检察院认为本级人民法院第一审的判决、裁定确有错误的时候，应当向上一级人民法院提出抗诉。

《最高人民法院关于适用〈中华人民共和国刑事诉讼法〉的解释》（2021）

第三百四十七条　刑事诉讼法第十五条规定的“认罪”，是指犯罪嫌疑人、被告人自愿如实供述自己的罪行，对指控的犯罪事实没有异议。

刑事诉讼法第十五条规定的“认罚”，是指犯罪嫌疑人、被告人真诚悔罪，愿意接受处罚。

被告人认罪认罚的，可以依照刑事诉讼法第十五条的规定，在程序上从简、实体上从宽处理。

《最高人民法院、最高人民检察院、公安部、国家安全部、司法部关于适用认罪认罚从宽制度的指导意见》（2019）

28. 自愿性、合法性审查。对侦查阶段认罪认罚的案件，人民检察院应当重点审查以下内容：

（一）犯罪嫌疑人是否自愿认罪认罚，有无因受到暴力、威胁、引诱而违背意愿认罪认罚；

（二）犯罪嫌疑人认罪认罚时的认知能力和精神状态是否正常；

（三）犯罪嫌疑人是否理解认罪认罚的性质和可能导致的法律后果；

（四）侦查机关是否告知犯罪嫌疑人享有的诉讼权利，如实供述自己罪行可以从宽处理和认罪认罚的法律规定，并听取意见；

（五）起诉意见书中是否写明犯罪嫌疑人认罪认罚情况；

（六）犯罪嫌疑人是否真诚悔罪，是否向被害人赔礼道歉。

经审查，犯罪嫌疑人违背意愿认罪认罚的，人民检察院可以重新开展认罪认罚工作。存在刑讯逼供等非法取证行为的，依照法律规定处理。

39. 审判阶段认罪认罚自愿性、合法性审查。办理认罪认罚案件，人民法院应当告知被告人享有的诉讼权利和认罪认罚的法律规定，听取被告人及其辩护人或者值班律师的意见。庭审中应当对认罪认罚的自愿性、具结书内容的真实性和合法性进行审查核实，重点核实以下内容：

（一）被告人是否自愿认罪认罚，有无因受到暴力、威胁、引诱而违背意愿认罪认罚；

（二）被告人认罪认罚时的认知能力和精神状态是否正常；

（三）被告人是否理解认罪认罚的性质和可能导致的法律后果；

（四）人民检察院、公安机关是否履行告知义务并听取意见；

（五）值班律师或者辩护人是否与人民检察院进行沟通，提供了有效法律帮助或者辩护，并在场见证认罪认罚具结书的签署。

庭审中审判人员可以根据具体案情，围绕定罪量刑的关键事实，对被告人认罪认罚的自愿性、真实性等进行发问，确认被告人是否实施犯罪，是否真诚悔罪。

被告人违背意愿认罪认罚，或者认罪认罚后又反悔，依法需要转换程序的，应当按照普通程序对案件重新审理。发现存在刑讯逼供等非法取证行为的，依照法律规定处理。

三、实务案例

检例第216号｜付某盗窃侦查活动监督案

（一）关键词

侦查活动监督　轻微刑事案件　认罪认罚自愿性审查

（二）要旨

人民检察院在案件办理中应当严格履行审查监督职责，即使是犯罪嫌疑人认罪认罚的轻微刑事案件，也要加强对侦查活动合法性的监督和认罪认罚自愿性的审查。

具体案例情况见第 2 讲中实务案例介绍，不再赘述。

四、律师解析

自愿认罪认罚是否代表不能反悔，或者反悔是否代表认罪认罚非自愿、不真实？被告人认罪认罚后反悔的，在法院看来并非绝对“排除被告人的有罪供述，不将其作为被告人有罪的证据”。侦查至审判阶段认罪认罚的被告人，在庭审中反悔的，依法取得的被告人庭前的认罪认罚，仍然是真实自愿的，并在判决中当然适用认罪认罚从宽制度。

1. 认罪认罚范畴下有罪供述的特殊性。与普遍意义上的有罪供述相比，认罪认罚范畴下的有罪供述作为一个更小的范畴，有更为特别的特征：

第一，形成过程特殊。认罪认罚案件中犯罪嫌疑人、被告人作出的有罪供述最后定格于控辩协商之中。侦查机关、公诉机关作出认罪认罚从宽的承诺，让犯罪嫌疑人、被告人更愿意如实供述罪行。与“坦白从宽”的承诺相比，认罪认罚从宽承诺的可期待利益更加具体明确。通过签署认罪认罚具结书、法院“一般应当采纳人民检察院指控的罪名和量刑建议”等机制，确保量刑从宽承诺得以变现。

第二，表现形式特殊。认罪认罚范畴下的有罪供述表现形式更为多样，既包含讯问模式形成的笔录，又隐含于认罪认罚具结书中。在认罪认罚范畴下，侦查机关主要致力于查明犯罪事实，这个阶段提出的罪名可能被检察机关改变，具有不确定性。因此侦查阶段的“认罪”主要是指“认事情”，即如实供述犯罪事实。审查起诉阶段，公诉机关提出明确的罪名和量刑建议，此时的“认罪”包含“认事”、“认罪名”和“认量刑”，并且以认罪认罚具结书的形式固定。

第三，对自愿性的审查要求更高。由于认罪认罚从宽的可期待利益更加诱人，犯罪嫌疑人、被告人或为换取更低量刑，或者陷入“认识错误”，在引导性发问的情境下作出偏离客观事实的有罪供述的可能性更大。同时认罪认罚程序从简也可能给查明案情造成不利影响。基于认罪认罚实体从宽、程序从简的特殊性，审理中对于认罪认罚自愿性审查要求更高，立法也明确要求对认罪认罚的自愿性、真实性、合法性着重审查。

2. 现行认罪认罚体系认可有罪供述的证据价值。

第一，认罪认罚范畴下的有罪供述仍属于被告人供述。认罪认罚案件中的被告人有罪供述仍然属于法定证据种类。经查证属实的被告人供述，可以直接证实被告人的作案动机、作案时间、地点、对象、手段、后果等主要情节，并且根据被告人供述提取到的作案工具、赃物或者其他客观性证据，对查明犯罪事实十分关键。我国现行刑事诉讼法律体系认可有罪供述的证据价值，在立法没有特别规定的情况下，不宜将认罪认罚范畴下被告人的有罪供述排除在外。

第二，依法取得的有罪供述不属于应当排除的非法证据。认罪认罚被告人的有罪供述能否作为证据采信引发争议的原因在于难以确保有罪供述的自愿性、真实性、合法性。立法已经对被告人供述的采信规则作出规制，在遵循非法证据排除规制的基础上，不应对认罪认罚有罪供述的适用作出例外限制。

第三，认罪认罚案件中因受到心理强制而作出的有罪供述应当排除。鉴于认罪认罚范畴下对有罪供述的自愿性、真实性、合法性的审查要求更为严格，法官在认罪认罚案件中需要特别警惕通过心理强制讯问模式而获得的被告人有罪供述。心理强制讯问模式是指不对被告人实施身体暴力，但以尊重被告人自愿供述权利为外衣，通过持续的心理压制影响被告人心理，使其放弃抗拒并最终承认罪行的过程。总体而言，刑事案件强制侦查讯问包含身体强制和心理强制两种讯问模式。身体强制以刑讯逼供为主要审讯方式，这种审讯方式已经被立法否定。随着人类文明、法治和科技的发展，以各种心理策略所组成的作用于被告人内心的心理强制讯问模式越来越成为刑事司法中获得有罪供述的主要途径。心理强制讯问模式具有很高的强迫性，具有强迫无辜者作出虚假有罪供述的潜在危险。

在认罪认罚案件中，检察机关主导程序运行并在很大意义上决定案件处理结果的情况，很有可能导致被告人因心理压迫而作出有罪供述。认罪认罚案件中，量刑建议的出炉一般不经过与被告人的协商，而是检察机关作出决定后“单方听取意见”的运作模式。在持续讯问的高压心理强制环境下，侦控机关依据“认罪认罚从宽”给出的明确的可期待利益诱惑很容易使被告人为了尽快从讯问的高压中解脱而“自愿认罪”。

因为心理强制讯问具有隐蔽性，辩护律师需要努力让承办法官特别就被告人供述是否存在心理强制讯问、是否违反自愿性予以审查。“如果被刑事追诉之人的认罪认罚不真实或非自愿，必将导致刑事司法公正的严重损害，这是应当绝对避免的。”如果可以查明被告人供述是基于心理强制讯问取得的，则应当予以排除。

3. 认罪认罚具结书不同于有罪供述。

第一，认罪认罚具结书与有罪供述属于不同证据种类。犯罪嫌疑人自愿认罪认罚，同意检察机关提出的量刑建议和程序适用的，应当签署认罪认罚具结书。换句话说，作出认罪认罚有罪供述是出具具结书的基础，可以将有罪供述视为认罪认罚具结书的隐形组成部分。但不能将有罪供述等同于认罪认罚具结书。认罪认罚具结书包含检察机关指控的犯罪事实、量刑建议、适用程序以及犯罪嫌疑人对该部分内容表示承认、同意的态度。指控的犯罪事实是指公诉机关依据侦查机关调查和收集的证据，对犯罪行为进行的归纳，是对全案证据的综合认知过程，而不仅仅是针对犯罪嫌疑人口供的“照搬”。指控的犯罪事实不同于讯问模式中形成的笔录，也不同于被告人单方描述犯罪事实而形成的“口供”。此外，犯罪嫌疑人对于量刑建议、适用程序的同意显然不属于有罪供述。由此可以看出，认罪认罚具结书不同于犯罪嫌疑人、被告人供述。

认罪认罚具结书具有笔录类证据特征。认罪认罚具结书由检察机关制作、犯罪嫌疑人签署，用以记录检察机关的指控、犯罪嫌疑人承认的犯罪事实及犯罪嫌疑人自愿接受刑事处罚的认罪悔罪态度。认罪认罚具结书具有制作主体特定、记录形式书面、与诉讼过程同步形成的基本特征，可以将其认定为笔录类证据。

第二，认罪认罚具结书与有罪供述的证明对象不同。笔录类证据是一种较为典型的“过程证据”，兼具证明取证行为合法性和实质证据真实性或相关性的辅助功能。具体到认罪认罚具结书的功能范畴，不同于能够直接证明犯罪构成要件事实的有罪供述，认罪认罚具结书系一种能够证明认罪认罚过程事实的“过程证据”，即可以证明有罪供述作出的自愿性、合法性、真实性。

第三，认罪认罚反悔对具结书与有罪供述的影响不同。认罪认罚反悔的，依法取得的有罪供述可以予以采信，但认罪认罚反悔对具结书的影响不同。具结书是检察机关与犯罪嫌疑人就指控的犯罪事实内容、量刑建议内容以及程序选择所达成的书面合意。被告人认罪认罚反悔的，具有契约性质的具结书失效。民事诉讼中，当事人为达成调解作出的对案件事实的认可不得在其后的诉讼中作为对其不利的证据。同样地，在刑事诉讼中，在具结书失效后，也不宜再将具结书作为证明被告人自认有罪的证据。

具体到本案，被告人张某辉庭前所作供述并不存在非法取证的情况，从供述内容来看，被告人张某辉的表述符合正常人的表述习惯，表述清晰、流畅，是在正常心理状态下作出的供述，不存在因受到“认罪认罚的心理强制”而作出有罪供述的情形。同时结合被告人所作的“其在被陈某伟等人控制期间有用手乱抓”的供述，与被害人陈述、证人证言、诊断证明以及现场执法记录仪记录内容等证据能够形成完整的证据链条，可以印证犯罪事实。综上，被告人张某辉的庭前供述可以依法采信作为定案根据。而在被告人张某辉否认检察机关指控的犯罪事实后，公诉机关当庭撤回对其具有坦白、认罪认罚情节的认定意见，认罪认罚具结书失效，不应再将其作为证据采信。

认罪认罚案件中被告人反悔的，通常存在多份前后矛盾的供述。对于此类案件，需要认真审查被告人的有罪供述与在案的其他证据是否可以形成完整的证据链条。对于被告人供述前后矛盾，不能自圆其说，不能合理说明翻供理由或者其辩解与全案证据相矛盾，而有罪供述与其他证据能够相互印证的，可以依法采信被告人的有罪供述。此外，为制约认罪认罚案件中被告人无正当理由任意反悔，减损认罪认罚案件诉讼效率，人民法院在确定刑罚时，应当对被告人作出有别于认罪认罚量刑后果的负面评价。

第21讲 认罪认罚后的上诉

一、问题引入：认罪认罚后还能上诉吗？

认罪认罚代表对刑罚的接受，但是一审之后是否允许被告人不服判决提起上诉？答案是肯定的。

上诉权是基本诉讼权利，司法机关不得以任何理由剥夺，应当全面保障被告人的上诉权。认罪认罚从宽制度的根本目的是充分考虑被告人主观条件，保障被告人合法权益，这与保障被告人上诉权的目的相符，若在认罪认罚从宽制度下限制上诉权，则与该制度设立的初衷相违背。检察机关在依法履行职责时，不能以抗诉限制或变相剥夺认罪认罚被告人的上诉权，但也不能让被告人随意无理由反悔认罪认罚，致从宽量刑明显不当。

我国现行立法并未限制认罪认罚被告人的上诉权。刑事诉讼法明确规定上诉权是被告的法定权利，任何理由均不得剥夺该权利。故认罪认罚案件中被告人不服判决是可以上诉的。《刑事诉讼法》将认罪认罚从宽制度由司法实践经验上升为法律，其中第 15 条以基本原则的形式明确了认罪认罚从宽的基本概念及适用条件，但并未提及对上诉权的限制。此外，2016 年 11 月 11 日，《最高人民法院、最高人民检察院、公安部、国家安全部、司法部关于在部分地区开展刑事案件认罪认罚从宽制度试点工作的办法》（以下简称 2016 年“两高三部”《办法》）第 3 条亦明确指出，“办理认罪认罚案件，应当遵循刑法、刑事诉讼法的基本原则以事实为根据，以法律为准绳，保障犯罪嫌疑人、被告人依法享有的辩护权和其他诉讼权利……”。上诉权作为刑事诉讼法赋予被告人的基本权利，理应在该规定所要求的保障范围内。

2019 年 10 月实施的《认罪认罚指导意见》并没有明确回答该问题，但也未强制要求认罪认罚被告人必须接受一审裁判结果。

《人民检察院办理认罪认罚案件开展量刑建议工作的指导意见》第 39 条规定“认罪认罚案件中，人民法院采纳人民检察院提出的量刑建议作出判决、裁定，被告人仅以量刑过重为由提出上诉，因被告人反悔不再认罪认罚致从宽量刑明显不当的，人民检察院应当依法提出抗诉”。实践中，有个别检察机关误解该规定含义，往往只要出现被告人以量刑过重为由行使上诉权，检察机关就会以本案不应再适用认罪认罚从宽制度为由提起抗诉的情形。这种情况只会导致上诉权被架空，限制了被告人的基本权利。《刑事诉讼法》第 227 条第 3 款规定“对被告人的上诉权，不得以任何借口加以剥夺。”

二、规范依据

《中华人民共和国刑事诉讼法》（2018 修正）

第二百二十七条　被告人、自诉人和他们的法定代理人，不服地方各级人民法院第一审的判决、裁定，有权用书状或者口头向上一级人民法院上诉。被告人的辩护人和近亲属，经被告人同意，可以提出上诉。

附带民事诉讼的当事人和他们的法定代理人，可以对地方各级人民法院第一审的判决、裁定中的附带民事诉讼部分，提出上诉。

对被告人的上诉权，不得以任何借口加以剥夺。

《人民检察院办理认罪认罚案件开展量刑建议工作的指导意见》（2021）

第三十九条　认罪认罚案件中，人民法院采纳人民检察院提出的量刑建议作出判决、裁定，被告人仅以量刑过重为由提出上诉，因被告人反悔不再认罪认罚致从宽量刑明显不当的，人民检察院应当依法提出抗诉。

《最高人民法院、最高人民检察院、公安部、国家安全部、司法部关于适用认罪认罚从宽制度的指导意见》(2019)

45. 速裁案件的二审程序。被告人不服适用速裁程序作出的第一审判决提出上诉的案件，可以不开庭审理。第二审人民法院审查后，按照下列情形分别处理：

（一）发现被告人以事实不清，证据不足为由提出上诉的，应当裁定撤销原判，发回原审人民法院适用普通程序重新审理，不再按认罪认罚案件从宽处罚；

（二）发现被告人以量刑不当为由提出上诉的，原判量刑适当的，应当裁定驳回上诉，维持原判；原判量刑不当的，经审理后依法改判。

三、实务案例

最高人民法院发布非法行医类犯罪典型案例之三：宋某敏非法行医案

（一）关键词

非法行医罪　认罪认罚　医美事故

（二）要旨

被告人在一审中自愿认罪认罚，后又以量刑过重为由提出上诉的，二审法院不应一概剥夺被告人的上诉权。

（三）基本案情

被告人宋某敏未取得医生执业资格、医疗机构执业资格。2018年10月，宋某敏伙同他人在租赁的广西某商贸有限公司发艺店开展医疗美容业务。2019年4月11日，被害人刘某明在该店接受激光祛斑治疗。宋某敏因操作不慎，造成刘某明左眼被激光击伤，致刘某明左眼视网膜出血、视网膜裂孔、玻璃体积血后遗视力下降（盲目4级），构成重伤二级，伤残等级为八级。

（四）裁判结果

广西壮族自治区桂林市七星区人民法院经审理认为，被告人宋某敏在未取得医生执业等资格的情况下从事医疗活动，造成被害人轻度残疾、器官组织损伤导致一般功能障碍，情节严重，其行为已构成非法行医罪。宋某敏归案后如实供述犯罪事实，认罪认罚。据此，以非法行医罪判处宋某敏有期徒刑 1 年 2 个月，并处罚金人民币 1 万元。宋某敏上诉后，二审期间取得被害人谅解，桂林市中级人民法院改判宋某敏有期徒刑 10 个月，并处罚金人民币 8000 元。

检例第 83 号 | 琚某忠盗窃案

具体案例情况见第 9 讲中实务案例介绍，不再赘述。

四、律师分析

认罪认罚从宽制度试点工作自 2016 年开展以来，对认罪认罚的被告人上诉权是否予以限制，一直存在较大争议。一种观点认为，被告人“反悔上诉”实质上表明其不再自愿认罪认罚，故基于认罪认罚而作出的一审判决便属于量刑不当，有必要通过抗诉予以回应。因此，自 2018 年“认罪认罚从宽制度”被正式纳入《刑事诉讼法》以来，以“抗诉加刑”应对被告人“反悔上诉”的做法在实践中多有出现。另一种观点认为，上诉权是被告人的基本权利，不可剥夺。我国刑事诉讼目前仍具有较重的“职权主义”色彩，而被告人自愿认罪认罚是在控辩对抗基础上实现的合意，从保障被告人认罪认罚自愿性、增强对认罪认罚结果的可接受度的角度，以及我国当前认罪认罚配套改革及运行实践来看，不应对上诉权加以限制。

结合最高人民法院发布非法行医类犯罪典型案例之三——宋某敏非法行医案和检例第 83 号——琚某忠盗窃案，可以看出观点明确：应当在尊重被告人上诉权的基础上，针对被告人的具体上诉理由区别对待，只要被告人的上诉理由没有否定主要犯罪事实，就不宜否定其原来认罪认罚的效力。

1. 被告人的上诉权与认罪认罚从宽制度并不冲突。

客观来说，认罪认罚从宽制度在价值取向、权利构造上与刑事诉讼上诉权制度存在一定的紧张关系。主要体现在因被告人上诉而引起的二审程序使得认罪认罚从宽制度所追求的提升办案效率、节约司法资源的价值目标被打折扣。但从刑事诉讼法的公正与效率的平衡角度而言，应当对二者予以调和。

第一，上诉权是被告人的基本诉讼权利。

现代多数国家的刑事诉讼法均保障被告人上诉的权利，在不同的认罪认罚制度中，也以不同形式保障被告人的反悔权、上诉权。在英美法系的辩诉交易制度中，为反悔的被告人设置了撤回机制，美国地方法院在接受被告人的有罪答辩、辩诉交易生效后，被告人可以通过撤回认罪答辩、提起上诉、申请联邦保护令等程序行使反悔权。大陆法系也同样有类似的制度设计，如德国的处罚令程序，针对被告人认罪后的反悔权问题，规定被告人在法定期限内有权对判决表示异议，在有异议的情况下法院将终结处罚令程序，将其转换为普通程序进行审理。而且德国《刑事诉讼法典》也明确规定，在包含处罚令程序的协商程序中，不得要求被告人放弃上诉权。

在我国“两审终审”的审级制度下，刑事第二审程序是被告人十分重要的救济程序。上诉权是维护被告人合法权益、实现司法纠错功能的有力保障，是被告人不可或缺的一项基本诉讼权利。《刑事诉讼法》第 227 条第 1 款对被告人上诉权的规定没有附加任何条件，同时该条第 3 款进一步就上诉权的法律保障作出强调，即“对被告人的上诉权，不得以任何借口加以剥夺”。由此可见，作为有权提出上诉的适格主体，只要在法定上诉期间内“不服”地方各级人民法院的第一审裁判，就有权提出上诉。

第二，应当调和被告人上诉与认罪认罚从宽制度的效率价值。

从认罪认罚的适用后果来看，被告人上诉与认罪认罚从宽制度提升办案效率、节约司法资源的价值目标应当予以调和。2016 年 9 月 3 日，《全国人大常委会关于授权最高人民法院、最高人民检察院在部分地区开展刑事案件认罪认罚从宽制度试点工作的决定》指出，建立认罪认罚从宽制度的主要目的之一在于合理配置司法资源，提高办理刑事案件的质量与效率。2016 年“两高三部”《办法》对认罪认罚案件在办案程序、办案周期等方面均做了相应简化。根据该办法的规定，对于适用认罪认罚的一审案件，从公诉机关审查起诉到人民法院作出裁判的整个过程，均以认罪认罚程序办理。至此，一审程序已经实现了诉讼经济之目的。在此前提下，出于救济、增强裁判正当性等功能的考虑，不应该“一刀切”地排除掉被告人上诉权这一救济权力。针对被告人提出的上诉，只要不是对业已认罪的主要犯罪事实予以否认，二审法院无须对一审认罪认罚的事实部分进行过多的审查。

第三，当前我国刑事司法环境下不应限制认罪认罚被告人的上诉权。

自认罪认罚从宽制度试点工作开展以来，一直存在限制被告人上诉权的呼声。但是在正当程序保障、一审庭审实质化等制度尚未足够完善前，限制认罪认罚案件被告人的上诉权实有不妥，二审程序仍然应当发挥全面保障被告人上诉权的功能。

我国相关权利保障配套措施尚未完善，限制上诉权可能导致冤假错案的发生。二审上诉权的架构及其功能实现需要系统性考虑一审裁判作出的过程，即认罪认罚案件裁判本身的正当性程度如何，是否足以排除被告人救济权以达到诉讼救济之目的。认罪认罚从宽制度运行中蕴含的职权主义色彩，在一定程度上会使得被告人签署具结书的自愿性与真实性存疑。在此情况下，对上诉权加以限制可能导致冤假错案的发生。

2. 被告人上诉并不直接意味着对认罪认罚的反悔。

根据《刑事诉讼法》第 15 条、第 174 条的规定，被告人认罪认罚需要满足“自愿认罪认罚”的实质要件和“在辩护人或者值班律师在场的情况下签署认罪认罚具结书”的形式要件。

被告人认罪认罚的自愿性可理解为，一是被告人认罪认罚是在其自由意志支配下做出的，没有受到外在力量的干预而违背自身意愿；二是被告人能充分理解认罪认罚的性质和可能导致的法律后果。

关于被告人“认罪”的认定。只要被告人承认指控的主要犯罪事实，即可认定为“认罪”，仅对个别事实情节提出异议，或者虽然对行为性质提出辩解但表示接受司法机关认定意见的，不影响对“认罪”的认定。

关于被告人“认罚”的认定。被告人提出量刑不当的上诉理由，如果仅仅是基于“自利”的辩解意见，没有改变对主要犯罪事实的认可，尤其是在检察机关提出“幅度量刑”的情况下，不宜认定为对“认罚”的否定。

本案被告人胡某某的上诉不构成对认罪认罚的否定。第一，被告人于一审中所作认罪认罚合法有效。本案中，被告人胡某某于检察机关审查起诉阶段，在辩护律师在场的情况下自愿签署认罪认罚具结书，并于一审庭审中表示具结书的签署系其本人真实意思表示，未对认罪认罚予以否认。在二审中被告人上诉称，其对事故责任划分不服，但为了得到从轻处罚，所以违心签署了具结书。“自愿性”的核心在于对认罪认罚的法律后果是否明知，其当时的认识和意志因素是否自由。胡某某在二审期间主观态度虽然发生改变，但并没有证据显示其在一审中作出的认罪认罚系受到外力的不正当干预，而是出于自身原因、自利目的达成的合意，因此其一审中所做的认罪认罚合法有效。二审中胡某某的主观态度发生变化，系基于上诉权、出于自利目的的辩解，不构成对认罪认罚自愿性的违反，不影响一审认罪认罚的效力。第二，被告人上诉所称的“事故责任划分错误”实为对个别事实情节提出的辩解。第三，被告人上诉认为“量刑过当”但未否认主要犯罪事实的不宜认为是否定“认罚”，而是行使辩护权的表现。在刑事诉讼实践中，控辩不平衡、控强辩弱的情况仍然比较明显，在这种情况下，被告人纵然基于自愿协商的目的而达成认罪认罚协议，但其协商的空间将非常有限。在不少情况下，被告人可能违心地认可了超出其心理预期的刑罚，此时如果被告人的上诉被认为是否定认罚，并进而成为抗诉理由，那么就会造成对被告人的“双重风险”。因此，只要被告人关于量刑的上诉理由没有否认主要犯罪事实的，不宜认为系否定“认罚”。被告人提出前述上诉理由，应当理解为被告人辩护权的自然延伸，应当受到保护。相反，如果被告人在认罪认罚后频繁提出上诉，那么我们就应当反思认罪认罚从宽及其配套制度是否存在问题，为了避免所谓的“滥诉”，应该提出配套解决措施，但绝不能限制上诉权、辩护权行使。

第22讲 检察机关在审查起诉阶段听取的意见

一、问题引入：在审查起诉阶段检察机关会听取哪些意见？

审查起诉是检察机关的重要职责，我们可以把这个阶段分为审查和起诉两个部分。检察机关的审查工作就是对公安机关确认的犯罪事实和证据，以及犯罪性质和罪名进行审查，比如公安机关侦查的程序是否合法、手续是否齐全、案件事实是否调查清楚、是否遗漏罪名或遗漏嫌疑人。如果发现公安机关有违法情况，要通知公安机关予以纠正。如果发现有事实不清、证据不足、遗漏罪行或遗漏同案人的，可以退回公安机关补充侦查。除了审查公安机关的工作内容以外，检察官要提审嫌疑人，听取嫌疑人的意见，还需要听取辩护律师以及受害人一方的意见。

刑事案件的三个阶段都可以认罪认罚。在审查起诉阶段，认罪认罚案件最终会签署认罪认罚具结书。在具结书上会有检察机关的量刑建议，并直接关系案件最终的裁判结果。因此，检察机关在听取当事人和律师意见的时候，当事人和律师会提出什么样的意见就显得尤为重要。

检察机关听取意见的内容主要有以下三个方面：第一，案件的证据、事实情况、案件适用何种罪名，以及适用哪条法律相关的内容；第二，案件中有哪些从轻、减轻或者从宽处罚的量刑情节；第三，案件在法院审判阶段适用何种审理程序的相关内容。当然，除了上述三个方面之外，其他和案件有关的内容也可以一并向检察机关提出相关的意见。

二、规范依据

《中华人民共和国刑事诉讼法》（2018修正）

第一百六十一条　在案件侦查终结前，辩护律师提出要求的，侦查机关应当听取辩护律师的意见，并记录在案。辩护律师提出书面意见的，应当附卷。

《人民检察院刑事诉讼规则》（2019）

第二百六十九条　犯罪嫌疑人认罪认罚的，人民检察院应当告知其享有的诉讼权利和认罪认罚的法律规定，听取犯罪嫌疑人、辩护人或者值班律师、被害人及其诉讼代理人对下列事项的意见，并记录在案：

（一）涉嫌的犯罪事实、罪名及适用的法律规定；

（二）从轻、减轻或者免除处罚等从宽处罚的建议；

（三）认罪认罚后案件审理适用的程序；

（四）其他需要听取意见的事项。

依照前款规定听取值班律师意见的，应当提前为值班律师了解案件有关情况提供必要的便利。自人民检察院对案件审查起诉之日起，值班律师可以查阅案卷材料，了解案情。人民检察院应当为值班律师查阅案卷材料提供便利。

人民检察院不采纳辩护人或者值班律师所提意见的，应当向其说明理由。

《最高人民法院、最高人民检察院、公安部、国家安全部、司法部关于适用认罪认罚从宽制度的指导意见》（2019）

27. 听取意见。犯罪嫌疑人认罪认罚的，人民检察院应当就下列事项听取犯罪嫌疑人、辩护人或者值班律师的意见，记录在案并附卷：

（一）涉嫌的犯罪事实、罪名及适用的法律规定；

（二）从轻、减轻或者免除处罚等从宽处罚的建议；

（三）认罪认罚后案件审理适用的程序；

（四）其他需要听取意见的情形。

人民检察院未采纳辩护人、值班律师意见的，应当说明理由。

三、实务案例

福建省人民检察院发布首批适用认罪认罚从宽制度典型案例之二：张某某挪用公款案①

（一）关键词

职务犯罪　主动作为　确定刑量刑建议

（二）要旨

在办理职务犯罪案件中，检察机关提前介入时可以提出适用认罪认罚从宽制度的意见。对犯罪情节较轻的，在确定刑量刑建议中，提出适用缓刑建议。

（三）基本案情

2013 年至 2018 年，被告人张某某因个人债务问题，利用其担任房地产管理所和房地产交易管理所出纳的职务便利，先后挪用单位收取的交易手续费人民币 35874 元和单位银行账户资金 755800 元，用于偿还个人欠款。其间，被告人张某某陆续归还公款 577398 元。截至 2019 年 3 月 4 日案发时，挪用超过 3 个月未还的公款共计 214276 元。案发后，被告人张某某于 2019 年 3 月 5 日向所在单位投案，并分别于 2019 年 3 月 7 日、8 日、10 日和 5 月 5 日退还全部公款。

---

① 为进一步推进刑事案件认罪认罚从宽制度正确有效实施，2020 年 3 月，福建省人民检察院在印发《关于刑事案件适用认罪认罚从宽制度若干实务问题的意见（试行）》的同时，发布首批四件检察机关适用认罪认罚从宽制度的典型案例，涉及非法占用农用地、挪用公款、寻衅滋事，组织、领导、参加黑社会性质组织等四类犯罪，分别体现在检察官主导责任、职务犯罪的适用、严格证据标准、涉黑恶共同犯罪的适用等方面。本案为该批典型案例之二。

2019 年 4 月 22 日，经柘荣县监察委员会商请，柘荣县人民检察院指派检察官提前介入。经审阅案卷、听取介绍，承办检察官主动就开展认罪认罚等工作提出意见建议。监察机关听取意见后，积极开展相关工作，于 4 月 28 日将案件移送审查起诉，并建议对张某某依法从宽处理。审查起诉阶段，承办检察官书面告知并充分释明犯罪嫌疑人享有的诉讼权利和认罪认罚的法律后果，犯罪嫌疑人张某某明确表示愿意认罪认罚。柘荣县人民检察院经督促犯罪嫌疑人退还全部公款，决定适用认罪认罚从宽制度对其处理。承办检察官听取犯罪嫌疑人及其值班律师意见，与审判机关沟通，征求监察机关意见，委托社区矫正机构开展社会调查评估后，提出判处有期徒刑 1 年，缓刑 1 年 6 个月的确定刑量刑建议。犯罪嫌疑人张某某于 2019 年 5 月 8 日在值班律师见证下签署认罪认罚具结书，同日柘荣县检察院对其变更强制措施为取保候审。2019 年 5 月 15 日，柘荣县人民检察院对张某某提起公诉，并建议法院简化审理程序。

（四）裁判结果

2019 年 7 月 29 日，柘荣县法院作出一审判决，采纳检察机关指控的罪名和量刑建议，以被告人张某某犯挪用公款罪判处有期徒刑 1 年，缓刑 1 年 6 个月。被告人张某某当庭表示不上诉。现一审判决已生效。

（五）指导意义

在办理该案中，检察机关提前介入，基于犯罪嫌疑人主动投案、较早认罪、积极退赃，且罪行较轻、危害后果较小，积极引导犯罪嫌疑人认罪认罚。在审查起诉阶段，一方面督促犯罪嫌疑人退赃认罚，另一方面与审判机关沟通并征求监察机关意见，综合案件实际情况，对犯罪嫌疑人变更刑事拘留为取保候审，提出判处缓刑的确定刑量刑建议。在审判阶段，检察机关建议法院适用简易程序，不仅提高了办案效率，而且量刑建议也得到法院采纳，彰显了司法的公正与效率。

检例第 82 号｜钱某故意伤害案

（一）关键词

认罪认罚 律师参与协商 量刑建议说理 司法救助

（二）要旨

检察机关应当健全量刑协商机制，规范认罪认罚案件量刑建议的形成过程。依法听取犯罪嫌疑人、辩护人或者值班律师的意见，通过出示有关证据、释法说理等方式，结合案件事实和情节开展量刑协商，促进协商一致。注重运用司法救助等制度措施化解矛盾，提升办案质效。

（三）基本案情

2019 年 9 月 28 日晚，钱某应朋友邀请在嵊州市长乐镇某餐馆与被害人马某某等人一起吃饭。其间，钱某与马某某因敬酒发生争吵，马某某不满钱某喝酒态度持玻璃酒杯用力砸向钱某头部，致其额头受伤流血。钱某随后从餐馆门口其电瓶车内取出一把折叠刀，在厮打过程中刺中马某某胸部、腹部。马某某随即被送往医院救治，经医治无效于同年 11 月 27 日死亡。案发后，钱某即向公安机关主动投案，如实供述了自己的犯罪行为。案件移送检察机关审查起诉后，钱某表示愿意认罪认罚，在辩护人见证下签署了《认罪认罚具结书》。案发后，被告人钱某向被害人亲属进行了民事赔偿，取得被害人亲属谅解。

（四）裁判结果

绍兴市人民检察院以钱某犯故意伤害罪于 2020 年 5 月 15 日向绍兴市中级人民法院提起公诉，提出有期徒刑 12 年的量刑建议。绍兴市中级人民法院经开庭审理，当庭判决采纳检察机关指控的罪名和量刑建议。被告人未上诉，判决已生效。

检例第 75 号 | 金某某受贿案

具体案例情况见第 5 讲中实务案例介绍，不再赘述。

四、律师解析

人民检察院在审查起诉阶段听取律师意见，是保障犯罪嫌疑人辩护权的重要体现。根据《刑事诉讼法》的规定，被告人有权获得辩护，律师作为辩护人，其意见对人民检察院的起诉决定具有重要参考价值。

根据《刑事诉讼法》第 173 条的规定，人民检察院审查案件，应当听取辩护人或值班律师的意见，并记录在案。辩护人或者值班律师提出书面意见的，应当附卷。

《人民检察院办理认罪认罚案件监督管理办法》就认罪认罚的案件中检察院听取律师意见做了进一步的要求。其中，第 3 条规定，检察官应当依法履行听取辩护人或者值班律师的意见等各项法定职责，依法保障犯罪嫌疑人、被告人诉讼权利和认罪认罚的自愿性、真实性和合法性；第 5 条规定，办理认罪认罚案件，检察官在确定和提出量刑建议前，应当充分听取辩护人或者值班律师的意见，切实开展量刑协商工作，保证量刑建议依法体现从宽、适当，并在协商一致后由犯罪嫌疑人签署认罪认罚具结书。

上述规定要求人民检察院对于律师意见“应当听取”而非“可以听取”，凸显了律师意见不可或缺的作用。特别是在认罪认罚案件中，一方面，律师的意见有助于犯罪嫌疑人的诉讼权利得到充分保障，避免犯罪嫌疑人因缺乏法律知识而无法充分表达自己的意愿；另一方面，律师的意见可以帮助人民检察院更准确地评估案件情况，提高量刑建议的合理性和公正性，避免过重或过轻的刑罚。

司法实践中，律师意见的采纳率、反馈机制等方面尚且存在不足，因此有必要加强律师与人民检察院之间的沟通机制，明确律师意见的反馈流程，以确保法律规定不折不扣地落到实处。

第23讲 辩护律师与检察机关的量刑协商

一、问题引入：辩护律师如何与检察机关进行量刑协商？

《认罪认罚指导意见》第33条第1款规定："人民检察院提出量刑建议前，应当充分听取犯罪嫌疑人、辩护人或者值班律师的意见，尽量协商一致。"上述规定首次在规范性文件层面上明确了"量刑协商"的依据。可以说，认罪认罚从宽的核心工作机制就是"量刑协商"，检察官运用好"量刑协商"，可以实现认罪认罚从宽工作中的主导责任。

然而，我国法律规范并没有明确规定量刑协商机制，实践中出现了种种背离平等协商的"量刑协商"模式的情形，导致"量刑协商"被异化，犯罪嫌疑人或被告人并没有从认罪认罚从宽制度中得到应有的量刑"奖励"。而被异化的"量刑协商"模式，在学术界又被归纳为以下几种：

第一，"压制型"协商模式。"压制型"协商模式认为，在我国控方利用其诉讼资源优势压制被追诉人的情况下，协商性司法被异变，根本就不存在平等意义上的协商，因此所产生的"从宽"至多只是官方的一种"恩惠"。

第二，"听取意见"协商模式。相较于"压制型"协商模式，"听取意见"协商模式更为乐观，认为即使我国不存在平等意义上的协商，司法机关也能够恪守客观义务而做出的“官方定价”近乎“议价”。但“听取意见”协商模式过多依赖于检察官的客观公正义务，在保障检察官客观公正义务的相关制度尚未健全的当下，这种依赖经常落空。

第三，“对抗式”协商模式。“对抗式”协商模式强化并突出辩护律师的辩护职能，以辩护职能为支撑点，提高协商地位的平等性和协商结果的有效性。从字义上看，“对抗”与“协商”似乎互不包容，但其实“对抗式”协商不但是协商理论的固有含义，而且契合了我国现有的各项法律制度。在量刑协商中，被告人一方必须充分运用辩护职能形成对抗，才会实现诉讼利益最大化。

基于此，在目前立法框架下，应当强化辩护律师的对抗性辩护职能，从对抗性辩护中展开量刑协商，以实现被告人诉讼利益的最大化和兑现司法允诺、释放司法善意。

二、规范依据

《中华人民共和国刑事诉讼法》（2018修正）

第一百七十三条　人民检察院审查案件，应当讯问犯罪嫌疑人，听取辩护人或者值班律师、被害人及其诉讼代理人的意见，并记录在案。辩护人或者值班律师、被害人及其诉讼代理人提出书面意见的，应当附卷。

犯罪嫌疑人认罪认罚的，人民检察院应当告知其享有的诉讼权利和认罪认罚的法律规定，听取犯罪嫌疑人、辩护人或者值班律师、被害人及其诉讼代理人对下列事项的意见，并记录在案：

（一）涉嫌的犯罪事实、罪名及适用的法律规定；

（二）从轻、减轻或者免除处罚等从宽处罚的建议；

（三）认罪认罚后案件审理适用的程序；

（四）其他需要听取意见的事项。

人民检察院依照前两款规定听取值班律师意见的，应当提前为值班律师了解案件有关情况提供必要的便利。

《最高人民法院、最高人民检察院、公安部、国家安全部、司法部关于适用认罪认罚从宽制度的指导意见》（2019）

29. 证据开示。人民检察院可以针对案件具体情况，探索证据开示制度，保障犯罪嫌疑人的知情权和认罪认罚的真实性及自愿性。

33. ……人民检察院提出量刑建议前，应当充分听取犯罪嫌疑人、辩护人或者值班律师的意见，尽量协商一致……

三、实务案例

检例第 82 号 | 钱某故意伤害案

具体案例情况见第 22 讲中实务案例介绍，不再赘述。

四、律师解析

本案中辩护律师与检察官进行量刑协商，检察院最终听取了律师的部分意见，采纳了关于量刑的建议。辩护律师将量刑协商看作检察院走过场的偏见应该被摒弃。

1. 与检察院进行量刑协商是辩护律师的权利也是义务。《认罪认罚指导意见》已经明确了律师有权发表意见，这是权利。同时，为犯罪嫌疑人、被告人争取最大权益是辩护律师的义务。

2. 检察院一般会依法听取意见，开展量刑协商。本案被告人自愿认罪认罚，检察机关在依法审查证据、认定事实基础上，围绕如何确定量刑建议开展了听取意见、量刑协商等工作。根据犯罪事实和量刑情节，检察机关初步拟定有期徒刑 15 年的量刑建议。针对辩护人提出钱某有正当防卫性质，属防卫过当的辩护意见，检察机关结合证据阐明被告人激愤之下报复伤害的犯罪故意明显，不属于针对不法侵害实施的防卫行为，辩护人表示认同，同时提交了钱某与被害人亲属达成的调解协议及被害人亲属出具的谅解书。检察机关审查并听取被害方意见后予以采纳，经与被告人及其辩护人沟通协商，将量刑建议调整为有期徒刑 12 年，控辩双方达成一致意见。

3. 若不服检察院量刑，律师可以针对检察院的量刑建议说理提出意见。

本案中被告人签署具结书前，检察机关向被告人和辩护人详细阐释了本案拟起诉认定的事实、罪名、情节，量刑建议的理由和依据，自首、认罪认罚、赔偿损失及取得谅解等情节的量刑从宽幅度等，被告人表示接受，并在辩护人见证下签署了认罪认罚具结书。检察机关提起公诉时随案移送量刑建议说理书，故辩护律师若有不同意见，应该根据量刑建议说理书发表自己的独立意见。

第24讲 检察机关在认罪认罚案件中适用不起诉

一、问题引入：检察机关在认罪认罚案件中如何适用不起诉？

在控、辩、审的高效互动中兑现认罪认罚者的从宽利益是我国认罪认罚从宽的基本程序模式，即由检察机关在听取意见的基础上提出量刑建议，被追诉人认可量刑建议并签署具结书，然后由法院在采纳量刑建议的基础上作出从宽判决。然而，我国认罪认罚从宽制度并不排斥在审前程序中分流认罪认罚案件，而不起诉又通常被认为是对被追诉人程序从宽或者实体从宽的一种形式，因此，如何将不起诉制度充分运用于认罪认罚案件一直是司法机关和学界颇为关注的问题。

从理论上来说，以不起诉处理的认罪认罚案件可能覆盖不起诉的各种类型。被追诉人认罪认罚，但犯罪情节轻微，依照刑法规定不需要判处刑罚或免除刑罚的，人民检察院可以作出不起诉决定。如果认罪认罚的是未成年的被追诉人，其涉嫌的又是《刑法》分则第四章、第五章、第六章规定的犯罪，且可能判处一年有期徒刑以下刑罚的，可以适用附条件不起诉。无论犯罪轻重，认罪认罚的被追诉人有重大立功或者案件涉及国家重大利益，经最高人民检察院核准，人民检察院作出不起诉决定。被追诉人虽然认罪认罚，但其实施的行为不构成犯罪或者属于《刑事诉讼法》第16条规定的依法不追究刑事责任的情形之一的，则应适用法定不起诉。此外，认罪认罚的案件同样可能适用存疑不起诉。《认罪认罚指导意见》还特别强调，犯罪嫌疑人认罪认罚，但证据不足，不能认定其有罪的，检察机关在审查起诉阶段应当依法作出不起诉决定。

二、规范依据

《中华人民共和国刑事诉讼法》（2018修正）

第十六条　有下列情形之一的，不追究刑事责任，已经追究的，应当撤销案件，或者不起诉，或者终止审理，或者宣告无罪：

（一）情节显著轻微、危害不大，不认为是犯罪的；

（二）犯罪已过追诉时效期限的；

（三）经特赦令免除刑罚的；

（四）依照刑法告诉才处理的犯罪，没有告诉或者撤回告诉的；

（五）犯罪嫌疑人、被告人死亡的；

（六）其他法律规定免予追究刑事责任的。

第一百七十五条第四款　对于二次补充侦查的案件，人民检察院仍然认为证据不足，不符合起诉条件的，应当作出不起诉的决定。

第二百八十二条　对于未成年人涉嫌刑法分则第四章、第五章、第六章规定的犯罪，可能判处一年有期徒刑以下刑罚，符合起诉条件，但有悔罪表现的，人民检察院可以作出附条件不起诉的决定。人民检察院在作出附条件不起诉的决定以前，应当听取公安机关、被害人的意见。

对附条件不起诉的决定，公安机关要求复议、提请复核或者被害人申诉的，适用本法第一百七十九条、第一百八十条的规定。

未成年犯罪嫌疑人及其法定代理人对人民检察院决定附条件不起诉有异议的，人民检察院应当作出起诉的决定。

《最高人民法院、最高人民检察院、公安部、国家安全部、司法部关于适用认罪认罚从宽制度的指导意见》（2019）

30. 不起诉的适用。完善起诉裁量权，充分发挥不起诉的审前分流和过滤作用，逐步扩大相对不起诉在认罪认罚案件中的适用。对认罪认罚后没有争议，不需要判处刑罚的轻微刑事案件，人民检察院可以依法作出不起诉决定。人民检察院应当加强对案件量刑的预判，对其中可能判处免刑的轻微刑事案件，可以依法作出不起诉决定。

对认罪认罚后案件事实不清、证据不足的案件，应当依法作出不起诉决定。

三、实务案例

检例第 105 号｜李某诈骗、传授犯罪方法　朱某等人诈骗案

（一）关键词

涉嫌数罪　听证　认罪认罚从宽　附条件不起诉　家庭教育指导　社会支持

（二）要旨

对于一人犯数罪符合起诉条件，但根据其认罪认罚等情况，可能判处一年有期徒刑以下刑罚的，检察机关可以依法适用附条件不起诉。对于涉罪未成年人存在家庭教育缺位或者不当问题的，应当突出加强家庭教育指导，因案因人进行精准帮教。通过个案办理和法律监督，积极推进社会支持体系建设。

（三）基本案情

被附条件不起诉人李某，男，作案时 16 周岁，高中学生。

被附条件不起诉人牛某，男，作案时 17 周岁，高中学生。

被附条件不起诉人黄某，男，作案时 17 周岁，高中学生。

被附条件不起诉人关某，男，作案时 16 周岁，高中学生。

被附条件不起诉人包某，男，作案时 17 周岁，高中学生。

2018 年 11 月至 2019 年 3 月，李某利用某电商超市 7 天无理由退货规

则，多次在某电商超市网购香皂、洗发水、方便面等日用商品，收到商品后上传虚假退货快递单号，骗取某电商超市退回购物款累计8445.53元。后李某将此犯罪方法先后传授给牛某、黄某、关某、包某，并收取1200元“传授费用”。得知这一方法的牛某、黄某、关某、包某以此方法各自骗取某电商超市15598.86元、8925.19元、6617.71元、6206.73元。

涉案五人虽不是共同犯罪，但犯罪对象和犯罪手段相同，案件之间存在关联，为便于查明案件事实和保障诉讼顺利进行，公安机关采纳检察机关建议，对5人依法并案处理。

（四）办理结果

2019年12月23日，检察机关对李某等5人依法作出附条件不起诉决定，考验期为6个月。

四、律师解析

随着认罪认罚从宽制度的推行，以不起诉处理的认罪认罚案件在数量上不断上升。但认罪认罚情节对不起诉的实际影响极为有限，法律规定的不起诉类型也没有为认罪认罚从宽制度的融入留出足够的规范空间。将认罪认罚不起诉塑造为一种相对独立的不起诉类型，不仅可以减少制度衔接的耗费，增强不起诉的审前分流效果，充实被追诉人的认罪认罚利益，而且契合我国认罪认罚从宽的程序模式。对辩护律师来说，根据实际案件，在认罪认罚从宽案件中，若符合不起诉的基本情形，结合各方面因素，可以在与检察院意见沟通中提出不起诉建议。

检察院根据实际情况作出不起诉决定，这对辩护律师来说是具有较好的启发意义的。尤其是涉及未成年人犯罪，本案中检察院甚至采用了听证等方式，根据社会危害性、未成年人成长等实际情况，最终选择附条件不起诉。

1. 适用认罪认罚从宽制度，发挥惩教结合优势。审查逮捕期间，检察机关依法分别告知5名未成年犯罪嫌疑人及其法定代理人认罪认罚从宽制度的法律规定，促其认罪认罚。5 名犯罪嫌疑人均表达了认罪认罚的意愿，并主动退赃，取得了被害方某电商超市的谅解。检察机关认为 5 人虽利用网络实施诈骗，但并非针对不特定多数人，系普通诈骗犯罪，且主观恶性不大，犯罪情节较轻，无逮捕必要，加上 5 人均面临高考，因而依法作出不批准逮捕决定。审查起诉阶段，检察机关通知派驻检察院的值班律师向 5 人及其法定代理人提供法律帮助，并根据 5 人犯罪情节，认罪悔罪态度，认为符合附条件不起诉条件，提出适用附条件不起诉的意见，将帮教方案和附带条件作为具结书的内容一并签署。

2. 检察院召开不公开听证会，依法决定附条件不起诉。司法实践中，对犯数罪可否适用附条件不起诉，因缺乏明确的法律规定而很少适用。本案中，李某虽涉嫌诈骗和传授犯罪方法两罪，但综合全案事实、社会调查情况以及犯罪后表现，依据有关量刑指导意见，李某的综合刑期应在一年以下有期徒刑，对其适用附条件不起诉制度，有利于对其顺利进行特殊预防、教育改造。为此，检察机关专门针对李某涉嫌数罪是否可以适用附条件不起诉召开不公开听证会，邀请了未成年犯管教干部、少年审判法官、律师、心理咨询师、公益组织负责人等担任听证员。经听证评议，听证员一致认为应对李某作附条件不起诉，以最大限度促进其改恶向善、回归正途。通过听证，李某认识到自己行为的严重性，李某父母认识到家庭教育中存在的问题，参加听证的各方面代表达成了协同帮教意向。

3. 开展家庭教育指导，因人施策精准帮教。针对家庭责任缺位导致 5 人对法律缺乏认知与敬畏的共性问题，检察官会同司法社工开展了家庭教育指导，要求 5 人及其法定代理人在监督考察期间定期与心理咨询师沟通，与检察官和司法社工面谈，并分享法律故事、参加预防违法犯罪宣讲活动。同时，针对 5 人各自的特点分别设置了个性化附带条件：鉴于李某父母疏于管教，亲子关系紧张，特别安排追寻家族故事、追忆成长历程以增强家庭认同感和责任感，修复家庭关系；鉴于包某性格内向无主见、极易被误导，安排其参加“您好陌生人”志愿服务队，以走上街头送爱心的方式锻炼与陌生人的沟通能力，同时对其进行“朋辈群体干扰场景模拟”小组训练，通过场景模拟，帮助其向不合理要求勇敢说“不”；鉴于黄某因达不到父母所盼而缺乏自信，鼓励其发挥特长，担任禁毒教育、网络安全等普法活动主持人，使其在学习法律知识的同时，增强个人荣誉感和家庭认同感；鉴于牛某因单亲家庭而自卑，带领其参加照料空巢老人、探访留守儿童等志愿活动，通过培养同理心增强自我认同，实现“爱人以自爱”；鉴于关某沉迷网络游戏挥霍消费，督促其担任家庭记账员，激发其责任意识克制网瘾，养成良好习惯。

4. 联合各类帮教资源，构建社会支持体系。案件办理过程中，引入司法社工全流程参与精准帮教。检察机关充分发挥“3+1”（检察院、未成年犯管教所、社会组织和涉罪未成年人）帮教工作平台优势，并结合法治进校园“百千万工程”，联合团委、妇联、教育局共同组建“手拉手法治宣讲团”，要求 5 人及法定代理人定期参加法治教育讲座。检察机关还与辖区内广播电台、敬老院、图书馆、爱心企业签订观护帮教协议，组织 5 人及法定代理人接受和参与优秀传统文化教育或实践。2020 年 6 月 22 日，检察机关根据 5 人在附条件不起诉考察期间的表现，均作出不起诉决定。5 人在随后的高考中全部考上大学。

第25讲 认罪认罚案件中被告人的程序选择权

一、问题引入：认罪认罚案件中，被告人的程序选择权有哪些？

《认罪认罚指导意见》规定“犯罪嫌疑人、被告人享有程序选择权，不同意适用速裁程序、简易程序的，不影响‘认罚’的认定”。首次明确了在认罪认罚案件中，犯罪嫌疑人、被告人享有程序选择权，此前相关的立法内容仅涵盖了程序选择权的部分内涵，并没有在法律规定中直接指出程序选择权。

就程序选择权在认罪认罚从宽制度中的内容而言，结合现行刑事诉讼法以及相关司法解释，相比于以前的仅有的同意权或否定权相关内容的规定，新增后的内容实际上覆盖了程序选择权包含的程序协商权、程序同意或否定权和程序异议权三方面内容，如在《刑事诉讼法》第214条与第223条中都表明了，被告人对程序的适用提出异议是变更程序的情形之一。

即便如此，在司法实践中，对于程序选择权的适用仍存在诸多问题。虽然《认罪认罚指导意见》明确了犯罪嫌疑人、被告人的程序选择权，但是对于程序选择权的具体内容规定目前仍然较为含糊，如何行使、如何保障等问题并没有一个明确的规范。对于程序性权利的规定依旧仅浮于表面，并没有设定配套的行使机制。如此一来，犯罪嫌疑人、被告人的程序选择权难以对司法机关形成一个强有力的约束，落实到司法实践中不可避免地会出现程序性权利轻视、程序性权利难以落实等问题，在具体适用上，也存在一定的争议。

二、规范依据

《中华人民共和国刑事诉讼法》（2018修正）

第一百七十三条第二款　犯罪嫌疑人认罪认罚的，人民检察院应当告知其享有的诉讼权利和认罪认罚的法律规定，听取犯罪嫌疑人、辩护人或者值班律师、被害人及其诉讼代理人对下列事项的意见，并记录在案：

（一）涉嫌的犯罪事实、罪名及适用的法律规定；

（二）从轻、减轻或者免除处罚等从宽处罚的建议；

（三）认罪认罚后案件审理适用的程序；

（四）其他需要听取意见的事项。

第二百一十四条　基层人民法院管辖的案件，符合下列条件的，可以适用简易程序审判：

（一）案件事实清楚、证据充分的；

（二）被告人承认自己所犯罪行，对指控的犯罪事实没有异议的；

（三）被告人对适用简易程序没有异议的。

人民检察院在提起公诉的时候，可以建议人民法院适用简易程序。

第二百二十三条　有下列情形之一的，不适用速裁程序：

（一）被告人是盲、聋、哑人，或者是尚未完全丧失辨认或者控制自己行为能力的精神病人的；

（二）被告人是未成年人的；

（三）案件有重大社会影响的；

（四）共同犯罪案件中部分被告人对指控的犯罪事实、罪名、量刑建议或者适用速裁程序有异议的；

（五）被告人与被害人或者其法定代理人没有就附带民事诉讼赔偿等事项达成调解或者和解协议的；

（六）其他不宜适用速裁程序审理的。

《最高人民法院、最高人民检察院、公安部、国家安全部、司法部关于适用认罪认罚从宽制度的指导意见》（2019）

7. ……犯罪嫌疑人、被告人享有程序选择权，不同意适用速裁程序、简易程序的，不影响“认罚”的认定。

26. 权利告知。案件移送审查起诉后，人民检察院应当告知犯罪嫌疑人享有的诉讼权利和认罪认罚的法律规定，保障犯罪嫌疑人的程序选择权。告知应当采取书面形式，必要时应当充分释明。

31. 签署具结书。犯罪嫌疑人自愿认罪，同意量刑建议和程序适用的，应当在辩护人或者值班律师在场的情况下签署认罪认罚具结书。犯罪嫌疑人被羁押的，看守所应当为签署具结书提供场所。具结书应当包括犯罪嫌疑人如实供述罪行、同意量刑建议、程序适用等内容，由犯罪嫌疑人、辩护人或者值班律师签名。

……

三、实务案例

检例第 75 号｜金某某受贿案

具体案例情况见第 5 讲中实务案例介绍，不再赘述。

四、律师解析

程序选择权的概念首先出现在民事诉讼领域，邱联恭学者认为民事程序选择权是指当事人在法律规定的范围内，选择纠纷解决方式，在诉讼过程中选择有关程序及与程序有关事项的权利。[①] 实务中，在认罪认罚案件中被告人的程序选择权主要包括以下内容。

1. 程序协商权。

所谓程序协商权，依据《刑事诉讼法》第 173 条、第 174 条的规定，

① 参见台湾民事诉讼法研究会基金会编：《民事诉讼法之研讨（四）》，台北，三民书局 1993 年版，第 569 页。

在审查起诉阶段，对于犯罪嫌疑人认罪认罚的案件，检察机关应当通过听取意见（或沟通协商）的方式，就“量刑建议和程序适用”达成一致意见，并通过具结书予以固定。同时需要注意的是，这样的协商选择也并非完全自由，需要受到法院以及程序最高量刑权限的限制。

2. 程序同意或者否定权。

现代刑事诉讼理论认为，任何犯罪嫌疑人都有获得普通程序审判的权利。对于普通程序的适用，并不存在征求犯罪嫌疑人、被告人同意的问题，选择简化程序才需要征求犯罪嫌疑人、被告人的同意。这也就表明对于程序的任何简化，都应审慎征求被告人的意见，如《认罪认罚指导意见》第47条规定，“适用普通程序办理认罪认罚案件，可以适当简化法庭调查、辩论程序”，虽然没有明确要求征求犯罪嫌疑人、被告人的同意，但是从保障人权的原则出发，简化相关程序属于对被告人权利的处分，应当取得被告人的同意。在检例第75号中，虽然被告人认罪认罚，但是由于案件犯罪数额特别巨大，金某某及其辩护律师同意检察机关量刑建议，并同意适用普通程序简化审理，在辩护律师见证下，金某某自愿签署了认罪认罚具结书，也是程序同意权的具体体现。

举轻以明重，在简易程序与速裁程序的适用上，更应该强调犯罪嫌疑人、被告人的选择权。尤其是速裁程序，一般不进行法庭调查、法庭辩论，程序大大简化的同时也可能损害被告人的诉讼权利，依据《刑事诉讼法》第222条的规定，适用速裁程序必须经被告人的同意，才能得以适用。反之，若被告人拒绝适用速裁程序，人民法院不得径行采取减损被告人诉讼权利的诉讼程序。

3. 程序异议权。

对于程序适用的异议权，一般是指被告人有权对其所适用的程序提出异议，并在符合法定条件的情形下予以变更的权利。被告人程序异议权，就其结果而言，还可以产生反悔的效果。犯罪嫌疑人、被告人在同意适用简易或者速裁程序后，提出程序适用异议的，属于发生引起程序转换的情形，可以引起程序向简易或者普通转换。

4. 律师在认罪认罚案件中程序选择的作用。

由于认罪认罚案件的程序选择受制于各程序的最高量刑权限，直接关系着被告人的羁押时间与最终刑罚，对程序的选择也要求具备相当的法律素养，因此，为了最大程度维护被告人的合法权益，刑辩律师在程序选择上发挥着重大作用。

首先，律师应当就诉讼程序的适用向办案机关提出意见。这是《认罪认罚指导意见》中明确规定的辩护人的法定职责，也反映程序选择作为保障被告人合法权益的重要途径，应强调刑辩律师作为辩护人的积极作用。

其次，律师作为专业法律服务工作者，熟悉相关法律法规与案情，可以帮助犯罪嫌疑人、被告人选择更有利于自身的程序，以便于结合认罪认罚制度，争取人民法院宽大处理。

最后，律师作为辩护人，可以就案件提出更有利于犯罪嫌疑人、被告人的强制措施适用、程序适用与量刑方面的建议，还可以与检察机关协商量刑，充分保障犯罪嫌疑人的利益。

第26讲 速裁程序在认罪认罚案件中的适用

一、问题引入：认罪认罚案件如何适用速裁程序?

速裁程序，是指针对犯罪事实清楚，证据确实、充分，被告人认罪认罚的轻微刑事案件，经被告人同意，人民法院省略部分庭审环节，对案件进行快速审理所适用的程序。我国《刑事诉讼法》在第三编第二章第四节专门规定了速裁程序的适用，以第222条的正面规定适用条件和第223条反面列举不适用情形的方式，说明了适用速裁程序的具体条件，包括对法院管辖层级的要求、案件性质的要求、认罪认罚的要求等。其中《刑事诉讼法》第222条明确指出，刑事案件适用速裁程序的要件之一，必须是被告人已经认罪认罚，并且同意适用速裁程序。

在审查起诉阶段，检察院对于速裁程序适用仍有审查的职责，根据2019年《人民检察院刑事诉讼规则》第273条的规定："犯罪嫌疑人认罪认罚，人民检察院经审查，认为符合速裁程序适用条件的，应当在十日以内作出是否提起公诉的决定，对可能判处的有期徒刑超过一年的，可以延长至十五日；认为不符合速裁程序适用条件的，应当在本规则第三百五十一条规定的期限以内作出是否提起公诉的决定。对于公安机关建议适用速裁程序办理的案件，人民检察院负责案件管理的部门应当在受理案件的当日将案件移送负责捕诉的部门。”

在庭审阶段，法院对于速裁程序的适用亦有审查义务，对于发现不应当适用速裁程序的认罪认罚案件应当及时转换审理程序；同时检察院亦可在此阶段建议法院变更审理程序。若审查适用速裁程序实质条件符合且程序合法的，在庭审程序上公诉人可以简要宣读起诉书指控的犯罪事实、证据、适用法律及量刑建议，一般不进行法庭调查、法庭辩论且应当当庭宣判。根据《认罪认罚指导意见》第 41 条第 2 款的规定，适用速裁程序审理的，人民检察院仍可以调整量刑建议，但应当在庭前或者当庭提出。调整量刑建议后，被告人同意继续适用速裁程序的，不需要转换程序处理。

二、规范依据

《中华人民共和国刑事诉讼法》（2018 修正）

第二百二十二条　基层人民法院管辖的可能判处三年有期徒刑以下刑罚的案件，案件事实清楚，证据确实、充分，被告人认罪认罚并同意适用速裁程序的，可以适用速裁程序，由审判员一人独任审判。

人民检察院在提起公诉的时候，可以建议人民法院适用速裁程序。

第二百二十三条　有下列情形之一的，不适用速裁程序：

（一）被告人是盲、聋、哑人，或者是尚未完全丧失辨认或者控制自己行为能力的精神病人的；

（二）被告人是未成年人的；

（三）案件有重大社会影响的；

（四）共同犯罪案件中部分被告人对指控的犯罪事实、罪名、量刑建议或者适用速裁程序有异议的；

（五）被告人与被害人或者其法定代理人没有就附带民事诉讼赔偿等事项达成调解或者和解协议的；

（六）其他不宜适用速裁程序审理的。

第二百二十四条　适用速裁程序审理案件，不受本章第一节规定的送达期限的限制，一般不进行法庭调查、法庭辩论，但在判决宣告前应当听取辩护人的意见和被告人的最后陈述意见。

适用速裁程序审理案件，应当当庭宣判。

第二百二十五条　适用速裁程序审理案件，人民法院应当在受理后十日以内审结；对可能判处的有期徒刑超过一年的，可以延长至十五日。

第二百二十六条　人民法院在审理过程中，发现有被告人的行为不构成犯罪或者不应当追究其刑事责任、被告人违背意愿认罪认罚、被告人否认指控的犯罪事实或者其他不宜适用速裁程序审理的情形的，应当按照本章第一节或者第三节的规定重新审理。

《人民检察院刑事诉讼规则》（2019）

第二百七十三条　犯罪嫌疑人认罪认罚，人民检察院经审查，认为符合速裁程序适用条件的，应当在十日以内作出是否提起公诉的决定，对可能判处的有期徒刑超过一年的，可以延长至十五日；认为不符合速裁程序适用条件的，应当在本规则第三百五十一条规定的期限以内作出是否提起公诉的决定。

对于公安机关建议适用速裁程序办理的案件，人民检察院负责案件管理的部门应当在受理案件的当日将案件移送负责捕诉的部门。

第四百四十条　人民检察院建议人民法院适用速裁程序的案件，起诉书内容可以适当简化，重点写明指控的事实和适用的法律。

第四百四十二条　公诉人出席速裁程序法庭时，可以简要宣读起诉书指控的犯罪事实、证据、适用法律及量刑建议，一般不再讯问被告人。

《最高人民法院、最高人民检察院、公安部、国家安全部、司法部关于适用认罪认罚从宽制度的指导意见》（2019）

7. ……犯罪嫌疑人、被告人享有程序选择权，不同意适用速裁程序、简易程序的，不影响“认罚”的认定。

34. 速裁程序的办案期限。犯罪嫌疑人认罪认罚，人民检察院经审查，认为符合速裁程序适用条件的，应当在十日以内作出是否提起公诉的决定；对可能判处的有期徒刑超过一年的，可以在十五日以内作出是否提起公诉的决定。

41. 量刑建议的调整。人民法院经审理，认为量刑建议明显不当，或者被告人、辩护人对量刑建议有异议且有理有据的，人民法院应当告知人民检察院，人民检察院可以调整量刑建议。人民法院认为调整后的量刑建议适当的，应当予以采纳；人民检察院不调整量刑建议或者调整后仍然明显不当的，人民法院应当依法作出判决。

适用速裁程序审理的，人民检察院调整量刑建议应当在庭前或者当庭提出。调整量刑建议后，被告人同意继续适用速裁程序的，不需要转换程序处理。

43. 速裁程序的审理期限。适用速裁程序审理案件，人民法院应当在受理后十日以内审结；对可能判处的有期徒刑超过一年的，应当在十五日以内审结。

44. 速裁案件的审理程序。适用速裁程序审理案件，不受刑事诉讼法规定的送达期限的限制，一般不进行法庭调查、法庭辩论，但在判决宣告前应当听取辩护人的意见和被告人的最后陈述意见。

人民法院适用速裁程序审理案件，可以在向被告人送达起诉书时一并送达权利义务告知书、开庭传票，并核实被告人自然信息等情况。根据需要，可以集中送达。

人民法院适用速裁程序审理案件，可以集中开庭，逐案审理。人民检察院可以指派公诉人集中出庭支持公诉。公诉人简要宣读起诉书后，审判人员应当当庭询问被告人对指控事实、证据、量刑建议以及适用速裁程序的意见，核实具结书签署的自愿性、真实性、合法性，并核实附带民事诉讼赔偿等情况。

适用速裁程序审理案件，应当当庭宣判。集中审理的，可以集中当庭宣判。宣判时，根据案件需要，可以由审判员进行法庭教育。裁判文书可以简化。

45. 速裁案件的二审程序。被告人不服适用速裁程序作出的第一审判决提出上诉的案件，可以不开庭审理。第二审人民法院审查后，按照下列情形分别处理：

（一）发现被告人以事实不清、证据不足为由提出上诉的，应当裁定撤销原判，发回原审人民法院适用普通程序重新审理，不再按认罪认罚案件从宽处罚；

（二）发现被告人以量刑不当为由提出上诉的，原判量刑适当的，应当裁定驳回上诉，维持原判；原判量刑不当的，经审理后依法改判。

三、实务案例

（2023）晋0403刑初1035号｜晋某危险驾驶案

（一）关键词

认罪认罚　不同意　速裁程序　程序选择权

（二）要旨

在被告人认罪认罚的情况下，虽然适用速裁程序是提高司法效率，优化司法资源配置的较优选择，但仍应充分保障被告人的程序选择权，被告人不同意适用速裁程序的应当通过简易程序或普通程序审理。

（三）基本案情

长治市潞州区人民检察院指控：2023年11月11日16时01分许，被告人晋某醉酒后驾驶灰色五菱之光牌小型普通客车被民警查获。经鉴定，晋某血液中乙醇含量为133.14mg/100mL。检察院指控被告人晋某犯危险驾驶罪，向本院提起公诉，并建议法院适用速裁程序审理。针对以上事实，公诉机关提供了相应的证据。公诉机关认为，被告人晋某醉酒后驾驶机动车在道路上行驶，其行为应当以危险驾驶罪追究其刑事责任。被告人晋某认罪认罚，依据《刑事诉讼法》第15条的规定，可以从宽处理。建议判处其拘役一个月10日，并处罚金4500元。根据《刑事诉讼法》第176条的规定，提起公诉，要求依法判处。

法院受理后，因被告人不同意适用速裁程序，依法转为普通程序审理，并依法组成合议庭，公开开庭审理了本案。长治市潞州区人民检察院指派检察员芦李萍出庭支持公诉，被告人晋某及其辩护人李某到庭参加诉讼。另查明，在审查起诉阶段，被告人晋某自愿签署了认罪认罚具结书。本案审理过程中，《最高人民法院、最高人民检察院、公安部、司法部关于办理醉酒危险驾驶刑事案件的意见》开始施行，根据该规定，被告人晋某逃避检查的行为应予从重处理，但可以适用缓刑。公诉机关当庭调整量刑建议为拘役 1 个月 10 日，缓刑 2 个月，并处罚金 4500 元。被告人表示能够配合司法行政机关进行社区矫正。

（四）裁判结果

法院认为，被告人晋某醉酒后驾驶机动车辆在道路上行驶，其行为已构成危险驾驶罪。公诉机关指控罪名成立，法院予以支持。被告人认罪认罚，可以从宽处理。被告人逃避公安机关检查，应予从重处罚。辩护人的辩护意见，予以采纳。公诉机关量刑建议适当，予以采纳。综上，根据被告人晋某犯罪的事实、情节、社会危害程度，依法拘役 1 个月 10 日，缓刑 2 个月，并处罚金 4500 元。

四、律师解析

在认罪认罚案件中适用速裁程序有效提高了司法效率。对于犯罪情节轻微、被告人悔罪态度较好，检察院量刑建议比较合理的情形下，辩护律师从有利于犯罪嫌疑人、被告人角度出发，一般会积极促成。上述案例清楚表明了最终被告人被轻判的结果，效果良好。所以，辩护律师应该努力支持并促成速裁程序的适用。

但是，辩护律师参与刑事案件的宗旨是在法律框架之内维护犯罪嫌疑人、被告人的合法权益。速裁程序的适用有严格的限制条件，包括对审理层级、案件性质、可能判处刑罚以及其他特殊情况等规定，因此辩护律师应该充分了解案件当事人相关信息，判断程序适用是否合法，在法律框架之内维护犯罪嫌疑人、被告人的合法权益。

速裁程序因为由审判员一人独任审判，一般不进行法庭调查、法庭辩论，同时判决应当当庭宣判。这可能会削弱辩护律师在庭审中的作用，更重要的是，当检察机关证据不充分，案件存在较多疑问的时候，辩护律师没有办法通过法庭调查、法庭辩论替被告人争取利益，也不利于查清案件。虽然法庭在判决宣告前应当听取辩护人的意见和被告人的最后陈述意见，但作用不大。故建议辩护律师充分评估速裁程序对被告人的利害。

第27讲 简易程序在认罪认罚案件中的适用

一、问题引入：认罪认罚案件如何适用简易程序?

对于认罪认罚的案件，在审理程序上，既可以适用普通程序，又可以适用速裁程序和简易程序。在审理程序上，相较于普通程序，简易程序大幅缩短了审理时间。

简易程序的适用需要满足四点：一是案件为基层人民法院管辖的刑事案件；二是案件的事实清楚，证据确实充分；三是被告人承认自己所犯的犯罪事实，对指控的犯罪事实没有异议；四是被告人对适用简易程序，没有异议。符合上述四个条件，才可以适用简易程序进行审理。案件事实清楚，证据确实、充分的确定是难点，且应当满足三方面要求：一是定罪量刑的事实都有证据证明；二是这些证据必须经过法定程序查证属实；三是综合全案排除合理怀疑。

在简易程序的流程上，公诉机关通常可以简化宣读起诉书，法庭调查也可以简化，只围绕有争议的事实进行举证质证，法庭辩论阶段也是围绕有争议的事实进行的，裁判文书同样也可以进行简化。在简易程序的适用过程中，特殊事由的出现会影响其流程的推进，常见的是被告人反悔。被告人反悔可能分为两种情况：一是被告人对于指控的犯罪事实反悔。二是被告人认罪，但是对于公诉机关提出的量刑建议反悔了。这两种情况需要在认罪认罚简易程序适用的讨论中予以重视。

二、规范依据

《中华人民共和国刑法》（2023修正）

第六十七条　犯罪以后自动投案，如实供述自己的罪行的，是自首。对于自首的犯罪分子，可以从轻或者减轻处罚。其中，犯罪较轻的，可以免除处罚。

被采取强制措施的犯罪嫌疑人、被告人和正在服刑的罪犯，如实供述司法机关还未掌握的本人其他罪行的，以自首论。

犯罪嫌疑人虽不具有前两款规定的自首情节，但是如实供述自己罪行的，可以从轻处罚；因其如实供述自己罪行，避免特别严重后果发生的，可以减轻处罚。

《中华人民共和国刑事诉讼法》（2018修正）

第十五条　犯罪嫌疑人、被告人自愿如实供述自己的罪行，承认指控的犯罪事实，愿意接受处罚的，可以依法从宽处理。

第二百零一条　对于认罪认罚案件，人民法院依法作出判决时，一般应当采纳人民检察院指控的罪名和量刑建议，但有下列情形的除外：

（一）被告人的行为不构成犯罪或者不应当追究其刑事责任的；

（二）被告人违背意愿认罪认罚的；

（三）被告人否认指控的犯罪事实的；

（四）起诉指控的罪名与审理认定的罪名不一致的；

（五）其他可能影响公正审判的情形。

人民法院经审理认为量刑建议明显不当，或者被告人、辩护人对量刑建议提出异议的，人民检察院可以调整量刑建议。人民检察院不调整量刑建议或者调整量刑建议后仍然明显不当的，人民法院应当依法作出判决。

第二百一十六条　适用简易程序审理案件，对可能判处三年有期徒刑以下刑罚的，可以组成合议庭进行审判，也可以由审判员一人独任审判；

对可能判处的有期徒刑超过三年的，应当组成合议庭进行审判。

适用简易程序审理公诉案件，人民检察院应当派员出席法庭。

第二百一十七条　适用简易程序审理案件，审判人员应当询问被告人对指控的犯罪事实的意见，告知被告人适用简易程序审理的法律规定，确认被告人是否同意适用简易程序审理。

第二百一十八条　适用简易程序审理案件，经审判人员许可，被告人及其辩护人可以同公诉人、自诉人及其诉讼代理人互相辩论。

第二百一十九条　适用简易程序审理案件，不受本章第一节关于送达期限、讯问被告人、询问证人、鉴定人、出示证据、法庭辩论程序规定的限制。但在判决宣告前应当听取被告人的最后陈述意见。

第二百二十条　适用简易程序审理案件，人民法院应当在受理后二十日以内审结；对可能判处的有期徒刑超过三年的，可以延长至一个半月。

第二百二十一条　人民法院在审理过程中，发现不宜适用简易程序的，应当按照本章第一节或者第二节的规定重新审理。

《最高人民法院、最高人民检察院、公安部、国家安全部、司法部关于适用认罪认罚从宽制度的指导意见》（2019）

46. 简易程序的适用。基层人民法院管辖的被告人认罪认罚案件，事实清楚、证据充分，被告人对适用简易程序没有异议的，可以适用简易程序审判。

适用简易程序审理认罪认罚案件，公诉人可以简要宣读起诉书，审判人员当庭询问被告人对指控的犯罪事实、证据、量刑建议及适用简易程序的意见，核实具结书签署的自愿性、真实性、合法性。法庭调查可以简化，但对有争议的事实和证据应当进行调查、质证，法庭辩论可以仅围绕有争议的问题进行。裁判文书可以简化。

三、实务案例

（2020）鄂1202刑初380号 | 杨某、镇某辉过失以危险方法危害公共安全案

（一）关键词

刑事　认罪认罚具结书　简易程序　以危险方法危害公共安全罪

（二）裁判要旨

对于认罪认罚的案件，被告人对指控事实、罪名及量刑建议没有异议，同意适用简易程序，且签字具结，可以适用简易程序审理。

（三）基本案情

2020年4月5日15时许，咸某区金桂路小拇指智慧汽车服务店负责人被告人杨某与店内员工被告人镇某辉等人在清理店内的淤泥和污水，为方便清理，镇某辉提议打开店前广场上的窨井盖，得到杨某同意后，两人便分别手持钢筋钩和铁锹擅自打开窨井盖倾倒污水。井盖打开后，二被告人未派专人看守，未设置醒目警示标志，也未采取有效措施避免人员坠落并及时复原窨井盖。19时许，被害人吴某（2012年7月29日出生）在广场放风筝时不慎掉入井中溺亡。经鉴定，被害人吴某符合生前溺死。事后杨某亲属积极赔偿被害人亲属经济损失，并已取得被害人亲属的谅解。

公诉机关认为，被告人杨某、镇某辉过失以危险方法危害公共安全，致一人死亡，应当以过失以危险方法危害公共安全罪追究其刑事责任。被告人杨某、镇某辉认罪认罚，可以从宽处理。建议对被告人杨某、镇某辉各判处有期徒刑3年，缓刑3年。

被告人杨某、镇某辉对指控事实、罪名及量刑建议没有异议，同意适用简易程序，且签字具结，在开庭审理过程中亦无异议。

（四）裁判结果

咸宁市咸安区人民法院于 2020 年 8 月 20 日作出刑事判决：

1. 被告人杨某犯过失以危险方法危害公共安全罪，判处有期徒刑 3 年，缓刑 3 年。

2. 被告人镇某辉犯过失以危险方法危害公共安全罪，判处有期徒刑 3 年，缓刑 3 年。

宣判后，被告人均未上诉，人民检察院未抗诉，判决现已发生法律效力。

四、律师解析

对于刑事程序而言，认罪认罚，罪行较轻，量刑恰当且刑期较短的前提下，适用速裁程序、简易程序，更有利于保障被告人的合法权益。（2020）鄂 1202 刑初 380 号杨某、镇某辉过失以危险方法危害公共安全案中，犯罪造成的后果比较严重，但仍采用简易程序，并取得了良好的效果。在这个过程中，检察机关和律师都发挥了很大的作用。

辩护律师担任公诉案件、自诉案件被告人的辩护人，如果有可能适用简易程序的，应向被告人阐明关于简易程序的法律规定，并征求被告人是否同意适用简易程序。适用简易程序的案件，大多数是属于可以和解的刑事案件。辩护律师受理案件后应当建议被告人及其近亲属与被害方达成和解，以争取得到法院从轻处罚或者免予刑事处罚。适用简易程序的公诉案件，辩护律师可以与公诉人互相质证，申请法庭通知证人出庭作证；经法庭许可，可以互相进行辩论，应当主要围绕罪名、量刑以及其他有争议的问题进行法庭调查和法庭辩论，在确认被告人庭前收到起诉书并对起诉书指控的犯罪事实没有异议后，辩护律师应当用简洁的语言，简明扼要地发表质证意见、辩护意见。

鉴于适用简易程序的刑事案件，有可能是当庭宣判，因此，辩护律师应当尽量在开庭前，提出辩护意见与合议庭沟通，并向人民法院提交辩护词初稿。对辩护意见有修改的，应在庭审结束后及时向人民法院提交修改后的辩护意见。

第28讲 普通程序在认罪认罚案件中的适用

一、问题引入：认罪认罚案件如何适用普通程序？

《最高人民法院关于适用〈中华人民共和国刑事诉讼法〉的解释》第348条规定，对认罪认罚案件，应当根据案件情况，依法适用速裁程序、简易程序或者普通程序审理。

《认罪认罚指导意见》第47条规定，“适用普通程序办理认罪认罚案件，可以适当简化法庭调查、辩论程序。公诉人宣读起诉书后，合议庭当庭询问被告人对指控的犯罪事实、证据及量刑建议的意见，核实具结书签署的自愿性、真实性、合法性。公诉人、辩护人、审判人员对被告人的讯问、发问可以简化。对控辩双方无异议的证据，可以仅就证据名称及证明内容进行说明；对控辩双方有异议，或者法庭认为有必要调查核实的证据，应当出示并进行质证。法庭辩论主要围绕有争议的问题进行，裁判文书可以适当简化”。

此外，《认罪认罚指导意见》还规定了程序转换，对于不适用速裁程序、简易程序的依法应当转为简易程序或者普通程序。故并非认罪认罚案件都需要适用简易或速裁程序，但是在适用普通程序时可以适当进行简化。

二、规范依据

《最高人民法院关于适用〈中华人民共和国刑事诉讼法〉的解释》(2021)

第三百四十八条　对认罪认罚案件，应当根据案件情况，依法适用速裁程序、简易程序或者普通程序审理。

《最高人民法院、最高人民检察院、公安部、国家安全部、司法部关于适用认罪认罚从宽制度的指导意见》(2019)

第四十七条　普通程序的适用。适用普通程序办理认罪认罚案件，可以适当简化法庭调查、辩论程序。公诉人宣读起诉书后，合议庭当庭询问被告人对指控的犯罪事实、证据及量刑建议的意见，核实具结书签署的自愿性、真实性、合法性。公诉人、辩护人、审判人员对被告人的讯问、发问可以简化。对控辩双方无异议的证据，可以仅就证据名称及证明内容进行说明；对控辩双方有异议，或者法庭认为有必要调查核实的证据，应当出示并进行质证。法庭辩论主要围绕有争议的问题进行，裁判文书可以适当简化。

第四十八条　程序转换。人民法院在适用速裁程序审理过程中，发现有被告人的行为不构成犯罪或者不应当追究刑事责任、被告人违背意愿认罪认罚、被告人否认指控的犯罪事实情形的，应当转为普通程序审理。发现其他不宜适用速裁程序但符合简易程序适用条件的，应当转为简易程序重新审理。

发现有不宜适用简易程序审理情形的，应当转为普通程序审理。

人民检察院在人民法院适用速裁程序审理案件过程中，发现有不宜适用速裁程序审理情形的，应当建议人民法院转为普通程序或者简易程序重新审理；发现有不宜适用简易程序审理情形的，应当建议人民法院转为普通程序重新审理。

三、实务案例

（2021）川 0781 刑初 120 号 | 胡某交通肇事案

（一）关键词

认罪认罚　交通肇事罪　普通程序　谅解

（二）要旨

作为驾驶人员，无视道路封闭的警示仍执意前行，也未采取必要的安全措施应对冰雪路面的驾驶，最终导致两人死亡的交通事故，应当对事故后果承担刑事责任。违反道路交通运输法规，造成车内乘客死亡已符合交通肇事罪的构成要件，应当负刑事责任。

（三）基本案情

2020 年 12 月 17 日 10 时 20 分许，被告人胡某驾驶川小型客车搭载其子胡某某、其母亲黄某某、其外婆袁某某经江油市含增场镇前往“吴家后山”看雪景。胡某未采取措施以确保冰雪路面行车安全，且在“三分厂”路段见到“道路封闭”警示牌仍继续前行，行至“吴家后山”一长下坡路段，车辆失控驶出路外倾覆，造成车辆受损，胡某、胡某某受伤，黄某某当场死亡、袁某某送医抢救无效死亡的交通事故。事故后，车辆 GPS 管理方及胡某报警，胡某在现场等候处理。经鉴定，袁某某系急性失血性创伤性休克死亡；黄某某系颅骨骨折，重度颅脑损伤死亡。经事故认定，胡某承担事故全部责任。案发后，胡某赔偿并取得死者近亲属谅解。

（四）裁判结果

法院认为：被告人胡某违反交通运输管理法规，因而发生重大事故，致两人死亡，且负事故全部责任，情节恶劣，其行为已构成交通肇事罪，依法应予惩处。公诉机关指控罪名成立。胡某主动报警并在现场等候处理，归案后如实供述自己的罪行，系自首，可以从轻或者减轻处罚。胡某自愿认罪认罚，赔偿了被害人的损失并取得被害人亲属的谅解，可以从宽处理。辩护人关于胡某系自首、认罪认罚、无犯罪前科的意见，与查明事实相符，法院予以采纳。

鉴于胡某具有法定、酌定从轻处罚情节，公诉机关已经在法定刑的下一档量刑幅度内建议量刑，公诉机关量刑建议适当，法院予以采纳。

辩护人关于胡某犯罪情节较轻，建议免予刑事处罚的意见，与法律规定不符，法院不予采纳。

江油市人民法院在 2021 年 5 月 27 日作出一审判决：被告人胡某犯交通肇事罪，判处有期徒刑两年 6 个月，缓刑 3 年。

四、律师解析

认罪认罚案件中采用简易程序、速裁程序还是普通程序，需要根据《刑事诉讼法》对于不同程序规定的适用条件。

在不突破法律对程序的要求下，认罪认罚案件在一定程度上相较于其他案件有一定的简化，但现阶段并未有规范性文件对认罪认罚案件的普通程序简化审应简化哪些步骤进行总结，事实上，法律也未对普通程序简化审作出相应的流程设置。

各地司法机关在实践中做法不一。实践中已有地区对于普遍程序简化审作出了具体规定，如新疆检察机关明确了被告人自愿认罪并同意适用普通程序简化审进行审理的，简化被告人对于起诉书指控的犯罪事实供述的部分、简化或省略对被告人的发问、可以对无异议的证据仅进行名称与证明事项的描述，以及法庭辩论仅围绕定罪量刑中有争议的问题进行。上海市检察机关提出“对认罪认罚的重罪案件要积极推广适用普通程序简化审”，通过诉前、诉后审前、庭审三阶段的安排，从整体上推进普通程序简化审。但普通程序简化审并非简易程序，可以将庭审中的出示证据、法庭辩论等程序简化甚至省略掉，其依旧是在普通程序的基础上进行简化，不应脱离普通程序的范畴，因此应将普通程序的庭审环节在保留的前提下进行适应庭审快速进行的改变。

辩护律师应该明确认罪认罚对程序中被告人、辩护律师的权利并没有约束。快速裁决以有利于被告人为前提，若有任何侵犯被告人合法权益的程序简化，辩护律师都应该明确提出。

第29讲 认罪认罚案件中的程序转换

一、问题引入：认罪认罚案件中如何进行程序转换？

由于刑事案件在处理过程中的多阶段性、动态性，且不同的程序适用的条件有所不同，故法院在审理过程中，应当依据现有事实和证据及时判断审理程序是否合法，对不满足程序适用条件的案件进行程序转换；检察机关作为法律监督机关，亦有义务关注案件审理程序问题，对不宜适用相关程序的案件，应当及时建议法院转换审理程序。根据《刑事诉讼法》以及《认罪认罚指导意见》的规定，认罪认罚从宽案件的程序转化包括三种类型：

第一，定罪问题不符合法定条件的程序转化。《刑事诉讼法》第226条规定，在速裁程序审理过程中，法院发现有被告人的行为不构成犯罪或者不应当追究其刑事责任、被告人违背意愿认罪认罚、被告人否认指控的犯罪事实或者其他不宜适用速裁程序审理的情形的，应当转化为按照普通程序或简易程序重新审理。

第二，量刑问题不符合法定条件的程序转化。《认罪认罚指导意见》第41条第2款规定："适用速裁程序审理的，人民检察院调整量刑建议应当在庭前或者当庭提出。调整量刑建议后，被告人同意继续适用速裁程序的，不需要转换程序处理。"该条明确了采用速裁程序审理的案件调整量刑建议后如果继续适用速裁程序应征得被告人同意。

第三，被告人自愿性不符合法定条件的程序转化。被告人自愿性不符合法定条件的程序转化主要分为两种：一是被告人违背意愿认罪认罚；二是被告人认罪认罚后反悔。

综上所述，程序的转换不仅是当事人程序选择权的体现，也在刑事诉讼控、辩、审三方结构下，体现以审判为中心的精神。律师在为当事人提供程序选择建议时，也应考虑是否符合相关法律规定，是否有被转换程序的可能以及转换后可能面临什么样的影响等问题。

二、规范依据

《中华人民共和国刑事诉讼法》（2018 修正）

第二百二十六条　人民法院在审理过程中，发现有被告人的行为不构成犯罪或者不应当追究其刑事责任、被告人违背意愿认罪认罚、被告人否认指控的犯罪事实或者其他不宜适用速裁程序审理的情形的，应当按照本章第一节或者第三节的规定重新审理。

《最高人民法院、最高人民检察院、公安部、国家安全部、司法部关于适用认罪认罚从宽制度的指导意见》（2019）

39. ……被告人违背意愿认罪认罚，或者认罪认罚后又反悔，依法需要转换程序的，应当按照普通程序对案件重新审理。发现存在刑讯逼供等非法取证行为的，依照法律规定处理。

41. ……适用速裁程序审理的，人民检察院调整量刑建议应当在庭前或者当庭提出。调整量刑建议后，被告人同意继续适用速裁程序的，不需要转换程序处理。

48. 程序转换。人民法院在适用速裁程序审理过程中，发现有被告人的行为不构成犯罪或者不应当追究刑事责任、被告人违背意愿认罪认罚、被告人否认指控的犯罪事实情形的，应当转为普通程序审理。发现其他不宜适用速裁程序但符合简易程序适用条件的，应当转为简易程序重新审理。

发现有不宜适用简易程序审理情形的，应当转为普通程序审理。

人民检察院在人民法院适用速裁程序审理案件过程中，发现有不宜适用速裁程序审理情形的，应当建议人民法院转为普通程序或者简易程序重新审理；发现有不宜适用简易程序审理情形的，应当建议人民法院转为普通程序重新审理。

三、实务案例

（2019）云 0111 刑初 1834 号｜李某某非法持有毒品案

（一）关键词

刑事　主观故意　自愿认罪　认罪认罚从宽制度

（二）要旨

认罪认罚从宽制度“认罪”要求被告人自愿如实供述犯罪事实，对指控犯罪事实没有异议。被告人虽自愿签署认罪认罚具结书，但不自愿认罪，不适用认罪认罚从宽制度。

（三）基本案情

云南省昆明市官渡区人民检察院指控：2019 年 8 月 24 日被告人李某某在昆明市官渡区中苜蓿村被民警查获，当场从其随身携带的背包内查获毒品可疑物。被告人李某某在审查起诉阶段签署认罪认罚具结书，同意本案适用简易程序审理。

在审判阶段，被告人李某某辩解查获的毒品系自己捡到一背包内装着的东西，其不明知该东西为毒品，如果是毒品将送往公安局，并不准备自己拿着，法院将该案转为普通程序进行审理。

经查，在案抓获经过、被告人的供述证实在被告人随身携带的背包内查获毒品的状态为用透明塑料袋包裹后用口香糖纸进行包装，并放置在被告人李某某随身携带背包的烟盒里，该包装完整，高度隐蔽，且被告人曾供述该物品可能为毒品。同时，被告人李某某在三次讯问笔录中均供述查获的毒品来源系其捡到的双肩包里装着的，但关于捡到包的时间、地点等细节的供述均不稳定性，真实性存疑。且被告人辩解找朋友进行鉴别后为毒品就送往公安局不具有合理性，按照常理，被告人已怀疑其持有的为毒品违禁品，直接送往公安机关进行鉴定上交更符合人的行为逻辑。

另查明，涉案毒品扣押于昆明市公安局官渡分局。李某某行为构成非法持有毒品罪。

（四）裁判结果

云南省昆明市官渡区人民法院于 2019 年 12 月 24 日作出判决：

第一，被告人李某某犯非法持有毒品罪，判处有期徒刑 1 年 2 个月，并处罚金 5000 元。

第二，涉案毒品甲基苯丙胺 14. 57g，依法予以没收。

（2020）湘 0921 刑初 189 号｜王某方盗窃案

（一）关键词

量刑建议　免予刑事处罚　简易程序　盗窃罪

（二）裁判要旨

认罪认罚从宽的案件，被告人依法享有程序选择权，基层人民法院管辖的被告人认罪认罚案件，事实清楚、证据充分，被告人对适用简易程序没有异议的，可以适用简易程序审判，发现有不宜适用简易程序审理情形的，应当转为普通程序审理。

（三）基本案情

湖南省南县人民检察院以南检一部刑诉〔2020〕25 号起诉书指控被告人王某方犯盗窃罪，于 2020 年 9 月 29 日向南县人民法院提起公诉。南县人民法院适用认罪认罚速裁程序过程中，发现被告人王某方的行为不构成犯罪或者不应当追究其刑事责任，于 2020 年 10 月 12 日决定转为普通程序审理。

公诉机关指控，2020 年 7 月 23 日至 2020 年 8 月 29 日，被告人王某方在捡拾废品途中，在被害人刘某经营的“刘黑土菜馆”饭店盗窃 3 次，盗得衣服、浴巾、锅铲等物品。公诉机关认为，被告人王某方以非法占有为目的，多次秘密窃取他人财物，应当以盗窃罪追究其刑事责任。被告人王某方系坦白，且认罪认罚，可以从宽处理，建议判处被告人王某方拘役 3 个月，并处罚金，适用缓刑。被告人王某方对起诉指控的事实及罪名均未提出异议，表示认罪。

其辩护人提出：王某方系年近七旬的老人，在捡拾破烂的过程中因贪小便宜偷拿了他人的财物，但所盗财物价值不高，其行为的社会危害性不大，王某方的行为不构成盗窃罪。

（四）裁判结果

南县人民法院认为，被告人王某方以非法占有为目的，多次秘密窃取他人财物，其行为已构成盗窃罪。公诉机关指控的罪名成立。被告人王某方到案后如实供述罪行，依法可从轻处罚。考虑被告人王某方无前科，3 次盗窃所得财物的价值较小，其行为的社会危害性不大，可以认定为犯罪情节轻微不需要判处刑罚。其辩护人提出王某方的行为不构成盗窃罪的辩护意见，法院不予采纳。于 2020 年 12 月 22 日作出如下判决：

被告人王某方犯盗窃罪，免予刑事处罚。

四、律师解析

上述案例充分说明认罪认罚案件中程序的转换是较为普遍的，并且转换过程遵守法律对程序转换的规定。从法院转换程序的具体实务来看，在审判阶段法院对案件事实的审查以实质性审查为主，当法院发现案件的事实不适用简易程序时一般会转为普通程序，旨在查清事实。从案例可以发现法院转换程序时的关注内容，也给辩护律师提供了参考：

1. 采取以庭前阅卷审查为主，以庭审审查为辅的审查方式，不仅需要法院自觉警惕“侦查中心”的局限，更需要辩护人努力在庭审中确立“审判中心”，在“庭审实质化”上穷尽努力。受庭审功能限制，法院对案件事实的审查不可避免地转向以庭前阅卷审查为主的方式。在“庭审实质化”受限的情况下，一方面，辩护律师应从辩护人角度提醒法官审查案卷时注意防止侦查偏向对证据形成的影响；另一方面，辩护律师应积极利用有限的庭审，提醒法官解决阅卷产生的疑问及困惑。

2. 基于法院以印证原则为主、辅之以合理性（心证）原则的证据事实审查方法，辩护律师更应注重运用证据维护被告权益。在有限的法空间内审查案件事实，法官采用的基本方法是印证证明法，即主要审查指控证据是否相互印证，包括直接印证、间接印证，以及直接证据与间接证据和间接事实的印证等，确认印证的状况和特征。然而，仅凭印证尚不足以定案，由于印证可能是被扭曲而形成的，出现“假象印证”，因此，法院还会采用合理性原则，确认印证事实是否符合事物发展的自身逻辑，是否符合事理、情理，进而排除合理怀疑，建立有效的、能够保证基本事实无误的确信。辩护律师在证据上的努力是庭审中的重点。

3. 辩护律师应注意发现疑点，主动要求法院及时转换审理程序。在阅卷审查和庭审过程中，法官可能会发现案件事实中影响定罪量刑的存疑之点，证据事实中的矛盾之处。如果阅卷和询问不能有效解决疑点问题，此时法院为主动及时决定转换审判程序，按照普通程序进行举证质证，查明案件事实。如果在庭前审查时就发现疑点，也会直接采用普通程序审理认罪认罚案件。但是，在法官可能没有及时发现的情况下，辩护律师应该注意发现疑点。实务中为有效发现疑点，有些法院也会听取律师意见，包括认罪认罚案件中律师提出的质疑指控事实的意见。

4. 作为辩护律师，应根据实际情况确定是否转化程序，只有在有利于被告人的情形下，才需要主动请求转换程序，非必要不转化。犯罪事实清楚，证据充分的情况下，对认罪认罚案件应当采取的证明标准，根据《刑事诉讼法》第 214 条和第 222 条的规定，对适用简易程序审理的案件，以及适用速裁程序审理的认罪认罚案件，均需达到“案件事实清楚，证据确实、充分”的证明标准。据此，《认罪认罚指导意见》第 3 条明确要求“坚持法定证明标准”“防止因犯罪嫌疑人、被告人认罪而降低证据要求和证明标准”。应当说，基于前述实质性审查必要性的相同缘由，坚持法定证明标准显然有利于维系此类案件的办案质量。故在没有疑点的情况下，适用简易程序更有利于被告人，同时也节约了司法资源。

第30讲　法院不采纳量刑建议的情形

一、问题引入：法院不采纳量刑建议的情形有哪些？

在犯罪嫌疑人认罪认罚的案件中，检察院应当在全面审查证据、查明事实、准确认定犯罪的基础上就主刑、附加刑、是否适用缓刑等提出量刑建议。对于检察院指控的罪名和量刑建议，法院一般应采纳，但《刑事诉讼法》第201条和《认罪认罚指导意见》第40条均列举了采纳例外情形：(1)被告人的行为不构成犯罪或者不应当追究刑事责任的；(2)被告人违背意愿认罪认罚的；(3)被告人否认指控的犯罪事实的；(4)起诉指控的罪名与审理认定的罪名不一致的；(5)其他可能影响公正审判的情形。此外，人民法院经审理认为量刑建议明显不当，或者被告人、辩护人对量刑建议提出异议的，人民检察院可以调整量刑建议。当存在采纳例外情形时，法院会脱离一般应当采纳的义务性，而转向权力性，即法院不受采纳义务的束缚，但并不禁止最终裁判结局与指控内容存在一致的可能性。

从规范层面来看，《刑事诉讼法》明确的几种例外情形中，实质上只有被告人违背意愿认罪认罚、起诉指控的罪名与审理认定的罪名不一致、量刑建议明显不当三种属于认罪认罚案件的采纳例外情形，而被告人的行为不构成犯罪或者不应当追究其刑事责任、被告人否认指控的犯罪事实两种情形事实上已经不属于认罪认罚案件。

对于检察院的量刑建议，法院应以采纳为原则，以不采纳为例外。原因在于对采纳量刑建议的规定，一方面保证了认罪认罚案件中犯罪嫌疑人、被告人可获得量刑从宽的落实；另一方面亦强调了认罪认罚案件仍要坚持事实清楚，证据确实、充分的标准。因此，为保障认罪认罚制度的有效落实，亦为了坚持以审判为中心的刑事诉讼司法制度改革，《认罪认罚指导意见》第 40 条还指出，若法院不采纳人民检察院量刑建议的，应当说明理由和依据。

二、规范依据

《中华人民共和国刑事是诉讼法》（2018 修正）

第二百零一条　对于认罪认罚案件，人民法院依法作出判决时，一般应当采纳人民检察院指控的罪名和量刑建议，但有下列情形的除外：

（一）被告人的行为不构成犯罪或者不应当追究其刑事责任的；

（二）被告人违背意愿认罪认罚的；

（三）被告人否认指控的犯罪事实的；

（四）起诉指控的罪名与审理认定的罪名不一致的；

（五）其他可能影响公正审判的情形。

人民法院经审理认为量刑建议明显不当，或者被告人、辩护人对量刑建议提出异议的，人民检察院可以调整量刑建议。人民检察院不调整量刑建议或者调整量刑建议后仍然明显不当的，人民法院应当依法作出判决。

《最高人民法院、最高人民检察院、公安部、国家安全部、司法部关于适用认罪认罚从宽制度的指导意见》（2019）

40. 量刑建议的采纳。对于人民检察院提出的量刑建议，人民法院应当依法进行审查。对于事实清楚，证据确实、充分，指控的罪名准确，量刑建议适当的，人民法院应当采纳。具有下列情形之一的，不予采纳：

（一）被告人的行为不构成犯罪或者不应当追究刑事责任的；

（二）被告人违背意愿认罪认罚的；

（三）被告人否认指控的犯罪事实的；

（四）起诉指控的罪名与审理认定的罪名不一致的；

（五）其他可能影响公正审判的情形。

对于人民检察院起诉指控的事实清楚，量刑建议适当，但指控的罪名与审理认定的罪名不一致的，人民法院可以听取人民检察院、被告人及其辩护人对审理认定罪名的意见，依法作出裁判。

人民法院不采纳人民检察院量刑建议的，应当说明理由和依据。

《人民检察院办理认罪认罚案件开展量刑建议工作的指导意见》（2021）

第三十七条　人民法院违反刑事诉讼法第二百零一条第二款规定，未告知人民检察院调整量刑建议而直接作出判决的，人民检察院一般应当以违反法定程序为由依法提出抗诉。

三、实务案例

（2019）京0105刑初1534号｜陶某故意伤害案

（一）关键词

刑事　故意伤害罪　认罪认罚案件　调整量刑建议　法定程序

（二）要旨

审理认罪认罚案件，法院在未建议检察院调整量刑建议的情况下直接判决，不属于“违反法定诉讼程序”。一是法院建议调整量刑建议不是“法定”必经程序。二是《认罪认罚指导意见》规定的是法院应当告知检察院量刑建议明显不当，但不能就此理解为法院应当建议检察院调整量刑建议。三是检察院遗漏重要量刑情节提出的量刑建议，属于量刑建议“明显不当”，法院可以不予采纳。

（三）基本案情

被告人陶某曾因犯非法拘禁罪于2014年1月被判处有期徒刑7个月，缓刑1年。2019年1月16日，被告人陶某在北京市朝阳区因琐事与被害人徐某发生冲突，后持刀将徐某颈部扎伤，致徐某“颈部损伤后，临床出现轻度创伤性休克表现”。经鉴定，徐某所受损伤程度为轻伤二级。被告人陶某于 2019 年 3 月 9 日经公安机关电话联系后投案，赔偿了徐某经济损失并获得谅解。公诉机关认为被告人陶某有自首、认罪认罚、赔偿损失并取得谅解之情节，建议判处被告人陶某有期徒刑 6 个月，被告人陶某签署了认罪认罚具结书。北京市朝阳区人民法院认为公诉机关遗漏了前科这一重要量刑情节，电话告知公诉机关量刑建议偏低。公诉机关未对量刑建议进行调整。

（四）裁判结果

北京市朝阳区人民法院于 2019 年 7 月 12 日作出（2019）京 0105 刑初 1534 号刑事判决：被告人陶某犯故意伤害罪，判处有期徒刑 8 个月。宣判后，被告人陶某未提出上诉，北京市朝阳区人民检察院以量刑建议不属于“明显不当”，北京市朝阳区人民法院在审理过程中，未建议人民检察院调整量刑建议，未采纳人民检察院的量刑建议，存在程序性错误为由，提出抗诉。北京市第三中级人民法院于 2019 年 8 月 30 日作出（2019）京 03 刑终 683 号刑事裁定，驳回抗诉，维持原判。

四、律师解析

在认罪认罚案件中，检察院的量刑建议一般会被法院接受，但前述法律以及司法解释已经明确有例外不接受的情形。归根结底，检察院只是量刑建议，最终由法院审判后独立作出裁判。对于认罪认罚案件，从制度设计来看，认罪认罚对象的选择、程序的启动、条件的设置均以检察机关为主导。尤其是通过控辩双方合意形成的具结书，其程序适用及量刑建议，均对法院产生一定的约束作用——如果没有法律规定的情形，法院一般应当适用此种法律程序并采纳量刑建议。

检察机关在认罪认罚案件中的作用，对“以审判为中心”的制度设计及其贯彻实施有一定程度的抑制，同时法院在例外情形下不接受检察机关的量刑建议又是对检察机关的反向牵抑。因为“以审判为中心”的制度，要求适度阻断侦查与审判的连接，防止侦查案卷笔录决定诉讼命运，因此需贯彻直接言词原则，从而“保证庭审在查明事实、认定证据、保护诉权、公正裁判中发挥决定性作用”。而就认罪认罚案件而言，因被告人已认可指控事实及量刑建议，案件审判不仅不需要以人证出庭为特征的实质化庭审，而且仅对有争议的少数疑难复杂案件适用“以审判为中心”和庭审实质化，以保证诉讼公正。但是检察机关主导下的认罪认罚案件在审判中会存在如下问题：其一，部分案件事实审查标准降低，对案件质量产生不利影响；其二，犯罪嫌疑人、被告人在重罚威慑下非自愿认罪认罚，法院自愿性审查流于形式；其三，量刑调整的标准难以把握且调整难度大，法院量刑平衡功能弱化。检察官可能会为争取犯罪嫌疑人、被告人认罪认罚，迁就非合理诉求，不适当地适用认罪认罚程序，放弃部分追诉权等。

上述案例中均显示法院在量刑中独立判断，在量刑和案件事实存在不符的情况下，检察院量刑不被法院接受。除了这两个例子，在本书第 3 讲的（2020）皖刑终 181 号范某某等贩卖毒品案中，原判对检察院量刑建议未接受，二审时被告认为：“公诉机关根据本案具体情况和范某某具备的认罪认罚情节，所提量刑建议适当，原审对量刑建议不予采纳的判决不符合相关法律和司法文件的规定，应依法从轻改判。”但二审法院驳回上诉，维持原判。

对于辩护律师来说，若认为检察院的量刑不符合法律，则需要遵守证据裁判原则，从证据入手，向法院提出独立意见，在证据确凿的情况下，有望法院不采纳检察机关的量刑建议。《认罪认罚指导意见》第 3 条强调，办理认罪认罚案件须“坚持证据裁判原则”，要求法院“作出有罪裁判应当做到犯罪事实清楚，证据确实、充分，防止因犯罪嫌疑人、被告人认罪而降低证据要求和证明标准”。据此，在我国刑事诉讼中，对认罪认罚案件，法院仍然应当对案件事实进行实质审查；一旦因事实证据问题出现错案，法官亦需承担合理限度内的审判责任。

第31讲 法院对检察机关量刑建议的调整

一、问题引入：法院如何建议检察机关调整量刑建议？

本问题和第30讲“法院不采纳量刑建议的情形”是相互关联的，本质上都是认罪认罚从宽制度坚持以审判为中心，以提高司法效率、节约司法资源、落实宽严相济刑事政策为目的诉讼制度。“法院不采纳量刑建议的情形”表明检察机关的量刑建议不符合案件情形，故法院可以直接不采纳量刑建议。但为了更有效地审理案件，法院可以在案件审理过程中向检察机关建议调整量刑建议，若不调整，则可能直接导致不采纳检察机关的量刑建议。

我国《刑事诉讼法》第201条第2款规定：“人民法院经审理认为量刑建议明显不当，或者被告人、辩护人对量刑建议提出异议的，人民检察院可以调整量刑建议。”这条内容并没有表示人民法院主动联系检察机关调整量刑。但《认罪认罚指导意见》第41条第1款明确表示“人民法院经审理，认为量刑建议明显不当，或者被告人、辩护人对量刑建议有异议且有理有据的，人民法院应当告知人民检察院，人民检察院可以调整量刑建议”。此处采用的是“应当”，即告知人民检察院量刑不当或被异议且异议有理有据，但不是告知检察院调整量刑，而是表示此时人民检察院有调整量刑的机会。当然，“人民法院认为调整后的量刑建议适当的，应当予以采纳；人民检察院不调整量刑建议或者调整后仍然明显不当的，人民法院应当依法作出判决”。

目前司法实践中，关于合议庭建议公诉机关调整量刑建议的形式的争议还是比较多，最高人民法院、最高人民检察院关于此争议可以通过座谈纪要等文件予以明确。从司法实务层面考虑，如合议庭当庭发现量刑建议不当，可当庭口头建议公诉机关调整；如合议庭在庭审结束后发现量刑建议不当，则可以电话形式予以沟通建议，并做好电话记录。采取该做法的原因有两个：一是刑事诉讼法并未就建议形式作出规定；二是认罪认罚制度本就是为了节约司法资源、提高司法效率而实施的诉讼制度，如按照某些观点以书面形式建议调整量刑建议，那么尤其是在案件数量巨大的基层法院，无疑会因起草、审批、送达、回复书面建议上浪费大量的诉讼时间，拖慢审理进程，浪费司法资源，与认罪认罚制度的初衷相悖。

实践中提出量刑建议主要存在三种方式：一是确定的量刑建议，即在法定刑幅度内提出确定的刑种和明确的刑期的量刑建议；二是幅度刑量刑建议，即提出确定的刑种和带有一定幅度的刑期的相对具体的量刑建议；三是概括刑量刑建议，即只提出对刑种的量刑建议或者提出法定刑幅度内量刑的建议。第三种方式是在量刑建议探索初期较为粗放式的量刑建议模式。

在认罪认罚从宽制度下，应以哪种量刑建议方式为原则，既是量刑建议的模式问题，也是理论与实务中的难点问题，仍存在一定的争议。有观点认为，提出幅度刑量刑建议有利于法官根据具体案件和庭审变化充分运用裁量权实现罪责刑相适应，且检察人员量刑建议的能力和经验不足，不宜提出确定刑建议。也有观点认为，在认罪认罚从宽制度下，为了增强量刑协商过程及其结果的稳定性、权威性与延续性，进一步固化具结书的签署效力，提高量刑建议“精准性”，检察机关宜提出确定刑量刑建议，且确定刑量刑建议与人民法院的审判权并不产生实质冲突。

二、规范依据

《中华人民共和国刑事诉讼法》（2018 修正）

第十五条　犯罪嫌疑人、被告人自愿如实供述自己的罪行，承认指控的犯罪事实，愿意接受处罚的，可以依法从宽处理。

第二百零一条　对于认罪认罚案件，人民法院依法作出判决时，一般应当采纳人民检察院指控的罪名和量刑建议，但有下列情形的除外：

（一）被告人的行为不构成犯罪或者不应当追究其刑事责任的；

（二）被告人违背意愿认罪认罚的；

（三）被告人否认指控的犯罪事实的；

（四）起诉指控的罪名与审理认定的罪名不一致的；

（五）其他可能影响公正审判的情形。

人民法院经审理认为量刑建议明显不当，或者被告人、辩护人对量刑建议提出异议的，人民检察院可以调整量刑建议。人民检察院不调整量刑建议或者调整量刑建议后仍然明显不当的，人民法院应当依法作出判决。

《最高人民法院、最高人民检察院、公安部、国家安全部、司法部关于适用认罪认罚从宽制度的指导意见》（2019）

41. 量刑建议的调整。人民法院经审理，认为量刑建议明显不当，或者被告人、辩护人对量刑建议有异议且有理有据的，人民法院应当告知人民检察院，人民检察院可以调整量刑建议。人民法院认为调整后的量刑建议适当的，应当予以采纳；人民检察院不调整量刑建议或者调整后仍然明显不当的，人民法院应当依法作出判决。

适用速裁程序审理的，人民检察院调整量刑建议应当在庭前或者当庭提出。调整量刑建议后，被告人同意继续适用速裁程序的，不需要转换程序处理。

三、实务案例

（2020）陕刑终288号｜赵某1单位受贿罪、受贿罪、贪污罪上诉案

（一）关键词

刑事　单位名义　个人使用　公共财物　胁从犯　认罪认罚

（二）要旨

认罪认罚案件中，公诉机关遗漏重要量刑情节，法院经查证属实后，在公诉机关认定被告人具有自首情节无异议的情况下，经与公诉机关电话沟通后调整量刑建议，依法作出判决。

（三）基本案情

公诉机关指控称：2011年至2015年8月，被告人赵某1在担任铜川市耀州区财政局局长期间，在刘某、白某、冯某、胡某、宋某、赵某、张某等7家私营企业主向耀州区财政局申请项目资金的过程中，以单位有事为由向上述7家私营企业主索要人民币共计770万元，并利用职务上的便利分别为上述7家私营企业谋取利益。上述款项交由耀州区财政局专人负责保管，赵某1统一安排支出，其中36万元用于为其个人购买一辆大众汽车，剩余款项主要用于为耀州区争取项目、资金过程中的相关支出（2011年至2015年中秋、春节购买购物卡支出约300万元，烟酒、招待等支出约270万元，水果、纪念品等礼品支出约160万元）。综上，被告单位铜川市耀州区财政局、被告人赵某1单位受贿数额为734万元。

经法院查明，被告人赵某1个人受贿数额为81万元。

（四）裁判结果

榆林市中级人民法院于2020年9月29日作出（2020）陕08刑初23号刑事判决：以被告单位铜川市耀州区财政局犯单位受贿罪，处罚金人民币

60 万元。以被告人赵某 1 犯单位受贿罪，判处有期徒刑 1 年；犯贪污罪，判处有期徒刑 3 年，并处罚金人民币 20 万元；犯受贿罪，判处有期徒刑 3 年，并处罚金人民币 20 万元；数罪并罚，决定执行有期徒刑 4 年，并处罚金人民币 40 万元。被告单位铜川市耀州区财政局受贿所得赃款人民币 734 万元依法予以追缴，上交国库；被告人赵某 1 被查封、扣押在案的大众汽车 1 辆依法予以追缴，上交国库。

宣判后，榆林市人民检察院对榆林市中级人民法院改变部分指控犯罪事实的定性提出抗诉，被告人赵某 1 不服，提出上诉。

在二审审理过程中，陕西省人民检察院认为抗诉不当，决定撤回抗诉。上诉人赵某 1 亦自愿申请撤回上诉。

陕西省高级人民法院于 2020 年 12 月 16 日作出（2020）陕刑终 288 号刑事裁定书，准许陕西省人民检察院撤回抗诉；准许上诉人赵某 1 撤回上诉；榆林市中级人民法院（2020）陕 08 刑初 23 号刑事判决自该裁定送达之日起发生法律效力。

四、律师解析

上述案例中法院发现检察机关量刑与法院查明事实之间存在不同，故建议检察机关调整量刑。认罪认罚从宽制度中，控辩协商是关键，量刑建议是核心。随着量刑规范化改革和认罪认罚从宽制度的深入推进，2018 年《刑事诉讼法》首次将量刑建议纳入法律，明确量刑建议在认罪认罚案件中具有一定的刚性效力，量刑建议的核心作用得到了广泛关注。为凸显认罪认罚从宽制度的价值，认罪认罚应当作为单独量刑情节予以评价，并根据认罪认罚的不同诉讼阶段设置阶梯化从宽幅度。①

1. 关于认罪认罚是否作为独立的量刑情节。

《刑事诉讼法》第 15 条规定，“犯罪嫌疑人、被告人自愿如实供述自己的罪行，承认指控的犯罪事实，愿意接受处罚的，可以依法从宽处理”。这

---

① 参见《陈国庆：量刑建议的若干问题》，载最高人民检察院，https：//www. spp. gov. cn/zdgz/201910/t20191009_433944. shtml。

是认罪认罚案件从宽的法律依据。但对于认罪认罚案件如何从宽，如何理解认罪认罚与自首、坦白等法定情节的关系，认罪认罚是否应作为单独的量刑情节予以评价也存在不同认识。将认罪认罚作为单独的量刑情节予以评价，即在自首、坦白等从宽情节基础上，应再给予适当从宽考虑，犯罪嫌疑人将更有获得感，可以鼓励其在认罪的基础上尽早认罚，凸显认罪认罚从宽制度的功能和价值。

2. 量刑建议从宽幅度应当体现阶段性梯度。

具体而言，就是根据诉讼阶段的差异而区别量刑减让的比例：在侦查阶段认罪认罚的最高从宽为 30%；在审查起诉阶段认罪认罚的最高从宽为 20%；在审判阶段认罪认罚的最高从宽为 10%。基于罪责刑相适应的基本原则，从宽幅度的差别性应当在合理限度内体现，合理从宽既要发挥制度的激励作用，又不能违背法律规定、公序良俗。刑罚主要还是应以犯罪嫌疑人的犯罪性质及其严重程度决定，从宽折扣过大将导致对罪行的错误评价，不符合罪责刑相一致原则，也会带来量刑失衡、司法失信、无辜者认罪、冤假错案，甚至司法腐败等一系列问题。“过大的量刑折扣可能损害公众对司法的信心，特别是在重罪案件中，也有可能刺激无辜者答辩有罪。”最高人民法院、最高人民检察院应当通过量刑指南等形式，确定从宽幅度标准，增加社会和犯罪嫌疑人的心理预期和司法确定性，增强量刑的精准性。

3. 科学评价法官对量刑建议的采纳。

刑事诉讼法在认罪认罚从宽制度的程序设计中，要求检察机关提出量刑建议并且要求法院应当采纳，除非量刑建议明显不当。这在一定程度上就是将法官自由裁量权作出部分让渡，实现司法资源的优化配置，提升诉讼效率。当然，检察机关也应当充分尊重法院在量刑活动中的自由裁量权，不能仅仅因为法院未采纳量刑建议就提出抗诉予以纠正。同样在评价量刑建议时，也要充分考虑法官的自由裁量权，不能因为法官量刑裁判与量刑建议有出入就认为量刑建议质量不高。如果最终量刑与量刑建议的偏离值或者偏离度在合理范围内，法官裁量确有相应理由，应尊重法官的自由裁量权，此种情况不宜提出抗诉纠正，此类量刑建议也不能认为属于建议不当或者质量不高。

4. 律师在认罪认罚案件中对于量刑建议的作用。

认罪认罚案件中的量刑建议，是在充分听取被告人及其辩护人或值班律师、被害人及其诉讼代理人意见基础上形成的，是合意的结果。审判过程中，辩方一般不会再就量刑建议提出异议，但是也存在个别例外情况，如被告人提出其对检察机关告知的相关内容有误解或量刑建议未充分考虑其相关从宽情节，或者被告人充分评估其认罪认罚的法律后果后反悔，进而提出异议等。对此，人民法院应当建议检察机关对量刑建议进行调整，检察机关调整后辩方同意的，当庭确认。检察机关不调整或者调整后辩方仍有异议的，人民法院应依法作出裁判。

在审判阶段，辩护律师认为人民检察院量刑过高的，可以提出异议。如果辩护人在一审阶段接受委托，未见证认罪认罚具结书签署的，仍然应当通过核实犯罪证据、当事人认罪认罚的具体情况，并结合被告涉嫌罪名的法定刑等，来判断检察院提出的量刑建议是否过高。如果认为人民检察院的建议量刑过高，可以向人民法院提出量刑意见，并提请人民法院建议人民检察院对量刑建议进行调整，最大程度为被告人争取从轻处罚、从宽处罚的机会。

第32讲 被告人当庭认罪认罚案件的处理

一、问题引入：被告人当庭认罪认罚的案件如何处理？

刑事诉讼基本原则是由刑事诉讼法规定的，贯穿于刑事诉讼的全过程或主要诉讼阶段，公安机关、人民检察院、人民法院和诉讼参与人进行刑事诉讼活动所必须遵循的基本准则。据此，作为我国刑事诉讼的重要阶段之一——审判阶段自然须贯彻认罪认罚从宽原则，适用认罪认罚从宽制度。

《认罪认罚指导意见》第5条规定，认罪认罚从宽制度贯穿刑事诉讼全过程，包括审判阶段。《认罪认罚指导意见》第49条规定，“被告人当庭认罪认罚案件的处理。被告人在侦查、审查起诉阶段没有认罪认罚，但当庭认罪，愿意接受处罚的，人民法院应当根据审理查明的事实，就定罪和量刑听取控辩双方意见，依法作出裁判”。上述规定明确规定了审判程序中可当庭适用认罪认罚从宽制度。

在被告人于审判阶段当庭认罪认罚的情况下，被告人此时已经无法再与检察机关达成认罪认罚具结书，此时法庭应当将相关的情况记录在庭审笔录中，同时也应当对认罪认罚的自愿性、合法性、真实性进行审查。对于当庭认罪认罚的案件，应当当庭查明相关的案件事实，听取控辩双方的意见，然后依法作出裁判。当然，在从宽幅度上，应该相较于庭前认罪认罚的被告人有所不同。

二、规范依据

《最高人民法院关于适用〈中华人民共和国刑事诉讼法〉的解释》(2021)

第三百五十六条　被告人在人民检察院提起公诉前未认罪认罚，在审判阶段认罪认罚的，人民法院可以不再通知人民检察院提出或者调整量刑建议。

对前款规定的案件，人民法院应当就定罪量刑听取控辩双方意见，根据刑事诉讼法第十五条和本解释第三百五十五条的规定作出判决。

《最高人民法院、最高人民检察院、公安部、国家安全部、司法部关于适用认罪认罚从宽制度的指导意见》(2019)

5. 适用阶段和适用案件范围。认罪认罚从宽制度贯穿刑事诉讼全过程，适用于侦查、起诉、审判各个阶段。

认罪认罚从宽制度没有适用罪名和可能判处刑罚的限定，所有刑事案件都可以适用，不能因罪轻、罪重或者罪名特殊等原因而剥夺犯罪嫌疑人、被告人自愿认罪认罚获得从宽处理的机会。但“可以”适用不是一律适用，犯罪嫌疑人、被告人认罪认罚后是否从宽，由司法机关根据案件具体情况决定。

49. 被告人当庭认罪认罚案件的处理。被告人在侦查、审查起诉阶段没有认罪认罚，但当庭认罪，愿意接受处罚的，人民法院应当根据审理查明的事实，就定罪和量刑听取控辩双方意见，依法作出裁判。

《浙江省刑事案件适用认罪认罚从宽制度实施细则》(2020)

第七十四条　被告人在侦查、审查起诉阶段没有认罪认罚，但当庭认罪，愿意接受处罚的，人民法院应当根据审理查明的事实，就定罪和量刑听取控辩双方意见。

被告人符合前款情形，人民检察院可以提出量刑建议，被告人同意量刑建议，经审查量刑建议适当的，人民法院应当采纳；人民检察院未提出量刑建议或者量刑建议未能协商一致的，人民法院应当根据被告人认罪认罚的具体情况依法作出裁判。

三、实务案例

（2021）辽0381刑初644号 | 韩某会诈骗案

（一）关键词

认罪认罚　牵连犯　择一重罪　刑罚轻重比较　修正法定刑

（二）要旨

被告人在一审中当庭表示认罪认罚，庭后签署认罪认罚具结书，依法可以从宽处理。

（三）基本案情

2015年2月13日至2015年4月26日，被告人韩某会单独或与李某4（已另案处理）结伙，虚构借款做生意等借款用途和还款能力，以自己的名义或他人的名义，多次向被害人李某1骗取借款，实际骗得借款人民币共计228800元，用于个人挥霍，后无力偿还。

海城市人民检察院以海检刑诉（2021）Z613号起诉书指控被告人韩某会犯诈骗罪，于2021年9月1日向海城市人民法院提起公诉。被告人虽然在侦查阶段、审查起诉阶段未认罪认罚，但当庭自愿认罪认罚，依法可以从宽处罚。被告人共同犯罪部分的违法所得中的相当部分由其同案人取得，可酌情对其从宽处罚。

（四）裁判结果

2021年11月24日海城市人民法院作出（2021）辽0381刑初644号刑事判决：

（1）被告人韩某会犯诈骗罪，判处有期徒刑4年，并处罚金人民币4万元；

（2）继续追缴被告人韩某会单独犯罪的违法所得人民币14.7万元发还

被害人李某 1，继续追缴被告人韩某会共同犯罪的违法所得人民币 8.18 万元发还被害人李某 1（已向同案人李某帅追缴的除外）。

四、律师解析

任何阶段认罪认罚取得从宽对待都是被告人的权利，法院还是检察机关均无权剥夺该权利。所以一审阶段被告人认罪认罚的，法院基于公正性的考量是不会拒绝的。认罪认罚从宽制度有两个价值目标：一个是实现案件的繁简分流，提高诉讼效率，节约司法资源；另一个则是减少社会对抗、化解社会矛盾、提升社会治理能力。从第二个价值目标考量，一审阶段的认罪认罚值得推广。

但作为辩护律师，建议从实际情况出发，慎重对待。笔者提出以下建议供参考：

1. 防止被告人投机心理下的认罪认罚，引导被告人认识投机心理产生的不利情况。从司法实践来看，有些一线办案人员对于在审前各阶段不认罪，审判期间被告人当庭认罪，愿意接受处罚的，是否还有必要适用认罪认罚从宽制度存疑。毕竟，此时案件事实已经查清，庭审法官对于被告人的定罪量刑也基本形成了内心确信，被告人有较大的“投机心理”，再给予他们认罪认罚从宽的机会对于案件质量和诉讼效率并不会产生实质性影响。所以，辩护人如果发现被告人有投机心理，应理性引导。

2. 真诚悔罪情况下对被告人的鼓励。被告人为何没有在审前各阶段认罪认罚，具体案件中理由千万，难以分辨，甚至不能绝对地认为是犯罪嫌疑人、被告人没有真诚悔罪，亦可能是犯罪嫌疑人、被告人对检察机关对于罪名等的确定不认可等。在庭审阶段，随着证据查明，法庭对犯罪事实的认定等情况变化，被告人心理发生变化，真诚地认罪认罚，不管最后是否取得从宽的后果，辩护人都是应该鼓励支持的。其承受的刑罚是犯罪行为导致的必然法律后果，是否从宽并非真诚悔罪的必然结果。所以认识到自己的错误，是每一个触犯法律的人应该有的良知，也是良法的导向。是否从宽与真诚悔罪之间并无矛盾。否则，功利性对待认罪认罚，反而有鼓励投机之嫌。

第33讲　认罪认罚中的共同犯罪

一、问题引入：如何处理共同犯罪认罪认罚的问题？

根据《刑事诉讼法》的规定，只要犯罪嫌疑人、被告人自愿如实供述自己的罪行，承认指控的犯罪事实，愿意接受处罚的，即使是构成共同犯罪，也可以依法从宽处理。对于共同犯罪中被告人均认罪认罚的案件，部分被告人提出量刑异议，法院进行量刑调整的，对未提异议的被告人量刑是否也要联动调整？从我国法律来看，该问题主要有两个层次的意思：

第一层次，根据法律规定，共同犯罪中若部分被告对量刑异议或者上诉，需要对全案进行审查，一并处理。这是共同犯罪案件的特点，无论是否适用认罪认罚。

第二层次，对部分被告人的量刑调整并不必然影响其他被告人的量刑。我国的量刑主要是以人为主，根据该人在共同犯罪中的地位、作用，以及是否具有自首等情节，最后决定刑罚。认罪认罚案件中，即使是共同犯罪，每一个被告的认罪态度、刑事和解以及刑事谅解的程度也会不同，其从宽幅度自然不同。

《人民检察院办理认罪认罚案件开展量刑建议工作的指导意见》第 18 条规定，对于共同犯罪案件，人民检察院应当根据各犯罪嫌疑人在共同犯罪中的地位、作用以及应当承担的刑事责任分别提出量刑建议。提出量刑建议时应当注意各犯罪嫌疑人之间的量刑平衡。法院对于明显不当的或认为被告人、辩护人对量刑建议的异议合理，有权建议检察院调整量刑建议。故，共同犯罪中部分被告人对量刑异议，应全案统一审查，但是否均给予调整，仍然需要根据每一个被告人的具体情况考量而决定，而不是一人异议，全部必然调整。

二、规范依据

《中华人民共和国刑事诉讼法》(2018 修正)

第十五条　犯罪嫌疑人、被告人自愿如实供述自己的罪行，承认指控的犯罪事实，愿意接受处罚的，可以依法从宽处理。

第二百一十五条　有下列情形之一的，不适用简易程序：

(一) 被告人是盲、聋、哑人，或者是尚未完全丧失辨认或者控制自己行为能力的精神病人的；

(二) 有重大社会影响的；

(三) 共同犯罪案件中部分被告人不认罪或者对适用简易程序有异议的；

(四) 其他不宜适用简易程序审理的。

第二百二十三条　有下列情形之一的，不适用速裁程序：

……

(四) 共同犯罪案件中部分被告人对指控的犯罪事实、罪名、量刑建议或者适用速裁程序有异议的；

……

第二百三十三条　第二审人民法院应当就第一审判决认定的事实和适用法律进行全面审查，不受上诉或者抗诉范围的限制。

共同犯罪的案件只有部分被告人上诉的，应当对全案进行审查，一并处理。

《人民检察院办理认罪认罚案件开展量刑建议工作的指导意见》(2021)

第十八条　对于共同犯罪案件，人民检察院应当根据各犯罪嫌疑人在共同犯罪中的地位、作用以及应当承担的刑事责任分别提出量刑建议。提出量刑建议时应当注意各犯罪嫌疑人之间的量刑平衡。

第三十二条第一款　人民法院经审理，认为量刑建议明显不当或者认为被告人、辩护人对量刑建议的异议合理，建议人民检察院调整量刑建议的，人民检察院应当认真审查，认为人民法院建议合理的，应当调整量刑建议，认为人民法院建议不当的，应当说明理由和依据。

《最高人民法院、最高人民检察院、公安部、国家安全部、司法部关于适用认罪认罚从宽制度的指导意见》(2019)

7. “认罚”的把握。认罪认罚从宽制度中的“认罚”，是指犯罪嫌疑人、被告人真诚悔罪，愿意接受处罚。“认罚”，在侦查阶段表现为表示愿意接受处罚；在审查起诉阶段表现为接受人民检察院拟作出的起诉或不起诉决定，认可人民检察院的量刑建议，签署认罪认罚具结书；在审判阶段表现为当庭确认自愿签署具结书，愿意接受刑罚处罚。

……

三、实务案例

贵阳市人民检察院发布贵阳市检察机关知识产权综合性司法保护典型案例之二：金某甲等三人侵犯著作权案

（一）关键词

盗版教材　行刑衔接

（二）要旨

审查起诉过程中，检察人员充分听取被告人的供述、辩解和辩护人的意见，详细告知认罪认罚从宽制度及可能导致的法律后果，并结合3名被告人的犯罪情节及在共同犯罪中起到的不同作用，有针对性地确定刑量刑建议。

（三）基本案情

金某甲系某成人自考教育培训机构员工，2021 年 2 月，其为了非法牟利，在贵阳市白云区麦架镇下堰村租赁库房，并联系外地不法出版发行商低价定制大量未经版权人许可的盗版书籍，然后利用其在培训机构工作的便利，推荐学员向其母亲张某购买教材及参考书目。张某使用微信向外推销盗版书籍并收款，金某甲之父金某乙则负责看守储存盗版书籍的库房，并根据张某提供的买家地址信息通过物流发货，违法所得收入用于一家开支。2021 年 4 月 14 日，贵阳市公安局白云分局和贵阳市文化和旅游局执法大队在金某甲租用的库房内查获 215 种共计 15959 册图书，经贵州省出版产品质量监督检测中心鉴定，其中 122 种图书为非法出版物，共计 13473 册。2021 年 8 月 24 日，贵阳市人民检察院以被告人金某甲、金某乙、张某侵犯著作权罪向贵阳市中级人民法院提起公诉。

（四）裁判结果

2022 年 1 月 14 日，贵阳市中级人民法院采纳检察机关指控意见和量刑建议，以侵犯著作权罪判处金某甲、金某乙、张某有期徒刑 2 年 2 个月至 1 年 6 个月不等，并处罚金，对金某乙、张某适用缓刑。一审宣判后，金某甲不服以“积极赔偿受侵权者并取得部分出版社谅解；查获在案的未销售出版物未流向市场，构成犯罪未遂”等理由提出上诉。2022 年 4 月 26 日，贵州省高级人民法院裁定驳回其上诉，维持原判。

四、律师解析

在共同犯罪案件中，经常会遇到以下两种情形：一是部分犯罪嫌疑人认罪认罚，部分犯罪嫌疑人不认罪认罚；二是犯罪嫌疑人涉嫌共同犯罪，均认罪认罚，同时部分犯罪嫌疑人还涉嫌其他普通犯罪。对于上述两种情形，办案人员对能否适用认罪认罚从宽制度以及如何进行程序选择有较大困惑，操作模式也有所不同。共同犯罪案件中，如何适用认罪认罚从宽制

度，司法实践中存在不同认识。笔者特别赞同四川省都江堰市人民检察院何检察官的下述观点：①

1. 认罪认罚从宽制度是以“人”而非以“案”为对象。对于共同犯罪案件中部分犯罪嫌疑人认罪，部分犯罪嫌疑人不认罪的情形，签署认罪认罚具结书的操作方式也不尽相同。如有的检察官认为，应该以“案”为对象，在遇到该类案件时先就认罪认罚的犯罪嫌疑人签署具结书，但在提起公诉前进行综合审查，如果还有其他同案犯仍拒不认罪认罚，则已经认罪认罚的犯罪嫌疑人签署的具结书作废。只有全部犯罪嫌疑人均认罪认罚，所签署的认罪认罚具结书才会有效。而有的检察官则认为，应以“人”为对象，即共同犯罪案件中部分犯罪嫌疑人认罪认罚的，由其签署具结书。该模式中，虽然部分同案犯不认罪会导致无法适用简易程序或速裁程序，但对于认罪认罚的犯罪嫌疑人、被告人来说，签署具结书能够体现其认罪悔罪的态度，司法人员可以据此对其依法从宽处理。后一种观点更符合法律和法理。刑事诉讼法将认罪认罚从宽确定为一项重要诉讼制度，使之贯穿刑事诉讼的全过程。对于何种犯罪可以适用认罪认罚从宽制度，《刑事诉讼法》第15条也进行了明确界定，即犯罪嫌疑人、被告人自愿如实供述自己的罪行，承认指控的犯罪事实，愿意接受处罚的，可以依法从宽处理。需要指出的是，该条款强调的是以“犯罪嫌疑人、被告人”为主体，而非以“案件”为主体，从而为每一个犯罪嫌疑人、被告人提供平等的从宽处理的机会。共同犯罪案件中部分同案犯不认罪认罚的，对于认罪认罚的犯罪嫌疑人、被告人仍然可以适用该制度，不能因为部分人放弃行使该权利而影响和剥夺其他人认罪认罚的权利。因此，前述列举的两种情形均可以适用认罪认罚从宽制度，仅是在诉讼程序选择时应当有所区别。对于共同犯罪案件适用该制度出现的同案不同判、上诉率上升的疑虑，完全无担心的必要，正是要通过同案不同判来彰显该制度的价值，从而督促其他犯罪

---

① 参见何涛：《认罪认罚从宽制度是以“人”而非以“案”为对象，共同犯罪案件能否“分案”处理应综合考量——共同犯罪案件如何适用认罪认罚从宽制度》，载最高人民检察院官网，https：//www. spp. gov. cn/spp/ztk/dfld/201911/t20191124_439764. shtml？ivk_sa = 1024320u。

嫌疑人认罪认罚。

2. 共同犯罪案件能否“分案”处理应综合考量。认罪认罚从宽制度的设立一方面是为了突出司法公正，依法及时有效惩治犯罪，实现庭审实质化；另一方面是为了提升诉讼效率，推进案件繁简分流，实现疑案精审、简案快办效果。为了实现认罪认罚从宽制度的价值目标，有人认为，对共同犯罪案件中部分同案犯不认罪案件进行“分案”处理，即对于认罪认罚的同案犯可适用简易程序或速裁程序进行处理，可以让认罪认罚的同案犯快速接受审判，缩短其被羁押或限制权利的时间，同时可以提高诉讼效率，节约司法资源。但这种观点也受到一定的质疑，认为认罪认罚的共犯的供述对于查明案件事实和定罪量刑具有关键作用，分案处理不利于查明犯罪事实。共同犯罪案件能否进行分案处理应多方面考量，不应以偏概全。上文第一种情形就不宜分案处理，否则不利于查明犯罪事实，《刑事诉讼法》第 215 条、第 223 条分别列举了不适用简易程序和速裁程序的情形，其中就包括共同犯罪案件中部分被告人不认罪和对指控的犯罪事实、罪名、量刑意见有异议的情形。对于上文第二种情形可以根据案件的具体情况进行分案处理，分案处理可以使认罪认罚之人在较短时间内接受审判，加快诉讼流程，更加有利于保障其合法权益。但对于社会影响恶劣、可能引发舆情的案件或新型案件，在决定是否分案处理时应更加审慎，避免产生不良后果。

另外，为防止认罪认罚的被告人先行处理后不愿再出庭指认其他不认罪认罚的被告人，检察机关应充分发挥主导作用，在对事实清楚、证据确实充分的案件适用分案时，加强对认罪认罚被告人的法律教育和引导，促使其出庭作证指认其他同案犯的情形；同时，可以争取同法院、监管场所以及社区矫正机构的协作配合，在减刑、假释和社区矫正中给予正面评价，增强认罪认罚同案犯出庭作证的积极性和主动性。

第34讲 社会调查报告对定罪量刑的影响

一、问题引入：社会调查报告如何影响定罪量刑?

社会调查报告，是由受委托的社区矫正机构根据委托机关的要求，对犯罪嫌疑人、被告人的居所情况、家庭和社会关系、一贯表现、犯罪行为的后果和影响、居住地村（居）民委员会和被害人意见、拟禁止的事项等进行调查了解，形成评估意见，提交委托机关的书面文件。《认罪认罚指导意见》规定，侦查阶段、审查起诉阶段、审判阶段，犯罪嫌疑人认罪认罚，可能判处管制、宣告缓刑的，公安机关、人民检察院、人民法院可以委托社区矫正机构进行调查评估。社会调查评估意见，是人民法院判处管制、宣告缓刑的重要参考。

上述规定明确在犯罪嫌疑人认罪认罚且可能判处管制、宣告缓刑的前提下，社会调查报告系法院量刑的重要参考，可能影响案件的量刑。社会调查报告分为三个阶段，包括侦查阶段、审查起诉阶段、审判阶段的社会调查报告。各个阶段的委托主体、调查主体以及影响各有不同。

1. 侦查阶段。委托主体为公安机关，报告的调查主体主要为犯罪嫌疑人居住地的社区矫正机构。该机构应当及时将评估意见提交受理案件的人民检察院或人民法院，并抄送公安机关。

2. 审查起诉阶段。此时的委托人是人民检察院，调查报告的主体是犯罪嫌疑人居住地的社区矫正机构。当然，检察院也可以自行调查。该调查报告和公诉材料一并移送法院。

3. 审判阶段的社会调查报告。在被告人认罪认罚，人民法院拟判处管制或者宣告缓刑的前提下，法院作为委托人可以委托被告人居住地的社区矫正机构进行调查评估，也可以自行调查评估。

对没有委托社区矫正机构进行调查评估或者判决前未收到社区矫正机构调查评估报告的认罪认罚案件，人民法院经审理认为被告人符合管制、缓刑适用条件的，可以判处管制、宣告缓刑。可见，社会调查评估报告并不是量刑的决定性的因素，也并非量刑、判决作出所必需的材料，而是仅起到一定的参考作用。

二、规范依据

《最高人民法院、最高人民检察院、公安部、国家安全部、司法部关于适用认罪认罚从宽制度的指导意见》(2019)

35. 侦查阶段的社会调查。犯罪嫌疑人认罪认罚，可能判处管制、宣告缓刑的，公安机关可以委托犯罪嫌疑人居住地的社区矫正机构进行调查评估。

公安机关在侦查阶段委托社区矫正机构进行调查评估，社区矫正机构在公安机关移送审查起诉后完成调查评估的，应当及时将评估意见提交受理案件的人民检察院或者人民法院，并抄送公安机关。

36. 审查起诉阶段的社会调查。犯罪嫌疑人认罪认罚，人民检察院拟提出缓刑或者管制量刑建议的，可以及时委托犯罪嫌疑人居住地的社区矫正机构进行调查评估，也可以自行调查评估。人民检察院提起公诉时，已收到调查材料的，应当将材料一并移送，未收到调查材料的，应当将委托文书随案移送；在提起公诉后收到调查材料的，应当及时移送人民法院。

37. 审判阶段的社会调查。被告人认罪认罚，人民法院拟判处管制或者宣告缓刑的，可以及时委托被告人居住地的社区矫正机构进行调查评估，也可以自行调查评估。

社区矫正机构出具的调查评估意见，是人民法院判处管制、宣告缓刑的重要参考。对没有委托社区矫正机构进行调查评估或者判决前未收到社区矫正机构调查评估报告的认罪认罚案件，人民法院经审理认为被告人符合管制、缓刑适用条件的，可以判处管制、宣告缓刑。

38. 司法行政机关的职责。受委托的社区矫正机构应当根据委托机关的要求，对犯罪嫌疑人、被告人的居所情况、家庭和社会关系、一贯表现、犯罪行为的后果和影响、居住地村（居）民委员会和被害人意见、拟禁止的事项等进行调查了解，形成评估意见，及时提交委托机关。

三、实务案例

（2021）新7102刑初1号｜伊某滥伐林木案

（一）关键词

刑事　滥伐林木罪　补植复绿　滥伐林木　采伐许可证

（二）要旨

滥伐林木类案件中，被告人认罪认罚，积极缴纳补植复绿保证金，并承诺按受损林木倍数补种树木用于生态修复的，人民法院可依法对其从轻处罚。

（三）基本案情

2020年6月4日，被告人伊某以1500元的价格购买艾某位于耕地西部林带的杨树，购买时双方未约定由谁办理采伐许可证。同年7月7日，被告人伊某在未经林业行政主管部门及法律规定其他主管部门批准、未办理采伐许可证的情况下，对涉案杨树进行采伐，并于7月11日将采伐林木出售给金杨万华木材公司，共计14.55吨。后经新疆维吾尔自治区森林公安司法鉴定中心鉴定，涉案林木立木材积（立木蓄积）合计为25.158立方米，数量为 321 株。被告人伊某对指控的犯罪事实和证据没有异议，公诉机关审查起诉阶段自愿认罪认罚。

（四）裁判结果

库尔勒铁路运输法院于 2021 年 3 月 18 日作出（2021）新 7102 刑初 1 号刑事判决：被告人伊某犯滥伐林木罪，判处有期徒刑 1 年，缓刑 2 年，并处罚金人民币 3000 元。宣判后，没有上诉、抗诉，判决已发生法律效力。

最高人民检察院发布 4 起检察机关依法惩治新型毒品犯罪典型案例之二：江苏彭某甲等人贩卖毒品案

（一）关键词

贩卖毒品　麦角酰二乙胺　禁毒教育

（二）要旨

检察机关通过主动开展社会调查，了解犯罪嫌疑人的社会关系及一贯表现，为提出量刑建议和帮教工作提供参考。同时，结合犯罪嫌疑人的主观罪过、客观行为和获利情况等情节，依法适用认罪认罚从宽制度。

（三）基本案情

2019 年 10 月底，被告人彭某甲、彭某乙明知“LSD”（“邮票”）系毒品，为谋取非法利益，购得 80 多张“邮票”，准备予以贩卖。2019 年 11 月 7 日，被告人彭某甲在长沙市某大厦内，以每片人民币 120 元的价格将其中的 47 片“邮票”贩卖给被告人龚某某，合计人民币 5640 元，彭某甲将其中 2800 元转账给被告人彭某乙，后被公安机关查获。经鉴定，查获的“LSD”（“邮票”）检测出麦角酰二乙胺成分。

办案中，检察机关了解到被告人彭某乙系在校学生，主动开展社会调查，向其在读学校、亲友、老师、同学等详细了解其平时学习、交友状况、在校表现等，为提出量刑建议和帮教工作提供参考。同时，结合彭某乙对于新型毒品的明知程度、贩卖毒品的主观罪过、客观行为和获利情况等情节，依法适用认罪认罚从宽制度。

（四）裁判结果

2020 年 3 月 26 日，江苏省常州市天宁区人民检察院以被告人彭某甲、龚某某犯贩卖毒品罪依法提起公诉。同年 4 月 28 日，天宁区人民检察院对彭某乙追加起诉。同年 6 月 28 日，天宁区人民法院以贩卖毒品罪判处龚某某有期徒刑 3 年，并处罚金人民币 3000 元；判处彭某甲有期徒刑 7 个月，并处罚金人民币 7000 元；判处彭某乙有期徒刑 7 个月，并处罚金人民币 3000 元。

四、律师解析

上述两个案例充分说明了社会调查报告对是否适用缓刑的直接影响，同时也对实务提出问题。

辩护律师是否有权要求相关机关启动社会调查报告，或者自己委托社区矫正机构进行社会调查。在一些案件中，公诉机关会以被告人未向法庭提交社区矫正的相关证据作为不宜适用缓刑的理由，也即，公诉机关认为社区矫正的相关证据应该由被告人自己提供，因未提供该证据，成为不适用缓刑的理由之一。对于此类案件公诉机关的指控，建议辩护律师在公安机关、检察机关未委托社区矫正机构进行社会调查时，在案件的所有阶段尝试主动委托社区矫正机构进行社会调查。

社会调查报告除了由社区矫正机构提供外，辩护律师可以委托其他人调查，报告内容可以多角度对被告人进行评价，可能对法院的量刑产生影响。理论上法律并没有禁止社区矫正机构之外的其他社会调查报告。实践中，检察机关也会基于自身职权进行社会调查，比如在（2021）新 7102 刑初 1 号伊某滥伐林木案中，公诉机关鉴于被告人有悔罪表现，经审前社会调查，具备对其实施社区矫正的条件，从而被告人适用缓刑；又如江苏彭某甲等人贩卖毒品案中，检察机关了解到被告人彭某乙系在校学生，主动开展社会调查，向其在读学校、亲友、老师、同学等详细了解其平时学习、交友状况、在校表现等，为提出量刑建议和帮教工作提供参考。同时，结合彭某乙对于新型毒品的明知程度、贩卖毒品的主观罪过、客观行为和获利情况等情节，依法适用认罪认罚从宽制度。

第35讲 一审中被告人反悔的处理

一、问题引入：一审中被告人反悔，不再认罪认罚怎么办?

认罪认罚从宽制度中的反悔，是指或出于维护自身的权利不受侵害，或出于获得更轻的量刑等原因，被追诉人撤回之前的有罪供述的情况。为保证被告人认罪认罚的自愿性、合法性，实现以审判为中心的司法制度改革，规定被告人认罪认罚反悔权既是应然的，又是必然的。我国的认罪认罚从宽制度的核心是被告人认罪认罚的自愿性，而允许反悔是对自愿性的补充与保障，因而确认被追诉人反悔的正当性以及规范被追诉人的反悔行为也就成了完善认罪认罚从宽制度中的重要一环。一审中被告人对认罪认罚的反悔可分为两种类型，即审判阶段反悔和判决后反悔。

审判阶段反悔的处理。案件审理过程中，被告人反悔不再认罪认罚的处理，需要把握两点：一是因被告人反悔，可能直接带来程序的转换。对适用速裁程序或者简易程序审理的案件，被告人反悔不再认罪认罚的，应当转换成合适的程序审理。二是被告人可能无法享有原本的从宽优惠。人民法院应当根据审理查明的事实，依法作出裁判。

判决后反悔上诉的处理。当前规范对此均未提出具体意见，实践中，需要把握两点：第一，应当明确不可剥夺被告人的上诉权。只有保障被告人对于认罪认罚反悔上诉的权利，才能使其拥有对审判程序和诉讼结果的自由选择权，进而对最终的裁判结果不产生抵触情绪，坚定其选择认罪认罚程序的决心，增强其对认罪认罚结果的接受度。第二，检察机关应当秉持客观公正的立场，稳妥把握认罪认罚案件的抗诉问题。对被告人否认指控的犯罪事实、不积极履行具结书中赔礼道歉、退赃退赔、赔偿损失等义务以及以量刑过重为由，而提出上诉，符合抗诉条件的，检察机关应当依法提出抗诉。特别是被告人无正当理由上诉的，原则上应当提出抗诉。

二、规范依据

《最高人民法院关于适用〈中华人民共和国刑事诉讼法〉的解释》(2021)

第三百五十八条　案件审理过程中，被告人不再认罪认罚的，人民法院应当根据审理查明的事实，依法作出裁判。需要转换程序的，依照本解释的相关规定处理。

《最高人民法院、最高人民检察院、公安部、国家安全部、司法部关于适用认罪认罚从宽制度的指导意见》(2019)

7. “认罚”的把握。认罪认罚从宽制度中的“认罚”，是指犯罪嫌疑人、被告人真诚悔罪，愿意接受处罚。“认罚”，在侦查阶段表现为表示愿意接受处罚；在审查起诉阶段表现为接受人民检察院拟作出的起诉或不起诉决定，认可人民检察院的量刑建议，签署认罪认罚具结书；在审判阶段表现为当庭确认自愿签署具结书，愿意接受刑罚处罚。

……

53. 审判阶段反悔的处理。案件审理过程中，被告人反悔不再认罪认罚的，人民法院应当根据审理查明的事实，依法作出裁判。需要转换程序的，依照本意见的相关规定处理。

三、实务案例

（2020）桂 1026 刑初 109 号｜李某龙盗窃案

（一）关键词

认罪认罚　反悔　自首　量刑建议

（二）要旨

被告人庭审前有过认罪认罚的表现，但在法庭上却否认了自己的行为，这种行为被视为缺乏真诚的认罪态度，不能认定其具有认罪认罚所带来的从宽处理条件。

（三）基本案情

2020 年 5 月 14 日 13 时许，被告人李某龙到位于那坡县幸福商贸城马某经营的“唯天使专业养生馆”二楼修理洗头床，离开时在一楼看见大厅内的茶几上放着一部白色 iPhone X 手机正充电便将该手机盗走，手机失主马某发现手机被盗后查看了店内监控，于次日向公安机关报案。案发次日，被告人李某龙主动将手机退还失主，取得了失主马某谅解。经那坡县价格认定中心鉴定：被盗 iPhone X 手机价格为 4655 元。

另查明，2020 年 5 月 23 日，被告人李某龙在接到公安民警电话并按要求在原地等候民警接受询问时辩称马某的手机并非其盗窃，而是他人所为，经民警追问是何人所为时，其无法回答而承认是自己所为，被带至公安机关讯问。

公诉机关认为，被告人以非法占有为目的，秘密窃取他人财物，价值达 4655 元，属数额较大，其行为已触犯《刑法》第 264 条的规定，应以盗窃罪追究刑事责任，此外，被告人有自首情节，对被告人判处拘役 4 个月，并处罚金 2000 元的量刑建议。

（四）裁判结果

一审法院认为，被告人李某龙以非法占有为目的，窃取他人财物，价值达 4655 元，属数额较大，其行为已构成盗窃罪，公诉机关指控被告人李某龙犯盗窃罪的犯罪事实清楚，证据确实充分，所指控的罪名成立，应依法惩处。

被告人在归案后能如实供述自己的罪行，但在庭审中又翻供，不具有坦白情节，但在案发后能主动返还所盗窃的手机给失主马某并取得谅解，减少经济损失，家属能在宣判前代为缴纳罚金，可酌情予以从轻量刑考虑，判决：

被告人李某龙犯盗窃罪，判处拘役 6 个月，并处罚金 2000 元。

（2021）桂 1102 刑初 66 号 | 梁某灿妨害公务案

（一）关键词

认罪认罚　反悔　妨害公务罪

（二）要旨

被告人在审查起诉阶段签署了认罪认罚具结书，但在审判阶段反悔不再认罪认罚，故不适用认罪认罚从宽制度。

（三）基本案情

2020 年 11 月 13 日，贺州市公安局交通警察支队四大队在贺州市八步区字路口开展整治交通违章行动。当日 9 时许，被告人梁某灿驾驶摩托车行驶到该地点时，交通警察要求其出示机动车行驶证和驾驶证，梁某灿无法出示任何证件。在场执勤的协警叶某要求梁某灿到旁接受调查时，梁某灿拒不配合，并挥手一拳打在叶某左嘴角处，导致叶某下唇皮肤软组织挫裂伤，后梁某灿被现场执勤民警制服。经鉴定，叶某的损伤程度为轻微伤。

公诉机关认为，被告人梁某灿的行为已触犯《刑法》第277条之规定，应当以妨害公务罪追究其刑事责任；被告人梁某灿如实供述自己的罪行，依法可以从轻处罚；因被告人梁某灿在审查起诉阶段签署了认罪认罚具结书，但在审判阶段反悔不再认罪认罚，故不适用认罪认罚从宽制度。

被告人梁某灿对公诉机关指控的事实和罪名没有异议，但当庭表示不认罚。

（四）裁判结果

一审法院认为，被告人梁某灿暴力袭击正在依法执行职务的人民警察，且致1人轻微伤，其行为已构成妨害公务罪，依法应当判处3年以下有期徒刑、拘役、管制或者罚金，且应当从重处罚。公诉机关指控被告人梁某灿犯妨害公务罪成立。被告人梁某灿到案后如实供述自己的罪行，依法可以从轻处罚。对于辩护人提出被告人梁某灿如实供述自己的罪行，依法可以从轻处罚的辩护意见。依照经2015年《刑法修正案（九）》修正的《刑法》第277条第1款和第5款，《刑法》第67条第3款、第47条及《行政处罚法》第28条之规定，判决：

被告人梁某灿犯妨害公务罪，判处有期徒刑10个月。

四、律师解析

1. 反悔背后的动因是多元的，且虽失去了认罪认罚的从宽处理，但是最终不会导致重判，对被告来说，反悔可能更有利于维护权益。

在司法实践中，被追诉人在侦查阶段行使反悔权的情形极少发生。因为被追诉人还不能准确判断未来的诉讼结果，被追诉人希望将来司法机关能给自己较轻的惩罚，不会轻率地推翻已经作出的有罪供述。而在审查起诉阶段，被追诉人开始权衡利弊决定是否要放弃部分诉讼权利，通过认罪认罚制度以获取从宽处罚的量刑建议。在审判阶段，如果被追诉人认罪认罚希望获取的从宽处理没有兑现，势必引起被追诉人提出异议，引起被追诉人反悔。

2. 律师在反悔中的作用非常明显，主要包括以下四个方面：

第一，律师应当明晰当事人意愿，与当事人进行充分沟通，了解涉案具体相关事实，确保当事人对事实法律性质的正确理解，保障当事人免受非法侵害。

第二，律师必须以法律为最高标准，对案情和法律充分理解，最大程度地维护被追诉人的基本人权及合法权益。

第三，律师应当尊重当事人意愿。辩护律师应当与被告人就是否认罪认罚进行沟通，切实提供法律帮助。如被告人向辩护律师表示愿意认罪认罚的，辩护律师应当及时向司法机关反应。此后，律师应当参与检察机关组织开展的量刑协商，就量刑建议提出辩护意见，为被告人争取从宽的处罚，见证认罪认罚具结书的签署。

第四，若公诉机关所提公诉合法合理，而被追诉人意欲反悔，律师应当确切告知被追诉人，若被追诉人反悔或撤回了认罪认罚具结书，则不再具有认罪认罚从宽的条件，检察机关可以依法撤回对被告人适用认罪认罚从宽处罚的建议，法院判决时排除认罪认罚从宽量刑的适用。

3. 辩护律师应建议被告人有因反悔，且反悔应有一定限制。

尊重被追诉人自愿性，赋予其选择权具有正当性，但无限制地扩大反悔的适用范围会招致刑事诉讼程序的无序和混乱状态。被追诉人随意反悔容易导致司法负担的加重和司法资源的浪费。此时，辩护律师应该提醒被告人注意，出于对案件审理效率的考量，法院和检察院都不愿意看到被追诉人改变原有立场进行反悔。被追诉人滥用反悔不仅浪费了司法资源，还损害了司法机关的权威，背离了认罪认罚从宽制度的初衷。

第36讲　二审中被告人认罪认罚的处理

一、问题引入：二审程序中被告人能否适用认罪认罚从宽制度?

二审程序可适用认罪认罚从宽制度，《认罪认罚指导意见》第50条规定，“被告人在第一审程序中未认罪认罚，在第二审程序中认罪认罚的，审理程序依照刑事诉讼法规定的第二审程序进行。第二审人民法院应当根据其认罪认罚的价值、作用决定是否从宽，并依法作出裁判”。

但相较于一审程序，《认罪认罚指导意见》关于二审程序中认罪认罚从宽制度的规定过于原则，对被告人二审程序认罪认罚的适用条件、量刑幅度以及审理程序都没有规定，导致司法实践中如何适用存在争议。关于二审程序中是否适用认罪认罚从宽制度，存在两种不同观点：

第一种是肯定观点，认为在二审程序中，认罪认罚从宽制度仍然可以适用，其仍然可以在提高诉讼效率和实现繁简分流等方面发挥作用。

第二种是否定观点，这种观点认为案件进入二审程序后，法官启动认罪认罚从宽制度，很难保证节约司法资源、优化职权配置的目标得以实现，甚至会导致上诉率上升、消耗司法资源、审判重心的后移，将严重违背认罪认罚从宽制度的设立初衷。上述观点之争，主要在于是否能实现认罪认罚从宽制度的价值和作用。

从司法实践来看，被告人之所以在一审中选择不适用认罪认罚程序，可能是因为检察院的量刑建议并没有达到被告人的量刑预期，也可能是被告人对案件的事实和定性存在较大争议，更可能是被告人存在投机可能性，即在一审阶段作无罪辩解不成功后再上诉并在二审阶段认罪认罚，试图通过上诉不加刑和认罪认罚得到轻判。上述几种可能性导致了在二审程序中适用认罪认罚从宽制度的复杂性。

二、规范依据

《最高人民法院关于适用〈中华人民共和国刑事诉讼法〉的解释》（2021）

第三百五十七条　对被告人在第一审程序中未认罪认罚，在第二审程序中认罪认罚的案件，应当根据其认罪认罚的具体情况决定是否从宽，并依法作出裁判。确定从宽幅度时应当与第一审程序认罪认罚有所区别。

《最高人民法院、最高人民检察院、公安部、国家安全部、司法部关于适用认罪认罚从宽制度的指导意见》（2019）

50. 第二审程序中被告人认罪认罚案件的处理。被告人在第一审程序中未认罪认罚，在第二审程序中认罪认罚的，审理程序依照刑事诉讼法规定的第二审程序进行。第二审人民法院应当根据其认罪认罚的价值、作用决定是否从宽，并依法作出裁判。确定从宽幅度时应当与第一审程序认罪认罚有所区别。

三、实务案例

（2021）宁刑终 27 号｜王某 1 故意伤害罪上诉案

（一）关键词

刑事　二审　认罪认罚　量刑从宽

（二）要旨

一审期间未适用认罪认罚从宽制度，二审期间被告人认罪认罚并赔偿被害人近亲属物质损失后取得被害人近亲属谅解的，应当根据具体情况从宽处理。

（三）基本案情

公诉机关指控称：被告人王某 1 因琐事持械，故意伤害他人身体，致一人死亡，其行为触犯了《刑法》第 234 条之规定，犯罪事实清楚，证据确实、充分，应当以故意伤害罪追究其刑事责任。在庭审中被告人王某 1 没有任何犯罪悔意，没有取得被害人近亲属的谅解，建议对被告人王某 1 判处有期徒刑 15 年以上刑罚。

法院经审理查明：2020 年 10 月 17 日 20 时许，被告人王某 1、被害人刘某利分别在青铜峡市新百广场威扬桌球俱乐部打台球。期间，刘某利向该店女服务员高某索要微信未果。20 时 27 分，刘某利到高某身边，将高某马甲外口袋中的手机拿走，高某跟随刘某利索要手机。王某 1 见状，出言斥责刘某利，刘某利遂与王某 1 发生争吵，并向王某 1 走去。刘某利拿起沙发茶几上的水杯欲砸王某 1，被桌球俱乐部老板王某 2 阻拦。二人开始相互扑打，刘某利在扑的过程中，王某 1 持桌球杆双手猛戳刘某利面部，刘某利受伤倒地。王某 2、高某分别拨打了“110”、“120”。后刘某利被“120”救护车送往医院，王某 1 在现场被抓获。10 月 25 日凌晨，刘某利死亡。经鉴定，被害人刘某利系钝器贯穿左眼眶上壁、双侧大脑致重度颅脑损伤死亡。

一审法院判决认为，被告人王某 1 因琐事持械，故意伤害他人身体，致一人死亡，其行为已构成故意伤害罪。案发后，王某 1 近亲属代为支付被害人的部分治疗费用、赔偿附带民事诉讼原告人的经济损失，视为王某 1 具有一定的悔罪表现，可酌情从轻处罚。王某 1 近亲属代为赔偿被害人医药费等经济损失共计 88425.25 元，予以确认。

宁夏回族自治区吴忠市人民法院于 2021 年 4 月 1 日作出（2021）宁 03 刑初 3 号刑事附带民事判决：上诉人王某 1 因琐事持械故意伤害他人身体，致一人死亡，其行为已构成故意伤害罪；判处无期徒刑，剥夺政治权利终身；被告人王某 1 赔偿附带民事诉讼原告人刘某奎、陈某英经济损失

88425.25 元。

被告人王某 1 不服，提起上诉。其上诉理由及辩护人的辩护意见是：本案因被害人强行向高某索要微信并抢走高某手机，王某 1 出言制止这种违法行为引起，在被害人扑向王某 1 并用水杯砸时，王某 1 持桌球杆制止，属正当防卫，因桌球杆捅到被害人眼部导致被害人死亡，应属防卫过当，原判认定事实错误；王某 1 主动投案并在侦查阶段供述其致伤被害人的事实，在庭审中辩解致伤被害人是过失属于对行为性质的辩解，不影响自首的认定，原判未予认定自首，属适用法律错误；王某 1 还提出本案被害人存在重大过错，家属放弃手术治疗，被害人的死亡有其他因素介入。辩护人还提出二审期间，王某 1 的亲属赔偿被害人近亲属 60 万元并取得谅解，应对王某 1 从轻处罚。原判量刑过重，请求二审法院改判。

二审法院认为：二审期间，王某 1 认罪并愿意增加赔偿被害人近亲属的经济损失，其近亲属代其赔偿被害人近亲属 60 万元，被害人近亲属对王某 1 予以谅解并建议法院对其从轻、减轻处罚，依法可对王某 1 酌情从轻、从宽处罚。原判认定事实清楚，证据确实、充分，定罪准确。审判程序合法。认定被害人不具有过错不当，二审法院予以纠正。

检察机关书面建议对王某 1 从宽处罚并改判其有期徒刑 12 年的意见成立，二审法院予以采纳。

（四）裁判结果

二审判决：

第一，撤销宁夏回族自治区吴忠市中级人民法院（2021）宁 03 刑初 3 号刑事附带民事判决的第一项，即被告人王某 1 犯故意伤害罪，判处无期徒刑，剥夺政治权利终身；

第二，上诉人王某 1 犯故意伤害罪，判处有期徒刑 12 年，剥夺政治权利 5 年。

江西省人民检察院发布“依法严惩毒品犯罪筑牢寄递安全‘防火墙’”典型案例之一：张某、岩某走私、运输毒品案

（一）关键词

毒品犯罪　二审　认罪认罚

（二）要旨

被告人在二审期间自愿认罪认罚并与检察机关签订了认罪认罚具结书，检察院因此提出量刑相对较轻的量刑建议，人民法院可以采纳检察机关在二审期间提出的量刑建议。

（三）基本案情

2020年4月17日晚，云南省某镇岩某，受上线委托，帮其将豆腐皮、剁辣椒、金银花、芒果干等物品送至孟连县某宾馆，并收取1120元。岩某邀表弟岩某某一同开车前往送货后，按照要求开好一间客房，并将物品装在一个纸箱内放在宾馆前台。第二天晚上，另一被告人张某也受同一上线委托从昆明前往该宾馆，按照指示入住岩某事先开好的房间并收取上线2300元。张某入住后，岩某再次来到孟连县该宾馆，将放在前台的物品拿到客房交给张某。次日早晨，张某购买了胶带等物品，将岩某转交物品重新分装、打包为两个包裹放在宾馆前台。当日上午，该两纸箱被分别寄往南昌和昆明。

随后，该两件包裹分别在快递车上被截获。南昌截获的包裹中，有两罐液态剁辣椒检测出含有甲基苯丙胺成份，重量共计2837.3克。快递车上截获的包裹中，几包豆腐皮中查获毒品甲基苯丙胺（片剂）763.6克。

2021年5月25日，南昌市人民检察院以走私、运输毒品罪对被告人岩某、以运输毒品罪对被告人张某提起公诉，并对岩某的表弟岩某某作出不起诉决定。一审期间，岩某自愿认罪认罚并与检察机关签订认罪认罚具结书。2021年11月26日，南昌市中级人民法院采纳南昌市人民检察院对岩

某的量刑建议，以走私、运输毒品罪判处被告人岩某有期徒刑 15 年，并处没收个人财产人民币 10 万元；以运输毒品罪判处被告人张某无期徒刑，剥夺政治权利终身，并处没收个人全部财产。张某不服，提出上诉，在二审期间，张某自愿认罪认罚并与检察机关签署了认罪认罚具结书。

（四）裁判结果

江西省高级人民法院采纳检察机关对张某的量刑建议，以运输毒品罪判处张某有期徒刑 15 年，并处没收个人财产人民币 10 万元，并维持了对岩某的原审判决。

四、律师解析

正如法律所规定的，认罪认罚可以发生在刑事案件审理的任何阶段，二审中若能适用认罪认罚从宽制度，仍然能够取得较好的效果，故法律规定二审阶段被告人认罪认罚的，其被允许且有机会从宽处理。因为即使犯罪嫌疑人、被告人认罪认罚的阶段已经是二审，仍可以在一定程度上简化审判程序，提高司法效率。但是，其从宽幅度应当小于相同情况下在一审中的认罪认罚。

从上述两个案例看，被告人在二审中认罪认罚，均取得了较好的效果，最终获得了改判。除上述案例外，在（2020）豫刑终 470 号史某某犯抢劫罪上诉案中，被告人在一审中未认罪认罚，在二审阶段认罪认罚的，法院可以适用认罪认罚从宽制度。

从认罪认罚的效果上看，作为犯罪嫌疑人、被告人的律师应当在充分向当事人释明的情况下，促成当事人尽早认罪认罚，以争取更大的从宽幅度。当然，即使案件已进入二审程序或者律师在二审阶段才接受委托，律师也不应完全放弃对认罪认罚从宽制度的适用。

第37讲 当事人在审判阶段反悔的后果

一、问题引入：当事人在审判阶段反悔，应如何处理？

认罪认罚从宽制度中的反悔，是指或出于维护自身的权利不受侵害，或出于获得更轻的量刑等原因，被追诉人撤回之前的有罪供述的情况。《刑事诉讼法》及其司法解释未规定认罪认罚案件中被追诉人反悔的适用与后果，为了解决认罪认罚从宽制度的具体适用难题，《认罪认罚指导意见》第53条规定，“审判阶段反悔的处理。案件审理过程中，被告人反悔不再认罪认罚的，人民法院应当根据审理查明的事实，依法作出裁判。需要转换程序的，依照本意见的相关规定处理”。按照规定，若一审中被告人反悔，撤回了认罪认罚具结书或不再认罪认罚，检察机关可以依法撤回对被告人适用认罪认罚从宽处罚的建议，建议法院取消因认罪认罚给予被告人的从宽量刑，而法院应当排除认罪认罚量刑从轻的情形，依法作出裁判。

我国的认罪认罚制度适用于刑事诉讼的每一个阶段，而反悔同样适用于被追诉人认罪认罚后的任一刑事诉讼阶段。根据《认罪认罚指导意见》的规定，在案件审理过程之中，被追诉人提出反悔，不再认可前阶段的认罪认罚的，人民法院应当根据审理查明的事实依法作出判决。由此可见，人民法院依法作出判决前，被追诉人都可以反悔，不再认可前阶段的认罪认罚。但在司法实践中，被追诉人行使反悔权的情形在侦查阶段极少发生。因为被追诉人对他们在未来的诉讼结果还不能准确判断，被追诉人希望将来司法机关能给自己较轻的惩罚，不会轻率地推翻已经作出的有罪供述。而在审查起诉阶段，被追诉人开始权衡利弊，决定是否要放弃部分诉讼权利，通过认罪认罚制度以获取从宽处罚的量刑建议。在审判阶段，如果被追诉人认罪认罚希望获取的从宽处理没有兑现，势必引起被追诉人提出异议和反悔。

在非认罪认罚的案件中，因无须考虑被追诉人的自愿性，自然排除被追诉人反悔的法律适用，但是存在严刑逼供等法定情形时，要排除相关非法证据。

二、规范依据

《最高人民法院关于适用〈中华人民共和国刑事诉讼法〉的解释》(2021)

第三百五十八条　案件审理过程中，被告人不再认罪认罚的，人民法院应当根据审理查明的事实，依法作出裁判。需要转换程序的，依照本解释的相关规定处理。

《最高人民法院、最高人民检察院、公安部、国家安全部、司法部关于适用认罪认罚从宽制度的指导意见》(2019)

7. “认罚”的把握。认罪认罚从宽制度中的“认罚”，是指犯罪嫌疑人、被告人真诚悔罪，愿意接受处罚。“认罚”，在侦查阶段表现为表示愿意接受处罚；在审查起诉阶段表现为接受人民检察院拟作出的起诉或不起诉决定，认可人民检察院的量刑建议，签署认罪认罚具结书；在审判阶段表现为当庭确认自愿签署具结书，愿意接受刑罚处罚。

……

53. 审判阶段反悔的处理。案件审理过程中，被告人反悔不再认罪认罚的，人民法院应当根据审理查明的事实，依法作出裁判。需要转换程序的，依照本意见的相关规定处理。

三、实务案例

（2020）皖 1204 刑初 268 号｜李某军盗窃案

（一）关键词

认罪认罚　反悔　撤回认罪认罚　取消从宽量刑

（二）要旨

自愿如实供述主要犯罪事实是认罪的最低表征，被告人当庭表示认罪但并未全面、如实地对主要犯罪事实进行供述，在有力证据面前仍百般狡辩、负隅顽抗，浪费司法资源的，不应被评价为认罪。

（三）基本案情

2020 年 3 月至 7 月，被告人李某军在本市颍泉区盗窃作案 4 起，案涉电瓶车 3 辆、电池 2 块，可估财产价值人民币 3198 元。

被告人李某军当庭表示认罪，辩解未实施前 3 起盗窃行为、从未到过案发现场，自愿认罪认罚具结书系公诉机关引诱形成，数额没有达到 3000 元，不构成盗窃罪。其辩护人发表如下辩护意见：对指控罪名无异议；指控第 3 起犯罪事实不清、证据不足；被告人具有无生活来源、主观恶性轻、涉案金额小、社会危害性不大，没有给被害人造成损失等酌情从轻处罚情节。

被告人不具有认罪的主观意识，其签署自愿认罪认罚具结书的目的一方面是希望获取认罪认罚带来的必然利益，另一方面期许能基于对部分事实的否认获得侥幸利益，违背认罪认罚设立的初衷，应视为对具结书的反悔，具结书当然失效，不再享受基于认罪认罚在实体上作出的量刑减让及优惠。公诉机关撤回具结书并重新提出判处被告人有期徒刑 11 个月至 1 年 1 个月并处罚金 4000 元的量刑意见适当，一审法院予以采纳。

（四）裁判结果

综合已查明的犯罪事实、情节等，结合被告人的悔罪表现、认罪态度及对于社会的危害程度等，依照《刑法》第 52 条、第 53 条、第 61 条、第 64 条、第 65 条、第 264 条，《刑事诉讼法》第 46 条的规定，判决如下：

被告人李某军犯盗窃罪，判处有期徒刑 11 个月，并处罚金人民币 4000 元。

四、律师解析

上述案例明确了被告人认罪认罚后在审判阶段可以反悔，但会带来一定的法律后果。我国认罪认罚从宽制度的核心是被告人认罪认罚的自愿性，而反悔是对认罪认罚的否认，本质上是对刑事程序的选择以及对自愿性的补充与保障，因而确认被追诉人反悔的正当性以及规范被追诉人的反悔行为也就成了完善认罪认罚从宽制度中的重要一环。《认罪认罚指导意见》将"认罪认罚的反悔和撤回"作为其中单独一节，对被告人反悔问题作出了回应。但相关规定仍是比较宽泛的，不够细致。

1. 反悔具有正当性。

适用认罪认罚从宽制度，实际上是被追诉人通过放弃部分诉讼权利换取从宽处罚。这是被追诉人作为诉讼当事人处分其诉讼权利的过程，故要求诉讼当事人对自身权利的处分必须是出于自愿的。因此在适用该制度的过程中，必须保障被追诉人的自愿性。这种自愿性的保障至少应当包括正反两面，即选择适用该制度的自愿性和退出该制度适用的自愿性。而反悔正是对退出认罪认罚从宽制度适用的自愿性的保障。认罪认罚案件中，允许被追诉人对认罪认罚等内容反悔，是保障认罪认罚自愿性、贯彻无罪推定原则的必然要求，是对被追诉人合法权益的合理救济，是防范冤假错案等制度风险的应有举措。从反面来讲，倘若被追诉人仅能够自愿认罪认罚，却不能反悔认罪认罚，这将在一定程度上使得被追诉人对该制度的适用变得谨慎，甚至是抗拒。

2. 支持有因反悔，限制无因反悔。

尊重被追诉人自愿性，赋予其选择权具有正当性，但无限制地扩大反悔的适用范围会招致刑事诉讼程序的无序和混乱状态。被追诉人随意反悔容易导致司法负担的加重和司法资源的浪费。出于对案件审理效率的考量，法院和检察院都不愿意看到被追诉人改变原有立场进行反悔。且从保护被诉人利益来讲，如果被追诉人随意反悔，那么在被追诉人反悔之后，很有可能会面对司法机关对其进行报复式的起诉和审理。那么限制反悔的边界在哪里呢？

应该支持有因反悔，但限制无因反悔。有因反悔是指被追诉人在反悔时提出了合理理由，例如被追诉人提出了新情况、新证据、新事实等正当性的理由。而无因反悔是指被追诉人无正当理由随意反悔。无因反悔意味着被追诉人滥用反悔，被追诉人在认罪认罚以后随意反悔的行为不仅浪费了司法资源，还损害司法机关的权威，背离了认罪认罚从宽制度的初衷。故要求反悔应当得到法官的认可，法官审查时，应当以其是否属于“有因反悔”为标准。若属于“无因反悔”，则代表被追诉人滥用反悔权，应当对被追诉人申请反悔的理由予以驳回；若被追诉人提出了新情况、新证据、新事实等正当性的理由便属于“有因反悔”，允许其反悔。这样才能做到在保障被追诉人权利和提高刑事诉讼效率间达到平衡，防止被追诉人的反悔权被漠视的同时也避免反悔权被滥用。

以“有因”与“无因”作为反悔的边界有一定合理性，但是拒绝认罪认罚属于基本人权的范畴，即使无因反悔，法官也不得驳回，又或者说认罪认罚后是否反悔不应当由司法机关工作人员来审查，否则就可能涉嫌逼迫被追诉人承认犯罪。笔者认为，应当以“有因”与“无因”作为反悔的边界，限制反悔与认罪认罚的反复，若有因反悔，则允许在反悔后，重新认罪认罚；若为无因反悔，则应当限制其再次认罪认罚，排除从宽制度的适用。

3. 律师在反悔中的作用。

首先，律师应当明晰当事人意愿，与当事人进行充分沟通，了解涉案具体相关事实，确保当事人对事实法律性质的正确理解，保障当事人免受非法侵害。

其次，律师必须以法律为最高标准，对案情和法律充分理解，最大程度地维护被追诉人基本人权及合法权益。

再次，律师应当尊重当事人意愿，应当与被告人就是否认罪认罚进行沟通，切实提供法律帮助。如被告人向辩护律师表示愿意认罪认罚的，辩护律师应当及时司法机关反应。此后，律师应当参与检察机关组织开展的量刑协商，就量刑建议提出辩护意见，为被告人争取从宽的处罚，见证认罪认罚具结书的签署。

最后，若公诉机关所提公诉合法合理，而被追诉人意欲反悔，律师应当确切告知被追诉人，若被追诉人反悔或撤回了认罪认罚具结书，则不再具有认罪认罚从宽的条件，检察机关可以依法撤回对被告人适用认罪认罚从宽处罚的建议，法院在判决时可排除认罪认罚从宽量刑的适用。

第38讲　重罪或死刑案件中的认罪认罚

一、问题引入：如何理解重罪或死刑案件的认罪认罚？

《认罪认罚指导意见》第 5 条明确规定了认罪认罚的适用阶段和适用案件范围。认罪认罚从宽制度贯穿刑事诉讼全过程，适用于侦查、起诉、审判各个阶段。认罪认罚从宽制度没有适用罪名和可能判处刑罚的限定，所有刑事案件都可以适用，不能因罪轻、罪重或者罪名特殊等原因而剥夺犯罪嫌疑人、被告人自愿认罪认罚获得从宽处理的机会。但“可以”适用不是一律适用，犯罪嫌疑人、被告人认罪认罚后是否从宽，由司法机关根据案件具体情况决定。

司法实践中，适用认罪认罚从宽制度的案件多为轻罪，但认罪认罚制度本身并不限定适用阶段、适用案件类型和罪行轻重。对于重罪或死刑案件，犯罪嫌疑人或被告人仍可以认罪认罚，以争取从宽处理的结果，但最终能否通过认罪认罚从宽制度获得从宽的处理结果，司法机关仍需以事实为依据、以法律为准绳，根据案件具体情况决定。

对于重罪或死刑案件适用认罪认罚从宽的价值，一是有利于收集证据、提高诉讼效率；二是有利于保障被害人的权益，增加赔偿积极性，弥补被损害的社会关系；三是有利于实现恢复性司法的理解，实现案件和社会的公平正义。当然，对于重罪或死刑案件中的认罪认罚，最终是否“从宽”仍需司法机关具体裁量，这也是贯彻落实刑法基本原则罪责刑相适应原则的要求。

二、规范依据

《中华人民共和国刑事诉讼法》（2018 修正）

第一百二十条　侦查人员在讯问犯罪嫌疑人的时候，应当首先讯问犯罪嫌疑人是否有犯罪行为，让他陈述有罪的情节或者无罪的辩解，然后向他提出问题。犯罪嫌疑人对侦查人员的提问，应当如实回答。但是对与本案无关的问题，有拒绝回答的权利。

侦查人员在讯问犯罪嫌疑人的时候，应当告知犯罪嫌疑人享有的诉讼权利，如实供述自己罪行可以从宽处理和认罪认罚的法律规定。

第一百七十三条　人民检察院审查案件，应当讯问犯罪嫌疑人，听取辩护人或者值班律师、被害人及其诉讼代理人的意见，并记录在案。辩护人或者值班律师、被害人及其诉讼代理人提出书面意见的，应当附卷。

犯罪嫌疑人认罪认罚的，人民检察院应当告知其享有的诉讼权利和认罪认罚的法律规定，听取犯罪嫌疑人、辩护人或者值班律师、被害人及其诉讼代理人对下列事项的意见，并记录在案：

（一）涉嫌的犯罪事实、罪名及适用的法律规定；

（二）从轻、减轻或者免除处罚等从宽处罚的建议；

（三）认罪认罚后案件审理适用的程序；

（四）其他需要听取意见的事项。

人民检察院依照前两款规定听取值班律师意见的，应当提前为值班律师了解案件有关情况提供必要的便利。

第一百七十六条　人民检察院认为犯罪嫌疑人的犯罪事实已经查清，证据确实、充分，依法应当追究刑事责任的，应当作出起诉决定，按照审判管辖的规定，向人民法院提起公诉，并将案卷材料、证据移送人民法院。

犯罪嫌疑人认罪认罚的，人民检察院应当就主刑、附加刑、是否适用缓刑等提出量刑建议，并随案移送认罪认罚具结书等材料。

《最高人民法院、最高人民检察院、公安部、国家安全部、司法部关于适用认罪认罚从宽制度的指导意见》(2019)

5. 适用阶段和适用案件范围。认罪认罚从宽制度贯穿刑事诉讼全过程，适用于侦查、起诉、审判各个阶段。

认罪认罚从宽制度没有适用罪名和可能判处刑罚的限定，所有刑事案件都可以适用，不能因罪轻、罪重或者罪名特殊等原因而剥夺犯罪嫌疑人、被告人自愿认罪认罚获得从宽处理的机会。但“可以”适用不是一律适用，犯罪嫌疑人、被告人认罪认罚后是否从宽，由司法机关根据案件具体情况决定。

三、实务案例

安徽省人民检察院发布4起打击毒品犯罪典型案例之一：安徽省人民检察院徐某琼等5人贩卖运输毒品上诉案

（一）关键词

重罪　认罪认罚　死刑　上诉

（二）要旨

认罪认罚从宽制度并没有适用范围限制，并不限于轻罪案件，对于可能判处被告人无期徒刑乃至死刑的重罪案件，承办人员也要从案件实际出发，综合衡量被告人在犯罪中的实际作用和认罪态度，适用认罪认罚从宽制度。

（三）基本案情

2018年7—8月间，徐某琼（女）、陈某香（女）与杨某亮计划贩卖毒品，徐某琼、陈某香先后二次从缅甸购买海洛因8块（2800克），从云南驾车将毒品运至河南郑州、漯河贩卖给杨某亮，杨某亮则将毒品带回临泉交给王某贩卖，王某将其中的3块（1750克）贩卖给他人。同年9月，徐某琼、陈某香又与王某震商议贩卖海洛因 4 块（1412. 7 克），徐某琼、陈某香仍将海洛因贩卖给杨某亮，杨某亮将海洛因从郑州带回临泉时在其乘坐的大巴上被公安干警抓获，当场查获海洛因毒品 4 块（1412. 7 克），后公安干警又在杨某亮家中查获毒品 1 块（349. 5 克）。

上诉人徐某琼、陈某香在侦查、起诉、审判阶段一直供认不讳，提审时徐某琼、陈某香仍表示认罪悔罪，只是认为量刑过重。从本案的一审定罪量刑看，二审检察机关认为本案中一审法院定罪正确，但在量刑方面，没有严格区分各上诉人在本案中责任、作用大小，没有很好地贯彻少杀慎杀死刑政策和宽严相济刑事政策，没有充分考虑上诉人徐某琼、陈某香的一贯的认罪悔罪态度，结合提审情况，本案具备在二审阶段适用认罪认罚从宽制度的条件。

考虑到重罪案件特别是死刑案件与轻罪案件相比，被告人社会危害性、人身危险性较大，社会影响也不一样，同时在二审阶段就此类案件如何适用认罪认罚从宽制度，《刑事诉讼法》及《认罪认罚指导意见》均未作具体规定，二审检察机关积极探索，总结经验，多次与省高院沟通，建议在本案中适用认罪认罚从宽制度，省高院表示支持并提出当庭开展认罪认罚从宽工作的意见。随后，承办检察官多次与各上诉人辩护律师联系认罪认罚从宽工作相关事宜，上诉人徐某琼、陈某香的辩护律师表示同意，并表示将进一步做好上诉人的工作。

（四）裁判结果

2019 年 12 月 2 日，安徽省高级人民法院作出二审判决：维持对杨某亮、王某、王某震的定罪量刑；徐某琼犯贩卖、运输毒品罪，改判死刑，缓期 2 年执行，限制减刑；陈某香犯贩卖、运输毒品罪，改判死刑，缓期 2 年执行。2020 年 7 月 31 日，最高人民法院裁定核准杨某亮的死刑判决。

四、律师解析

安徽省人民检察院徐某琼等 5 人贩卖运输毒品上诉案中被告人犯重罪，

从一审判决结果看，属于重刑，且部分被告人对一审判决的罪名没有异议，只是对量刑有异议从而上诉，应严格区分被告人的责任大小，充分考虑这部分被告人一贯的认罪认罚态度。该案件中，检察机关和审判机关均维护了被告人适用认罪认罚的权利。从中可以看出以下两点：

第一，从重罪看，其重点在罪名。犯罪嫌疑人、被告人主观上真诚反悔，其主观上希望认罪认罚取得从宽，但是否从宽仍然由法院根据案情和情节裁判决定。故无必要对重罪限制适用认罪认罚。

第二，从重刑（主要是死刑）看，其重点在刑罚。重刑案件一般都是社会危害性严重的案件，若采用认罪认罚从宽制度，则社会威慑力会受到一定影响。认罪认罚和最后是否从宽，不是必然联系的，检察机关的量刑建议，也不是必然地被法院全部采纳的。在此种认识的基础上，无须担心重罪或死刑案件适用认罪认罚从宽制度会使得法律正义无法实现，并不代表重罪或死刑案件的犯罪嫌疑人、被告人会逃脱或减少承担应有的法律责任。故正如认罪认罚从宽制度适用范围所规定的，认罪认罚从宽制度没有适用罪名和可能判处刑罚的限定，所有刑事案件都可以适用，不能因罪轻、罪重或者罪名特殊等原因而剥夺犯罪嫌疑人、被告人自愿认罪认罚获得从宽处理的机会。当然，对于本该被判处死刑的被告人，其认罪认罚后是否因为从宽而被减轻处罚，法院需要慎重考量后作出判决。

第39讲 未成年人认罪认罚案件司法程序的适用

一、问题引入：未成年人认罪认罚案件如何适用司法程序？

《刑事诉讼法》对未成年人犯罪案件的诉讼程序设立专章，并确认对犯罪的未成年人实行教育、感化、挽救的方针，坚持教育为主、惩罚为辅的原则。《人民检察院刑事诉讼规则》第462条指出对于未成年犯罪嫌疑人应严格限制适用逮捕措施，充分根据涉嫌犯罪的性质、情节、主观恶性、有无监护与社会帮教条件、认罪认罚等情况综合衡量其社会危险性。《认罪认罚指导意见》同样对未成年人认罪认罚案件的办理作出了特别规定：

在认罪认罚具结书签署程序上，未成年犯罪嫌疑人签署认罪认罚具结书时，其法定代理人应当到场并签字确认。法定代理人无法到场的，合适成年人应当到场签字确认。法定代理人、辩护人对未成年人认罪认罚有异议的，不需要签署认罪认罚具结书。合适成年人包括未成年人的其他成年亲属、所在学校、单位、居住地基层组织或者未成年人保护组织的代表等。

在案件的审理程序上，未成年人认罪认罚案件不适用速裁程序，只能适用简易程序或普通程序审理。原因在于无论是速裁程序还是认罪认罚从宽制度，都强调司法效率这一法的价值，强调在司法公正的基础上实现效率。但对于未成年人刑事案件来说，相比效率更重要的是对未成年犯罪嫌疑人、被告人感化、教育和挽救。

二、规范依据

《中华人民共和国刑事诉讼法》(2018修正)

第二百二十三条　有下列情形之一的，不适用速裁程序：

(一) 被告人是盲、聋、哑人，或者是尚未完全丧失辨认或者控制自己行为能力的精神病人的；

(二) 被告人是未成年人的；

……

第二百七十七条　对犯罪的未成年人实行教育、感化、挽救的方针，坚持教育为主、惩罚为辅的原则。

人民法院、人民检察院和公安机关办理未成年人刑事案件，应当保障未成年人行使其诉讼权利，保障未成年人得到法律帮助，并由熟悉未成年人身心特点的审判人员、检察人员、侦查人员承办。

第二百八十一条第一款　对于未成年人刑事案件，在讯问和审判的时候，应当通知未成年犯罪嫌疑人、被告人的法定代理人到场。无法通知、法定代理人不能到场或者法定代理人是共犯的，也可以通知未成年犯罪嫌疑人、被告人的其他成年亲属，所在学校、单位、居住地基层组织或者未成年人保护组织的代表到场，并将有关情况记录在案。到场的法定代理人可以代为行使未成年犯罪嫌疑人、被告人的诉讼权利。

《最高人民法院、最高人民检察院、公安部、国家安全部、司法部关于适用认罪认罚从宽制度的指导意见》(2019)

55. 听取意见。人民法院、人民检察院办理未成年人认罪认罚案件，应当听取未成年犯罪嫌疑人、被告人的法定代理人的意见，法定代理人无法到场的，应当听取合适成年人的意见，但受案时犯罪嫌疑人已经成年的除外。

56. 具结书签署。未成年犯罪嫌疑人签署认罪认罚具结书时，其法定代理人应当到场并签字确认。法定代理人无法到场的，合适成年人应当到场签字确认。法定代理人、辩护人对未成年人认罪认罚有异议的，不需要签署认罪认罚具结书。

57. 程序适用。未成年人认罪认罚案件，不适用速裁程序，但应当贯彻教育、感化、挽救的方针，坚持从快从宽原则，确保案件及时办理，最大限度保护未成年人合法权益。

58. 法治教育。办理未成年人认罪认罚案件，应当做好未成年犯罪嫌疑人、被告人的认罪服法、悔过教育工作，实现惩教结合目的。

三、实务案例

2019 年江苏省人民检察院发布准确适用认罪认罚从宽制度典型案例之十：吴某某非法收购珍贵、濒危野生动物案[1]

（一）关键词

未成年人　不起诉　自愿认罪　认罪认罚从宽制度

（二）要旨

对未成年人适用认罪认罚应遵循最有利于保护未成年人原则，在对未成年人审查起诉过程中，应当尽可能全面地了解未成年人，采取多种措施帮助未成年人回归生活正轨，实现惩教合一的目的。

（三）基本案情

吴某某，系江西省吉安某技校学生，作案时 16 周岁。

2018 年 5 月 1 日，吴某某通过百度贴吧以人民币 850 元的价格从他人处购买红尾蚺 1 条，供自己喂养。经国家林业局森林公安司法鉴定中心鉴定，该红尾蚺属于珍贵、濒危野生动物。2018 年 7 月 19 日，吴某某被公安机关抓获，归案后如实供述了犯罪事实，涉案红尾蚺已被移送至徐州市动物园饲养。

---

① 2019 年 11 月江苏省人民检察院发布一批江苏检察机关准确适用认罪认罚从宽制度典型案例，本案是该批典型案例之十。

（四）案件结果

2019年2月18日，侦查机关将犯罪嫌疑人吴某某以涉嫌非法收购珍贵、濒危野生动物罪，移送徐州铁路运输检察院审查起诉，并在起诉意见书中标明犯罪嫌疑人吴某某自愿认罪。

检察机关受理此案后经审查认为，吴某某实施了非法收购珍贵、濒危野生动物红尾蚺的行为，事实清楚、证据确实充分、构成非法收购珍贵、濒危野生动物罪。吴某某到案后能基本如实供述自己的罪行，符合适用认罪认罚从宽制度的条件。检察官在办案中注意释法说理，向犯罪嫌疑人及法定代理人充分阐释了认罪认罚从宽制度的具体内容，吴某某接受检察机关认定的罪名。

最后检察机关作出不起诉决定。

四、律师解析

上述案例是非常典型的未成年人犯罪，检察机关根据法律充分适用认罪认罚从宽制度，不仅最后作出了附条件不起诉决定，还为帮助未成年成长，维护未成年人权益，运用各种方法进行帮扶。

审查起诉期间，检察机关开展社会调查，全面了解吴某某的成长经历。通过与吴某某的母亲、班主任及邻居进行走访交流，查明吴某某家庭困难，且平时表现良好，担任班干部，在同学中威信较高，个人无恶习，亦未去过不良场所。吴某某班主任及父母均愿意配合检察机关帮教吴某某。

2019年3月18日，在法定代理人及辩护人在场的情况下，吴某某自愿认罪认罚，并签具未成年人认罪认罚具结书。2019年3月25日，检察官赴吴某某学校，向其本人及其法定代理人释法说理，宣布了对吴某某作出相对不起诉决定。

检察机关在作出不起诉决定后，采取多种途径持续对其帮教，督促遵纪守法回归社会。通过召开不起诉训诫教育会，剖析吴某某走上犯罪道路的原因，劝诫其遵纪守法；并要求吴某某每季度书写一份思想汇报，记录其生活、工作感悟及学习法律情况，鼓励和监督吴某某重回正轨；检察官与其班主任、父母保持日常联系，对父母开展亲职教育，督促他们认识正确全面履行监护职责的必要性；针对其家庭困难的情况，为其申请助学金，并请班主任联系勤工俭学岗位，帮助其完成学业。

《认罪认罚指导意见》对人民法院、人民检察院就未成年人认罪认罚案件如何适用司法程序作出了原则性的规定，重申了不适用速裁程序的规定。从司法实践来看，检察机关在对未成年人适用认罪认罚制度的过程中起着关键性作用，但是对于认罪认罚程序的启动以及后续程序的选择并没有明确规定，导致检察机关对此拥有相当大的自由裁量权，这也是在实务中需要厘清的问题。作为律师，若处理未成年人案件，可以从这些角度充分挖掘，尽力保护未成年人合法权益，取得良好的社会效果。

第40讲 未成年人犯罪案件认罪认罚具结书的签署

一、问题引入：未成年人犯罪案件如何签署认罪认罚具结书?

《认罪认罚指导意见》规定，“未成年犯罪嫌疑人签署认罪认罚具结书时，其法定代理人应当到场并签字确认。法定代理人无法到场的，合适成年人应当到场签字确认。法定代理人、辩护人对未成年人认罪认罚有异议的，不需要签署认罪认罚具结书”。

从法律适用上来看，具结书是审查起诉阶段适用认罪认罚从宽制度的形式要件，也是审判阶段确认认罪认罚结果的重点审查对象。根据《认罪认罚指导意见》的规定，具结书应当包括犯罪嫌疑人如实供述罪行、同意量刑建议、程序适用等内容。同时，《认罪认罚指导意见》对未成年认罪认罚案件中签署具结书的规定，相较于成年人认罪认罚，设置了更为严格的条件。

综合现行规定，未成年认罪认罚案件中签署具结书的特殊之处在于：首先，三类人员必须同时在场，即未成年犯罪嫌疑人、辩护人、其法定代理人或者合适成年人。其次，具结书需要被确认，即未成年犯罪嫌疑人签署具结书时，其法定代理人或者合适成年人需要当场签字确认，辩护人亦需签名（《人民检察院刑事诉讼规则》第468条）。再次，不签署具结书的情形，即未成年犯罪嫌疑人认罪认罚，但其法定代理人、辩护人有异议的情况下，不需要签署具结书，同时检察院应当将未成年人认罪认罚情况，法定代理人或者合适成年人、辩护人的异议情况如实记录。提起公诉时，应当将该材料移送人民法院。最后，因异议未签署具结书的法律后果，即因法定代理人或合适成年人、辩护人对认罪认罚有异议而未签署具结书的，不影响对认罪认罚未成年的从宽处理。

二、规范依据

《最高人民法院、最高人民检察院、公安部、国家安全部、司法部关于适用认罪认罚从宽制度的指导意见》（2019）

56. 具结书签署。未成年犯罪嫌疑人签署认罪认罚具结书时，其法定代理人应当到场并签字确认。法定代理人无法到场的，合适成年人应当到场签字确认。法定代理人、辩护人对未成年人认罪认罚有异议的，不需要签署认罪认罚具结书。

《人民检察院刑事诉讼规则》（2019）

第四百六十八条　未成年犯罪嫌疑人认罪认罚的，应当在法定代理人、辩护人在场的情况下签署认罪认罚具结书。法定代理人、辩护人对认罪认罚有异议的，不需要签署具结书。

因未成年犯罪嫌疑人的法定代理人、辩护人对其认罪认罚有异议而不签署具结书的，人民检察院应当对未成年人认罪认罚情况，法定代理人、辩护人的异议情况如实记录。提起公诉的，应当将该材料与其他案卷材料一并移送人民法院。

未成年犯罪嫌疑人的法定代理人、辩护人对认罪认罚有异议而不签署具结书的，不影响从宽处理。

法定代理人无法到场的，合适成年人可以代为行使到场权、知情权、异议权等。法定代理人未到场的原因以及听取合适成年人意见等情况应当记录在案。

三、实务案例

（2020）苏 0282 刑初 1343 号｜魏某盗窃案

（一）关键词

量刑建议　合适成年人　具结书

（二）裁判要旨

检察院办理未成年人认罪认罚案件，未成年犯罪嫌疑人签署认罪认罚具结书时，其法定代理人应当到场并签字确认。在办理未成年人认罪认罚案件时，应当贯彻教育、感化、挽救的方针，对未成年人及其监护人释法说理。

（三）基本案情

被告人魏某因盗窃于 2019 年 7 月 17 日被抓获，次日被刑事拘留，8 月 16 日被宜兴市公安局取保候审（被羁押 31 日），2020 年 8 月 15 日被宜兴市人民检察院取保候审，11 月 13 日经检察院决定逮捕，11 月 17 日交由宜兴市公安局执行逮捕。现羁押于宜兴市看守所。

宜兴市人民检察院以宜检刑诉〔2020〕1397 号起诉书指控被告人魏某犯盗窃罪，于 2020 年 11 月 10 日向本院提起公诉。本院受理后，依法适用简易程序，实行独任审判，于 2020 年 11 月 17 日公开开庭审理了本案。宜兴市人民检察院指派检察员蒋某芳、检察官助理陈某出庭支持公诉，被告人魏某及其合适成年人董某，辩护人杨某夏到庭参加诉讼。现已审理终结。

宜兴市人民检察院指控：2019 年 7 月 9 日至 2020 年 6 月 6 日，被告人魏某伙同王某、闫某杨（均另案处理）等人，采用拉车门的手段，先后至宜兴市宜城街道实施盗窃作案 5 起，共窃得现金人民币 2340 元、软中华香烟 11 包，赃款、赃物合计价值人民币 3025 元。

公诉机关认为，应当以盗窃罪追究被告人魏某的刑事责任。鉴于被告人魏某在进行部分犯罪时系未成年人，应当从轻处罚；归案后能如实供述罪行，且自愿认罪认罚，均可以从轻处罚，建议对其判处拘役 3 个月，并处罚金人民币 1000 元。

被告人魏某及其合适成年人对公诉机关指控的事实、罪名及量刑建议均无异议，且签字具结。

辩护人对指控的罪名未提出异议，对量刑部分提出如下辩护意见：（1）被告人魏某在进行部分犯罪时是未成年人，应当从轻处罚；（2）归案后如实供述犯罪事实，可以从轻处罚；（3）审查起诉阶段签署了认罪认罚具结书，当庭自愿认罪，可以从宽处罚。综上，建议对其从轻处罚。

法院在审理过程中了解到，被告人魏某出生于安徽省，小时候跟随父母一起来到宜兴，读书至中专辍学，曾在足浴店、酒吧、餐厅等场所打工，后在酒吧结识了闫某杨等人一起实施盗窃，所得用于吃喝玩乐。

（四）裁判结果

被告人魏某以非法占有为目的，单独或伙同他人多次秘密窃取他人财物，数额较大，其行为已构成盗窃罪，且系共同犯罪，应予惩处。被告人魏某进行部分犯罪时已满 16 周岁未满 18 周岁，对该部分犯罪应当从轻处罚。被告人魏某归案后能如实供述盗窃事实，愿意接受处罚，均可以从轻处罚。公诉机关指控的罪名成立，量刑建议恰当，法院予以采纳。对辩护人提出的与此相同的辩护意见均予以采纳。法院认为，被告人魏某犯罪的主要原因是法制观念淡薄，自控能力差，家庭监管不力。据此，依法判决：

第一，被告人魏某犯盗窃罪，判处拘役 3 个月，并处罚金人民币 1000 元；

第二，尚未追缴的赃款及赃物折价款合计人民币 2555 元，责令被告人魏某继续退赔后返还被害人。

2019 年江苏省人民检察院发布准确适用认罪认罚从宽制度典型案例之十：吴某某非法收购珍贵、濒危野生动物案

（一）关键词

不起诉　轻微犯罪　未成年　认罪认罚

（二）裁判要旨

未成年人适用认罪认罚应遵循最有利于保护未成年人原则。对涉轻微刑事犯罪的未成年人，司法机关应在依法惩罚的基础上督促其认识错误，尽可能以教代罚，促使未成年被告人自愿认罪认罚、真诚的悔罪，预防其再次犯罪的可能。

（三）基本案情

案件详情请见第 39 讲中实务案例，不再赘述。

四、律师解析

上述两个案例均明确了未成年人认罪认罚案件中，认罪认罚具结书应在法定代理人见证下签署。未成年人作为限制行为能力人（因为法律规定的刑事责任年龄，在我国，涉及犯罪需要认罪认罚的未成年人基本都是年满 14 周岁的，属于限制行为能力人），意思表达能力欠缺，故对于具结书签署的意义缺乏全面理解的能力，可能违反认罪认罪的自愿性；在法定代表人见证下签署具结书，当然也是对未成年人权益的保护。但是，认罪认罚具结书签署完毕后，其效力和成年人完全一样，检察机关的量刑建议可能不被法院接纳。

未成年人认罪认罚案件中，签署认罪认罚具结书并不是认定未成年人认罪认罚的形式要件，若未成年犯罪嫌疑人的法定代理人、辩护人对认罪认罚有异议而不签署具结书的，并不影响从宽处理。